Ingrid Riedel
Hildegard von Bingen

Ingrid Riedel

Hildegard von Bingen

Prophetin der
kosmischen Weisheit

Kreuz

Alle in diesem Buch enthaltenen Angaben, Daten, Ergebnisse etc. wurden von der Autorin nach bestem Wissen erstellt und von ihr mit größtmöglicher Sorgfalt überprüft. Gleichwohl sind inhaltliche Fehler nicht vollständig auszuschließen. Daher erfolgen die Angaben etc. ohne jegliche Verpflichtung oder Garantie des Verlags oder der Autorin. Beide schließen deshalb jegliche Verantwortung und Haftung für etwaige inhaltliche Unrichtigkeiten aus, es sei denn im Falle grober Fahrlässigkeit.

Die Deutsche Bibliothek – CIP-Einheitsaufnahme

Riedel, Ingrid:
Hildegard von Bingen: Prophetin der kosmischen Weisheit /
Ingrid Riedel. – Stuttgart : Kreuz-Verl., 1994
ISBN 3-7831-1306-7

1 2 3 4   97 96 95 94

© by Dieter Breitsohl AG
Literarische Agentur Zürich 1994
Alle deutschsprachigen Rechte beim Kreuz Verlag Stuttgart
Postfach 80 06 69, 70506 Stuttgart, Tel. 07 11-78 80 30
Umschlaggestaltung: Jürgen Reichert
Umschlagbild: Die grüne Sophia, Schau X aus: »Welt und Mensch«
(Tafel 16, Codex Latinum, 1942, Biblioteca Statale di Lucca)
Reproduktionen: Repro Preiss, Gerlingen
Satz: Buch-Werkstatt GmbH, Bad Aibling

ISBN 3 7831 1306 7

Inhalt

Vorwort
Hildegard – faszinierend Fremde — 7

1. Fast eine Heilige, fast eine Hexe
Eine Frau, die ihre Zeit überragt — 11

2. Keinen Augenblick in Sicherheit
Lebensstationen — 23

3. Richardis und Volmar
Die Weggefährten Hildegards — 35

4. Eine saphirblaue Menschengestalt
Visionen und theologische Entwürfe — 55

5. Von dem »Lichtherrlichen« zu der »Frau vom Berge«
Wandlungen zum Weiblichen in Hildegards Gottesbild — 69

6. Der Weisheit grüner Mantel
Gesichter der Sophia — 87

7. Im Rund eines kreisenden Rades
Hildegards Schau der Schöpfung — 117

8. »Feuergeist und Tröster du«
Hildegard als Dichterin und Komponistin — 149

9. …und mit der Weisheit die Freude
Hildegards Lieder — 159

Anmerkungen — 185
Literaturverzeichnis — 197
Quellen und Bildnachweis — 204
Verzeichnis der Farbtafeln — 205
Personen- und Sachregister — 207

Vorwort
Hildegard – faszinierend Fremde

Dies ist das Buch einer Begegnung: einer seelisch-geistigen Begegnung mit der Inspiration einer Frau aus dem hohen Mittelalter, die mich seit der ersten Annäherung an sie nicht mehr losließ. Es war dies vor mehr als fünfzehn Jahren anläßlich einer Mystik-Tagung, die ich an der Evangelischen Akademie Hofgeismar veranstaltete.

Es ist mit Hildegard wie mit der archetypischen Gestalt der faszinierenden Fremden – dem Urbild einer Anima-Figur: Je länger ich mich mit ihr beschäftigte, je mehr ich über sie und um sie weiß, desto fremder wird sie mir; je fremdartiger aber, desto faszinierender auch.

Geheimnisvoll ragt sie auf in der geistigen Landschaft des 12. Jahrhunderts, erst recht in derjenigen unseres Jahrhunderts. Sie überragt viele Gelehrte und tiefsinnige Geister unter den Männern; überragt sie alle in ihrer Einzigartigkeit als inspirierte Frau, die das Sehertum der germanischen und keltischen Frühe, das Prophetentum des Alten Testaments wiederbelebt, wiedererfährt – dabei einzigartige Bilder des Göttlichen schaut und vernimmt: den Kosmos als Gottes Leib in Mandorla-Gestalt, die Gestalt der Weisheit in der Farbe des »heiligen Grün«, die das Weltenrad erfüllt...

Diese kostbaren Bilder, die dem Gottessymbol eine neue, eine weibliche Facette hinzufügen, ein neues Gesicht Gottes zeigen – sie sind eingebettet und teilweise verschüttet wie unter Lawinen mittelalterlicher Theologie, mit denen Hildegard ihre revolutionären Visionen zu erklären und einer mißtrauischen, verketzerungsbereiten Kirche zu vermitteln sucht und ihnen damit oft ihre Unmittelbarkeit nimmt.

Hildegards Originalschriften, ihre großen visionären Werke wie Scivias (»Wisse die Wege«) oder Liber divinorum operum (»Buch der göttlichen Werke«) sind, jedenfalls für mich, nicht leicht zu lesen. Nicht nur, weil die Auslegungen der Visionen alogisch angelegt sind, assoziative Sprünge machen und dabei vom Hundertsten ins Tausendste kommen, sondern vor allem, weil die erläuternden Texte Hildegards, die sie ebenfalls der göttlichen Stimme in den Mund legt, sehr viel Traditionelles enthalten, es mitschwemmen wie riesige Flüsse den Schlamm und das Geröll von weit zurückliegenden Landschaften mit sich führen und ins Meer ergießen. So führt Hildegard die mittelalterliche Theologie der Heilsgeschichte in ihren Schriften mit.

Es ist für sie selber gewiß eine innere Notwendigkeit, sich auf den Rahmen und das Konsensfähige der damals herrschenden Theologie rückzubeziehen: Die Fremdartigkeit dessen, was ihr in ihrer Schau vor Augen trat, hätte sie sonst womöglich überwältigt und ihr Integrationsvermögen gesprengt.

Ich selber kann Hildegard nur so lesen, daß ich das bei ihr suche und finde, was an ihr einzigartig ist, was sie mit keinem mittelalterlichen Autor, keiner Autorin und – zum Teil bis heute – mit keinem anderen teilt. Das ist Hildegards eigene Stimme. Gilt nicht die alte hermeneutische Regel für das Verstehen geschichtlicher Gestalten und ihrer Texte, daß das als ihr Eigenes und Echtes zu gelten habe, was weder aus der Sicht und dem Interesse der Vorherigen noch der Nachfolgenden zu erklären sei?

Hildegards Texte sind zwar weitgehend noch zu ihren Lebzeiten aufgeschrieben worden (so z.B. der Illuminierte Rupertsberger Scivias-Kodex[1], die Zwiefaltener Handschrift[2] und andere mehr), die grundsätzliche Echtheit des Hildegard-Schrifttums ist erwiesen[3], doch wurde auch schon zu ihren Lebzeiten korrigiert und kompiliert, und die späteren Textausgaben geben keineswegs immer das wieder, was Hildegard sagte. Am wenigsten gesichert sind die medizinisch-naturkundlichen Schriften Hildegards[4], die heute andererseits die breiteste, oft unkritische Aufnahme und Anwendung finden. Beziehen sie sich doch zweifellos überwiegend auf treulich gesammelte mittelalterliche Volksmedizin, die deshalb keineswegs unwirksam sein muß – so empfiehlt sich die altüberlieferte Gold-Kur gegen Rheuma –, aber doch auch wunderliche Rezepte enthält, wie zum Beispiel eine noch lebende Maus gegen Schüttelfrost[5], die wir getrost übersehen können.

Hildegards Visionen beziehen sich nicht auf einzelne Heil- oder gar Kochrezepte, sondern auf eine Gesamtschau der Weisheit, die, verschwistert mit kosmischer Liebe und dem schöpferischen Geist, das All durchwaltet, reinigt und erneuert. Das weibliche Antlitz Gottes als das Antlitz der Weisheit leuchtet bei Hildegard in einzigartiger Klarheit und Schönheit auf. Das ist es, was mich an ihr fasziniert. Deshalb nenne ich sie eine Prophetin, eine Freundin der kosmischen Weisheit, dem entsprechend, wie Hildegard selbst in einer ihrer Hymnen die Frau benennt (auch wenn sie hier in erster Linie Maria meint):

O Weib, du Schwester der Weisheit,
wie herrlich bist du!
In dir erstand das überstarke Leben,
das nimmermehr vom Tod erstickt wird.[6]

Nach tiefenpsychologischer Erfahrung pflegt es so zu sein, daß gerade das Verdrängte einer Zeit oder das bis dahin gänzlich unbewußt Gebliebene, das dem bewußten Standpunkt schroff widerspricht, sich eines Tages in um so heftigeren Eruptionen aus dem Unbewußten Bahn bricht. Einem solchen Einbruch des Unbewußten war Hildegard ausgesetzt. Möglicherweise sind es auch wir Heutigen, wenn wir Hildegards innere Bilder an uns heranlassen. In unabweisbarer Ergriffenheit erlebte Hildegard ihre Audiovisionen, in denen das »lebendige Licht« zu ihr sprach, um sie zur Schauenden und Hörenden – und schließlich selber zur Redenden und Singenden – zu machen.

Mit diesem Buch möchte ich versuchen, mein Berührtsein von Hildegard als einer Entdeckerin der Weisheit mit meinen Leserinnen und Lesern zu teilen. Ein besonderer Dank gilt meinen Hörerinnen und Hörern an der Universität Frankfurt und am C. G. Jung-Institut Zürich, deren kritisches Interesse dazu beitrug, meine Grundgedanken zu Hildegards Person und Werk weiterzuführen, bis sie ihre heutige Gestalt fanden.

1. Fast eine Heilige, fast eine Hexe

Eine Frau, die ihre Zeit überragt

*Ich bin das heimliche Feuer in allem, und alles duftet von mir,
und wie der Odem im Menschen, Hauch der Lohe,
so leben die Wesenheiten und werden nicht sterben,
weil ich ihr Leben bin.*

*Ich flamme als göttlich feuriges Leben
über dem prangenden Feld der Ähren,
ich leuchte im Schimmer der Glut,
ich brenne in Sonne, in Mond und in Sternen,
im Windhauch ist heimliches Leben aus mir
und hält beseelend alles zusammen.*[1]

So hört Hildegard von Bingen »Gottes Stimme« in einer ihrer Visionen. Daraus gewinnt ihre eigene Sprache – Hildegard hat zahlreiche Lieder gedichtet und vertont – ihren unverwechselbaren Klang und ihre besondere Kraft.

Was mich an ihr vor allem anspricht, ist dieses: Sie verbindet miteinander, was in der Geschichte des Christentums allzuoft auseinandergerissen wurde. Sie gilt als Heilige, und zugleich ist etwas in ihr von dem, was die »Hexen« auszeichnete, genauer gesagt jene Frauen, die als Hexen galten. Sie wird als Heilige verehrt und zugleich als eine große Heilende, eine Heilkundige, wie es die »Kräuterfrauen«, die weisen Frauen der keltischen und germanischen Frühzeit waren.

Zugleich ist sie Prophetin wie Deborah, die große Frau des Alten Testaments. Sie hat weisende Worte für ihre Zeit, für Kaiser Friedrich Barbarossa[2] und für die Päpste[3].

Hildegard war – und das ist vielleicht das Originellste an ihr – zugleich Naturkundige, Naturforscherin. Sie ist eine der besten Pflanzen- und Tierkennerinnen ihrer Zeit. Ihre naturkundlichen Bücher[4] enthalten genaue, liebevolle Beschreibungen etwa der Fischarten im Nahe-Rhein-Gebiet. (Es gibt moderne Biologen, die behaupten, es gäbe hierüber bis heute nichts Vollständigeres.[5]) Hildegard kennt die Laichgewohnheiten der Aale, ihre Wanderungen. Sie beschreibt die Lebensgesetze und Wirkungsweisen der Pflanzen[6], wobei sie diese freilich – im Sinne der mittelalterlichen Signaturenlehre – oft nach ihrer Form den menschlichen Organen und deren Erkrankungen zuordnet, z.B. das Leberblümchen der Leber und dem Leberleiden. Dabei bezieht sie sich auf ein überliefertes, aus der Antike stammendes Analogie-Gesetz, das sie keineswegs unbedacht anwendet. Als eine der besten Kennerinnen der Heilkräuter ihrer Zeit und der überlieferten Rezepte war sie zugleich Ärztin, Kloster-Ärztin im Sinne des 12. Jahrhunderts. Sie wird zu den wichtigen Gestalten der Medizingeschichte gezählt.[7]

Hildegards Sicht der Natur zeichnet sich vor allem dadurch aus, daß sie den ganzen Makrokosmos und damit auch den Mikrokosmos des menschlichen Körpers von einer einheitlichen Kraft durchwirkt sieht, der sancta viriditas, der »Heiligen Grüne«.

Diese »Heilige Grüne« ist in der Pflanze; aber ebenso wirkt sie im menschlichen Körper und nicht weniger in der menschlichen Seele:

O edelstes Grün,
das wurzelt in der Sonne
und leuchtet in klarer Heiterkeit,
im Rund eines kreisenden Rades,
das die Herrlichkeit des Irdischen nicht faßt:
umarmt von der Herzkraft himmlischer Geheimnisse
rötest du wie das Morgenlicht
und flammst wie der Sonne Glut.
Du Grün
bist umschlossen von Liebe.[8]

Dieses Grün also ist die »*Herzkraft himmlischer Geheimnisse*«, die »*die Herrlichkeit des Irdischen nicht faßt*«. Als von Gott gezeugte und von ihm her zeugende Kraft wirkt es in allem Grünen – auch im übertragenen Sinne etwa in der Vereinigung von Mann und Frau.⁹ Als Keimkraft im werdenden Kind ist die Grünkraft besonders stark; im Frühling weckt sie die Natur, im Herbst kocht sie alles Gewachsene zur Reife.

Hildegard ist davon überzeugt, daß es keine Dürrezonen auf der Erde gäbe, wenn der Mensch mit der Quelle der Grünkraft, Gott, verbunden geblieben wäre. Nur durch die Schwächung des von seiner Quelle abgesonderten Menschen, durch die daraus sich ergebenden hybriden Handlungen gegenüber der Erde, sei Unfruchtbarkeit entstanden. Hildegard ist überzeugt, daß es nicht einmal der Pflege der Gärten und der Felder bedürfe, wenn der Mensch in der ursprünglichen Schöpfungsordnung verblieben wäre; dann vermöchte die Grünkraft alles zu durchpulsen. Vom Konkreten bis hin zum Spirituellen ist nach Hildegard alles Lebendige von dieser Kraft durchströmt, einer Keim- und Schöpfungskraft, die zugleich Ruhe und Gleichgewicht mit sich bringt. *»Es gibt eine Kraft aus der Ewigkeit«*, sagt Hildegard, *»und diese Kraft ist grün.«* Und weiter: *»Aus lichtem Grün sind Himmel und Erde geschaffen und alle Schönheit der Welt.«*¹⁰ Es gibt kein Geschöpf, das nicht aus Gottes Grünkraft seine innere Strahlung besäße. Ausstrahlung zu haben bedeutet, in der Grünkraft zu stehen.

Daß Hildegard gerade das Grün zur heiligen Farbe erhob, ist auch unter dem Gesichtspunkt bemerkenswert, daß Grün in der Tradition der heiligen Farben bis dahin in der christlichen Kirche nur eine untergeordnete Rolle spielte. Bis heute gehört es unter den liturgischen Farben nur zu denen für die festlose Zeit. Auch in der christlichen Malerei spielt das Grün neben den heiligen Farben Rot, Blau und Gelb bzw. Gold eine deutlich untergeordnete Rolle. Es erscheint meist nur als schmaler grüner Bodenstreifen, auf dem die himmlischen Ereignisse sich abspielen, und als Farbe des Irdischen wird es gering geschätzt. Eine Ausnahme bildet allein die frühmittelalterliche ikonographische Tradition von dem Kreuzesstamm, aus dem das Grün sprießt: eine farbsymbolische Umsetzung des Glaubens an die Auferstehung Christi. Die Mißachtung des Grüns in der christlichen Malerei und in den der Liturgie zugeordneten Farben korrespondiert mit der gleichzeitigen Mißachtung der Natur und des Körperlichen überhaupt. Dabei ist Grün als die Farbe zwischen dem Blau und dem Gelb, zwischen dem Licht aus der Höhe und der dunklen Tiefe des Wassers, aus beiden polaren Farbelementen gemischt, die Farbe, in der alle Dinge zur Ruhe kommen.[11]

Diese Vorstellung setzt sich direkt in Hildegards Rezepten um, in ihren Anweisungen zum Umgang mit dem Grün. So kennt sie die wohltuende Wirkung der Farbe auf die Sehnerven, auf müde oder kranke Augen. Für Menschen, die an überanstrengten Augen leiden, schlägt sie folgende Übung vor: »*Es soll der Mensch hinausgehen auf eine grüne Wiese und sie so lange anschauen, bis seine Augen wie vom Weinen naß werden: Das Grün dieser Wiese nämlich beseitigt das Trübe in den Augen und macht sie wieder sauber und klar.*«[12]

Hildegard kennt die Kraft der – wie wir es heute nennen – Imagination. Die therapeutische Kraft solcher Imagination wird in der psychosomatisch orientierten Medizin heute wiederentdeckt, so beispielsweise in dem Verfahren des »Katathymen Bilderlebens« nach Leuner oder auch in dem viel früheren der Aktiven Imagination nach Jung.[13] Ausgegangen wird im Katathymen Bilderleben etwa von dem Motiv einer Wiese, das in der inneren Vorstellung weiterentwickelt wird, als Therapie nicht nur für die Augen, sondern für die Psychosomatik des ganzen Menschen.

Noch umfassender wirksam sind Übungen Hildegards, in denen sich Imagination und Zuwendung zur wirklichen Natur ergänzen. So schlägt sie etwa vor, sich auf einer grünen Wiese auszustrecken und sich vorzustellen, daß die Säfte und Kräfte aus den Wurzeln der Gräser und Kräuter den eigenen Körper durchströmen und beleben, eine Übung, die ein erfrischendes Gefühl der Regeneration im ganzen Organismus auslösen kann.

Für die Einleitung der Heiligsprechung Hildegards – ein Verfahren, das übrigens in Rom nie zum Abschluß kam, verschleppt wurde, was aber die Verehrung des Volkes nicht beeinträchtigte – waren Berichte über die von ihr bewirkten Heilungen maßgebend, wie sie vor allem in ihrer Vita aufgezeichnet sind. Es gibt zahlreiche solcher Berichte, an denen sicherlich vieles legendenhaft ist und in denen Hildegards therapeutische Erfolge als Wunderheilungen dargestellt werden. Typisch für ihre Weise zu heilen scheint die folgende überlieferte Geschichte zu sein:

»*Als Hildegard einst bei dem Ort Rüdesheim über den Rhein fuhr, um ihr nahegelegenes Nonnenkloster (Eibingen) zu besuchen, näherte sich ihrem Schiff eine Frau, die einen blinden Knaben in den Armen trug und flehentlich unter Tränen bat, sie möge dem Kind ihre heiligen Hände auflegen. In gütigem Mitleid gedachte sie dessen,* der sprach: ›Gehe an den Teich Siloe und wasche dich‹ (Joh. 9,11) – schöpfte mit der Linken Wasser aus dem Fluß und segnete es mit der Rechten. Dann sprengte sie es dem Knaben über die Augen, und unter dem Gnadenbeistand Gottes erhielt er sein Sehvermögen zurück.«[14]

Charakteristisch für Hildegard scheint gewesen zu sein, daß sie nur selten mit quasi magischen Heilformeln umging, wie es durchaus der Zeit entsprochen hätte. Vielmehr berief sie sich auf die Bibel, auf die heilenden Kräfte, die Jesus zur Verfügung standen und die auch denen, die sich an ihn halten, zugesagt sind. Sie wandte die Worte an, die dort gesagt waren. Vorurteilslos und sorgsam trägt Hildegard andererseits das alte Heilwissen um Kräuter und Pflanzen in ihren Schriften zusammen und scheut sich nicht, magische Wurzeln wie die Alraune, die als Alraunenweibchen und -männchen wie kleine Hausgötter verehrt wurden, in ihrer Heilkraft anzuerkennen und zu empfehlen. Man soll die Wurzel mit frischem Wasser abwaschen und sie dann so zu sich ins Bett legen, daß sie, vom Schweiß erwärmt, etwas von ihrer eigenen Kraft an den Menschen abgeben kann. Dazu solle man sprechen: »*Herr, der Du den Menschen aus Lehm gebildet hast, hier lege ich dieselbe Erde, welche jedoch niemals gesündigt hat, zu mir, damit meine sündige Erde jenen Frieden, den dieselbe ursprünglich besaß, wiedererlange.*« Für Hildegard ist die Erde als solche und alle Wurzeln und Pflanzen, die auf ihr wachsen, »rein«, niemals von der Sünde der Menschen befallen.

Hildegard weiß um die Wirkung des Mondes auf das Wachstum der Pflanzen: »*Werden edle und gute Pflanzen bei zunehmendem Mond von der Erde abgeschnitten oder entwurzelt, wenn sie reif sind, dann sind sie für Latwerge, Salben und Heilmittel aller Art besser, als wenn sie bei abnehmendem Mond eingesammelt wurden.*« Darüberhinaus nimmt sie weitreichende Einflüsse des Mondes auf den Menschen an: »*Wächst der Mond zu seiner Fülle, dann mehrt sich das Blut im Menschen.*« Dies schreibt sie unbefangen, obgleich auf der ersten Deutschen Nationalsynode im 8. Jahrhundert bereits »*Das Sammeln und Zubereiten von Kräutern bei wachsendem oder schwindendem Mond*« als Götzendienerei verurteilt worden war. Hildegard selbst heilt mit schlichtem Wasser, wie wir an dem Bericht über den blinden Jungen sahen, durch Wort und Gebet. Natürlich heilt sie auch mit Kräuterauszügen, durch Besprechen und vor allem durch Handauflegen.[15] Das ist natürlich kein methodisches

Heilverfahren, sondern ein im Glauben begründetes. Die Schlichtheit dieses Berichtes ist zumindest charakteristisch für das, wie das Volk über Hildegard dachte.

Noch überzeugender erscheint der überlieferte Bericht über die Heilung der geisteskranken adligen Frau Sigewiza, die in ihren psychotischen Zuständen heftige Lästerungen gegen alles Heilige ausstieß und kaum zu bändigen war. Hildegard nahm diese Frau, mit deren Leiden niemand umzugehen wußte, in ihre Klostergemeinschaft auf, nachdem Sigewiza selbst verbreitet hatte, daß ihr niemand anders als eine alte Frau namens »Schrumpelgardis« würde helfen können. Hildegard fühlte sich gemeint. Sie und ihre Mitschwestern nahmen diese Frau, wenn auch nicht ohne Bangnis, auf, ließen sie teilhaben an ihrem täglichen Leben samt den Tagzeiten-Gebeten und Gottesdiensten und begleiteten sie überdies mit ihrer Fürbitte, wie es übrigens noch viele andere Menschen aus dem Rheingau taten. Nach der österlichen Fastenzeit, in die sie wie alle Schwestern mit hineingenommen wurde, wurde sie bei einem Ostergottesdienst von ihrem Leiden befreit. Sigewiza, die offenbar künftig keine psychotischen Einbrüche mehr erlebte, wurde später auf ihre Bitten hin als Mitschwester in Hildegards benediktinische Frauenkommunität aufgenommen.[16] Ein solcher Bericht erscheint auch heute glaubwürdig. Die heilende Kraft des Hineinnehmens in eine lebendige Gemeinschaft wird wiederentdeckt, bewährt sich gerade im Umgang mit psychisch desintegrierten Menschen. Die Gemeinschaft, die therapeutisch wirksam werden kann, sollte allerdings selbst strukturiert sein, eine lebendige geistige Mitte haben, ein Bezogensein aufeinander und – wenn möglich – auch ein größeres Ganzes kennen. Falls sie Symbole und leibhafte Gebärden für ihr therapeutisches Handeln findet, wird sie um so wirksamer sein: Hildegards Gemeinschaft kannte das regelmäßige Chorsingen, das den Tageslauf strukturierte, kannte die benediktinische Regel ora et labora – und schließlich die befreiende Osterfeier. Hildegard trug die Krankheit der Frau noch vier Wochen lang am eigenen Leibe aus, nicht als Geisteskrankheit, aber als ein Geplagtsein von großen Schmerzen, als habe sie das Leiden der Frau stellvertretend übernommen, auf sich bezogen und an sich selber ausgetragen.[17]

All unser Gesunden gründet nach Hildegard im Wiederanschluß an die viriditas, das Grün. Mit seiner physischen Ausstattung, die alle Elemente der Welt wie in einem Mikrokosmos enthält, ist der Mensch in den Stand gesetzt, das Gespräch mit der Natur, mit dem

Kosmos zu führen und an seiner Bewahrung und Vollendung mitzuwirken: *»Denn alles, was in Gottes Satzung steht, gibt einander Rede und Antwort.«*[18] Alles ist auf Gegenseitigkeit, auf »kosmische Nachbarschaft« (Schipperges) angelegt. Die Natur ist nach Hildegard bereit, mit dem Menschen zusammenzuwirken, sein opus cum creatura mitzuvollziehen. Nach Hildegards Vorstellung lassen sich beispielsweise die Tiere spontan vom Menschen anziehen, fühlen sich zu ihm hingezogen: »Und so dienten alle Elemente ihm freiwillig, weil sie spürten, daß er besonderes kreatives Leben in sich hatte. Sie kamen seinen Unternehmungen entgegen und wirkten mit ihm wie er mit ihnen. Bei diesem gegenseitigen Bund gab die Erde ihre grüne Lebensfrische, je nach Art und Natur des Menschen, wie auch entsprechend seiner Denkweise und seinem Lebenswandel.«[19]

In Hildegards Sicht hat Gott sein gesamtes Werk bereits in die leibliche Gestalt des Menschen eingezeichnet, der mit der Welt zum Grünen und zum Reifen kommen soll. Er soll mitwirken am Aufbau und am Wachstum der *»Glieder seines schönen Leibes«*, womit die vollendete Schöpfung gleichsam als der Leib Gottes gemeint ist. Eine kühne Vorstellung!

Als viriditas war diese Kraft schon in Abraham, dem Vater aller Schöpferkraft, wirksam. Als grünende Kraft hat sie der virgo viridissima, der »allergrünsten Jungfrau« also, nämlich Maria, eingewohnt und hat aus ihr die »milde Grüne« der Menschwerdung Christi hervorgebracht. Als »allergrünste Jungfrau«, wie Hildegard sie nennt, ist Maria für sie auch »die Mutter der Medizin«, die mater medicinae.[20] Hildegard spricht von »Gottes grünem Finger«, der alles wirke; Christus ist für sie *»der grüne Lichtquell aus dem Herzen des Vaters«*, und auch das Werk seines Wortes ist »viriditas« (opus verbi viriditas est).[21] Vor allem der Heilige Geist ist Träger und Bewirker der spirituellen Grünkraft. In einer ihrer großen Visionen steht, wie wir sehen werden, schließlich die Weisheit als Gottes weibliche Gestalt mit einem grünen Seidenmantel bekleidet im Kreis der Welt, in dem neben Grün auch dessen Komplementärfarbe Rot erscheint.

Die viriditas als zentraler Begriff der Hildegardschen Schau der Schöpfung umfaßt die vitale Lebenskraft aller Wesen und Dinge, und damit trägt sie auch alle leiblichen und seelischen Gesundungsprozesse, wobei sie auch die geistige Vitalität, die Vernunft und das Gewissen umfaßt: *»Der lebendige Geist geht aus, wird grünender Leib und bringt seine Frucht: Das ist das Leben.«*[22] So sieht Hildegard die Entstehung aller lebenden Gestalten.

In einer ihrer schönsten Sequenzen, die ich an späterer Stelle ausführlich bedenken werde, beschreibt Hildegard die heilende Kraft:

O heilende Kraft, die sich Bahn bricht!
Alles durchdringst Du
In Höhen, auf Erden, in den Abgründen all,
Du fügest und schließest alles in eins.
Durch Dich fluten die Wolken, fliegen die Lüfte!
Die Steine träufeln vom Saft,
Die Quellen sprudeln ihre Bäche hervor,
Durch Dich quillt aus der Erde das erfrischende Grün!
Du führest auch meinen Geist ins Weite,
Wehest Weisheit in ihn
Und mit der Weisheit die Freude![23]

Korrespondierend zu ihrer Sicht des Kosmos versteht Hildegard die Seele des Menschen:

Die Seele ist wie ein Wind, der über die Kräuter weht,
Und wie ein Tau, der auf die Gräser träufelt,
Und wie die Regenluft, die wachsen macht.
Genauso ströme der Mensch sein Wohlwollen aus
Auf alle, die da Sehnsucht tragen.
Ein Wind sei er, indem er den Elenden hilft,
Ein Tau, indem er die Verlassenen tröstet
Und Regenluft, indem er die Ermatteten aufrichtet
Und sie mit der Lehre erfüllt wie Hungernde:
Indem er ihnen seine Seele gibt.[24]

Darin spüren wir die ganze Hildegard in ihrem weiträumigen und liebevollen Geist – als Ärztin und Seelsorgerin. Seele, Wind und Tau sind für sie keine für sich bestehenden Wesenheiten, sondern es ist alles zur Korrespondenz miteinander geschaffen. Die Seele ist dazu da, um wie der Tau Leben aufzurichten. Immer bedarf sie dazu des Leibes. Leib und Seele gehören bei Hildegard untrennbar zusammen. So sehr, daß selbst noch die Verstorbenen sich nach ihrem Leibe zurücksehnen wie nach einem *»geliebten Kleid«*. Das sagt Hildegard in die Jenseitssehnsucht des Mittelalters hinein.

Eine Vision Hildegards, die sie in kraftvoll poetischer Sprache niederschreibt, zeigt ihr eine gewaltige kosmische Gestalt, deren jugendliches, feuerdurchglühtes Haupt von dem eines älteren Mannes überragt wird. Parallelen zu solch einem Doppelhaupt finden sich nur in der jüdischen Mystik.[25] Diese Gestalt, die das ganze Firmament in sich trägt und durchdringt, spricht zu Hildegard:

»Ich, die höchste und feurige Kraft, habe jedweden Funken von Leben entzündet und nichts Tödliches sprühe ich aus. Ich entscheide über alle Wirklichkeit. Mit meinen höheren Flügeln umfliege ich den Erdkreis: Mit Weisheit habe ich das All geordnet. Ich, das feurige Leben göttlicher Wesenheit, zünde hin über die Schönheiten der Fluren, ich leuchte in den Gewässern und brenne in Sonne, Mond und Sternen. Mit jedem Lufthauch, wie mit unsichtbarem Leben, das alles erhellt, erwecke ich alles zum Leben... So ruhe ich in aller Wirklichkeit verborgen als feurige Kraft. Alles brennt so durch mich, wie der Atem den Menschen unablässig bewegt, gleich der windbewegten Flamme im Feuer. Dies alles lebt in seiner Wesenheit und ist kein Tod darin. Denn ich bin das Leben. Ich bin auch die Vernunft, die den Hauch des tönenden Wortes in sich trägt, durch das die ganze Schöpfung gemacht ist. Allem hauche ich Leben ein, so daß nichts davon in seiner Art sterblich ist. Denn ich bin das Leben.«[26]

Eine ungeheure Schau ist dies und auch eine Wortoffenbarung! Nach Hildegard stellt diese kosmische Gestalt, die alles durch die ihr innewohnende Glut entzündet hat, die Liebe dar, Gottes Liebe, die sie einerseits immer wieder in Christus, andererseits in der Weisheit verkörpert sieht. So kann diese göttliche Gestalt, wie sie auch in der Buchmalerei im Scivias-Buch erscheint, sowohl weiblichen wie männlichen Geschlechts sein. In jedem Fall verdanken wir ihr Erscheinen einer ungeheuren Schau!

Hildegard begreift den ganzen Kosmos, Wind, Tau und Regenluft, Kräuter und Gräser, alles durchwirkt von göttlichem Feueratem oder – mit jenem anderen Bild, das in seiner komplementären, sanften Wirkungsweise die gleiche Kraft zeigt – durchpulst vom lebendigen Grün. Alles ist aufeinander bezogen, alles stiftet Beziehung und ruft den Menschen zur Bezogenheit auf. So ist es nur natürlich, daß Hildegard zugleich Ärztin war. Vielleicht war sie es vor allem als Seelsorgerin. Anrührend schreibt die ehemalige Pfalzgräfin Gertrud von ihrem Abschiedsschmerz, nachdem sie Hildegard begegnet war: *»Mich dünkt, es wäre besser für mich gewesen, wenn ich dich nie ge-*

sehen, nie gefühlt hätte, wie du ein so mütterliches Herz gegen mich hast. Denn jetzt, durch weite Räume örtlich getrennt, trauere ich beständig um dich, als hätte ich dich verloren.«[27]

Hildegard war über ihre therapeutischen Gaben hinaus mit eben jener eigentümlichen Fähigkeit zur Schau, zur Vision begabt, in die wir soeben Einblick bekommen haben. Deshalb waren ihr auch die einfachen Übungen des Sehens und Vorstellens, die wir erwähnten, vertraut. Die visionäre Begabung bestimmte ihr ganzes Sein. Alle für sie wesentlichen Einsichten und Entscheidungen schöpfte sie aus dieser Sehergabe, die ihr von Kindheit an gegeben war.

Außerdem war Hildegard Äbtissin eines großen Klosters, später mehrerer Klöster, die sie in eigener Regie erbauen ließ. Das erforderte Fähigkeit zur Seelsorge, aber auch zur Organisation und Verwaltung. Hildegard war eine Frau von ungewöhnlichem Format, bei der zarteste Seiten mit großer Energie und Tatkraft zusammentrafen. Sie war Seelsorgerin für ganz Europa, unternahm Predigtreisen zu Schiff und zu Pferde, rüttelte vor allem die Pfarrerschaft und die Bischöfe auf. Sie wetterte gegen Materialismus, Geldgier, Ämterschacher und gegen die dualistische Zerreißung von Gott und Welt, Leib und Seele, wie sie in jener Zeit vor allem die »Katharer« verbreiteten, jene Bewegung der »ganz Reinen«.

Als Seherin ist Hildegard zugleich Mystikerin. Doch erfährt und vertritt sie eine Mystik, die sich charakteristisch von derjenigen Meister Eckarts, aber auch von der späteren Frauenmystik, einer Minnemystik, unterscheidet, für die Elisabeth von Schönau, Hildegards jüngere Zeitgenossin und Brieffreundin, ein erstes Beispiel bietet.[28] Das Besondere der Mystik Hildegards ist, daß sie nicht die Verbindung der einzelnen Seele mit Gott zum Hauptthema hat wie dann Elisabeth von Schönau. Zwar sind auch von Hildegard Erfahrungen solcher innigen Verbundenheit überliefert, doch darüber schreibt sie nicht ausdrücklich, statt dessen über ihre Visionen des Kosmos und der (Heils-)Geschichte. In ihrer Schau sieht sie kosmische Zusammenhänge, ihre Mystik ist eine überpersönliche. Erst vierhundert Jahre nach Hildegards Tod begegnet uns im 16. Jahrhundert in Jakob Böhme ein ihr verwandter Geist, dem es ebenfalls um das Geheimnis und die Gottdurchwirktheit des Kosmos geht. In unserem Jahrhundert war Teilhard de Chardin derjenige, der ihr als Denker und Mystiker am meisten glich, bis in den letzten Jahrzehnten die vielstimmige Theologie der Frauen ihre Spur wieder aufnahm. Bei der Suche nach einer neuen Theologie der Natur und des Kosmos, die immer eine Theologie der Weisheit sein wird, sollten wir Hildegard hören.

Was Hildegard als weiblich-geistige Gestalt darstellt, eben das will unter uns allen, die von ihr berührt sind, zu leben beginnen. Es hat sich heute neu konstelliert. Nicht so, daß wir uns mit ihr und ihrer einzigartigen Größe identifizieren könnten – vielmehr so, daß wir uns auf sie beziehen, auf ihre Vision von der heilenden Kraft der Weisheit und der Wiederverbindung des Menschen mit der Natur des Kosmos.

2. Keinen Augenblick in Sicherheit

Lebensstationen

Durch eine für das 12. Jahrhundert relativ gute Quellenüberlieferung haben wir Kenntnis über wesentliche Lebensstationen Hildegards.[1] Ihr Heimatort ist Bermersheim bei Alzey im rheinfränkischen Nahegau. Dort wurde sie als zehntes Kind einer adligen Familie, der Freiherren von Bermersheim, im Jahre 1098 geboren. Mechthild und Hildebert von Bermersheim sind ihre Eltern, Gutsbesitzer. Zwischen weiten Feldern, Weinbergen und Wäldern, an den großen Flüssen, wächst Hildegard auf. Sie lernt reiten wie jedes adlige Mädchen, sieht zu beim Melken, beim Kalben der Kühe. Einmal weiß sie voraus, daß es ein weißes Kalb geben wird. Schon mit acht Jahren wird das sensible Kind, das gelegentlich von Audiovisionen überfallen wird, der Obhut einer geistlichen Meisterin übergeben, Jutta von Sponheim, die es in der Frauenklause, die dem Benediktinerkloster auf dem Disibodenberg baulich und geistlich angeschlossen ist, lehren, erziehen und dem spirituellen Leben entgegenführen soll.

Hildegards Geburt und Jugend spielen sich an der Schwelle des 12. Jahrhunderts ab, einer Zeit, die sowohl in politischer als auch in geistesgeschichtlicher Hinsicht von Spannungen vibriert. Hildegard wird fünf Kaiser erleben, schließlich den Aufstieg der Staufer. Als Friedrich Barbarossa gekrönt wird, schreibt sie ihm:

»*Es ist wunderbar, daß der Mensch einer solch anziehenden Persönlichkeit bedarf, wie du, König, es bist. Höre: ein Mann stand auf einem hohen Berge, blickte in alle Täler hinein und schaute, was je-*

Abb. 1: Der Nahegau, wo Hildegard aufwuchs

der darin tat. Er hielt einen Stab in der Hand und teilte alles richtig ein, so daß grünte, was dürr war, und aufwachte, was schlief... Gar ruhmreich ist dein Name. Sieh also zu, daß, wenn der höchste Richter dich anblickt, du nicht angeklagt wirst, du habest dein Amt nicht richtig erfaßt, und du dann erröten müßtest – das sei fern! Es ist offenkundig: Gerecht ist es, daß der Gebieter seine Vorgänger im Guten nachahmt...«[2]

So begrüßt sie den neuen König. Er soll zum Grünen bringen, was dürre liegt. Als es aber dann im Investiturstreit zu der Auseinandersetzung zwischen Kaiser und Papst kommt, Friedrich mehrere Gegenpäpste einsetzt und damit große Gewissensverwirrung in der Christenheit stiftet, zerreißt es ihr seelsorgerliches Herz, und sie warnt Friedrich entschieden, sehr hart. Dieser Brief lautet an seiner entscheidenden Stelle – wobei er sich auf die Stimme Gottes bezieht, die Hildegard in ihrer Schau hörte:

»Der da Ist, spricht: Die Widerspenstigkeit zerstöre ich, und den Widerspruch derer, die mir trotzen, zermalme ich durch mich selbst. Wehe, wehe diesem Tun der Frevler, die MICH verachten! Das höre, König, wenn du leben willst! Sonst wird MEIN Schwert dich durchbohren.«[3]

So schreibt diese Frau an Kaiser Friedrich Barbarossa! In ihrem Briefwechsel mit den Mächtigen ihrer Zeit kennt sie in ihren späteren Jahren keinerlei Furcht mehr, vor allem dann nicht, wenn sich diese Botschaften aus ihrer Schau herleiten, auf die sie sich in einem ihrer Briefe an Friedrich beruft:

»O König, es ist dringend notwendig, daß du in deinen Handlungen vorsichtig bist. Ich sehe dich nämlich in der geheimnisvollen Schau wie ein Kind, einen unsinnig Lebenden vor den lebendigen Augen (Gottes). Noch hast du Zeit, über irdische Dinge zu herrschen. Gib acht, daß der höchste König dich nicht zu Boden streckt wegen der Blindheit deiner Augen, die nicht richtig sehen, wie du das Zepter zum rechten Regieren in deiner Hand halten mußt. Darauf hab acht: sei so, daß die Gnade Gottes nicht in dir erlischt!«[4]

Als diese mutige Frau allerdings das erste Mal wagt, etwas von ihrer Schau aufzuzeichnen, ist sie unendlich bange, was in der Öffentlichkeit daraus werden mag, und sie schreibt zuvor einen überaus demütigen und angstvollen Brief an den großen geistlichen Mentor des damaligen Europa, Bernhard von Clairvaux. Dieser Brief zeigt die andere Hildegard, die sich durchringen mußte zu ihrer eigenen Größe, die sich bis dahin noch ganz von der Autorität angesehener Männer abhängig machte und somit noch in einer von diesen abgeleiteten Identität gefangen war:

»Verehrungswürdiger Vater Bernhard, wunderbar stehst du da in hohen Ehren aus Gottes Kraft... Ich bitte dich, Vater, beim lebendigen Gott, höre mich, da ich dich frage:

Ich bin gar sehr bekümmert ob dieser Schau, die sich mir im Geiste als ein Mysterium auftat. Niemals schaute ich sie mit äußeren Augen des Fleisches. Ich, erbärmlich und mehr als erbärmlich in meinem Sein als Frau, schaute schon von meiner Kindheit an große Wunderdinge, die meine Zunge nicht aussprechen könnte, wenn nicht Gottes Geist mich lehrte, zu glauben.

Milder Vater, du bist so sicher, antworte mir in deiner Güte, mir, deiner unwürdigen Dienerin, die ich von Kindheit an niemals in Sicherheit lebte, nicht eine einzige Stunde. Bei deiner Vaterliebe und Weisheit forsche in deiner Seele, wie du im Heiligen Geist belehrt wirst, und schenke deiner Magd aus deinem Herzen Trost... Um der Liebe Gottes willen begehre ich, Vater, daß du mich tröstest, dann werde ich sicher sein.

Ich sah dich vor mehr als zwei Jahren in dieser Schau als einen Menschen, der in die Sonne blickt und sich nicht fürchtet, sondern sehr kühn ist. Und ich habe geweint, weil ich so sehr erröte und so zaghaft bin.

Gütiger Vater, Mildester, ich bin in deine Seele hineingelegt, damit du mir durch dein Wort enthüllst, ob du willst, daß ich dies offen sagen oder Schweigen bewahren soll. Denn große Mühen habe ich in dieser Schau, inwieweit ich das, was ich gesehen und gehört habe, sagen darf. Ja, bisweilen werde ich – weil ich schweige – von dieser Schau mit schweren Krankheiten aufs Lager niedergeworfen, so daß ich mich nicht aufrichten kann.«[5]

Bernhard antwortet zurückhaltend, hat er doch noch keinen rechten Einblick in Hildegards Werk, das eben erst entsteht, aber doch ermutigend:

»*Für die in Christi geliebte Tochter Hildegard betet Bruder Bernhard, genannt Abt von Clairvaux, wenn das Gebet eines Sünders etwas vermag... Doch habe ich keineswegs übersehen, den Brief deiner Liebe zu erwidern, obwohl die Menge der Geschäfte mich zwingt, es kürzer zu tun, als ich gern möchte. Wir freuen uns mit dir über die Gnade Gottes, die in dir ist. Und was uns angeht, so ermahnen und beschwören wir dich, daß du sie als Gnade erachtest und ihr mit der ganzen Liebeskraft der Demut und Hingabe entsprichst. Du weißt ja, daß ›Gott den Stolzen widersteht, den Demütigen hingegen Gnade gibt‹. Im übrigen, was sollen wir noch lehren oder mahnen, wo schon eine innere Unterweisung besteht und eine Salbung über alles belehrt? Vielmehr bitten und verlangen wir inständig, daß du unser bei Gott gedenkest und auch derer, die uns in geistlicher Gemeinschaft in Gott verbunden sind.«*[6]

In aller Öffentlichkeit bekannte sich jedoch Bernhard von Clairvaux zu Hildegard auf der Synode zu Trier (1147–1148). Hier in Trier war die Kunde von Hildegards Sehergabe zu Papst Eugen III. gelangt, wie die Vita berichtet. Die ersten Kapitel des entstehenden »Scivias« mit Hildegards bedeutsamen Visionen wurden hier dem höchsten Gremium der Kirche vorgelegt und wohlwollend über sie befunden. Beglückt und getröstet setzt Hildegard nun ihre Arbeit an dem Buch ihrer Visionen fort. Nach Abschluß ihrer Schrift sendet sie diese an den Papst selber mit folgendem Begleitschreiben:

»O milder Vater, ich armseliges Gebilde habe dir dies geschrieben in wahrhaftiger Schau, in geheimnisvollem Hauch, so wie Gott es mich lehren wollte. O strahlender Vater, als Papst kamst du in unser Land, wie Gott es vorherbestimmt hat, und nahmst Einsicht in die Schriften der wahrhaftigen Gesichte, wie das lebendige Licht sie mich gelehrt. Du hörtest sie und nahmst sie in dein Herz. Nun ist dieser Teil der Schrift beendet. Doch hat das Licht mich nicht verlassen, es brennt in meiner Seele, wie ich es von Kindheit an gehabt. Daher sende ich dir jetzt diesen Brief auf die wahrhaftige Ermahnung Gottes hin... Dem König aber gefiel es, eine kleine Feder zu berühren, daß sie in Wundern emporfliege. Und ein starker Wind trug sie, damit sie nicht sinke... Nun spricht wiederum Er zu dir, der das lebendige Licht ist, das da leuchtet in Höhen und Tiefen und auch im Innersten hörender Herzen sich nicht verbirgt: Bestätige diese Schrift, damit sie denen zu Gehör gebracht werde, die für mich offen sind. Mache sie grünen in süß schmeckendem Saft, mach' sie zur Wurzel, die sich verzweigt, zum wehenden Blatt wider den Teufel, und du wirst leben in Ewigkeit. Hüte dich, diese Gottesgeheimnisse zu verachten. Denn sie sind notwendig mit jener Notwendigkeit, die noch verborgen ist und noch nicht offen erscheint. Der süßeste Duft sei in dir, und ermüde nicht auf dem geraden Weg.«[7]

Hildegard schreibt hier, wie wir vernehmen, bereits mit außerordentlicher Autorität an den Papst. Ihre Autorität beruht darauf, daß sie, die nach damaligem theologischem Schulwissen Ungelehrte, aufgrund ihrer Schau eine unmittelbare Weisung von Gott hatte und sich darauf berufen konnte. Nur diese Schau vermochte sie in der damaligen Zeit zu legitimieren, alles hing davon ab, daß diese Schau selber als legitim galt und nicht als ein Blendwerk des Teufels verdächtigt werden konnte. Deshalb war es ein ungeheurer Schritt für sie, mit ihren Visionen und Worten an die Öffentlichkeit ihres Jahrhunderts zu treten.

Krankheiten hatten sie niedergeworfen, solange und weil sie diesen Schritt nicht wagte. Hildegard hat ihre Krankheiten immer im Zusammenhang mit einem Sich-Verweigern verstanden, wenn sie nicht wagte, das Ungeheure, das in ihr lebendig war, wie von ihr verlangt, auszusprechen. Sie hat schwere Krankheiten gekannt: Lähmungen, Augenleiden, Atemleiden – wir könnten heute sagen: lauter psychosomatische Leiden. Es bestand jedenfalls ein ganz enger Zusammenhang zwischen der Verwirklichung ihrer Berufung als die besondere Frau, als die sie gemeint war, und diesen Krankheiten.

Wir sehen jedoch, wie Hildegard seit jenem Brief an Bernhard an eigener Identität als Frau und an Autorität als Medium und Prophetin der göttlichen Weisheit gewonnen hat.

In den Jahren 1141 bis 1151, zehn Jahre lang also, schreibt Hildegard mit Hilfe ihres lateinkundigen Magisters Volmar, den sie unter den Patres des benachbarten Benediktinerklosters als Lehrer und geistlichen Freund gewonnen hatte, ihre Visionen in dem ersten Werk nieder, das sie, wie ihre Schau sie anweist, sci-vias, »Wisse die Wege« nennt:

»In der Schau sah ich auch, daß das erste Buch meiner Visionen Scivias genannt werden sollte, weil es auf dem Wege des lebendigen Lichtes kundgetan wurde und nicht aus der Lehre stammt.«[8]

Die Phase ihres Schreibens fällt zusammen mit dem zweiten Kreuzzug, zu dem Papst Eugen und bedauerlicherweise auch Bernhard von Clairvaux die europäische Ritterschaft aufgerufen hatten. Er endete katastrophal für die Kreuzfahrer.

Ein Nebenergebnis hatten die Kreuzzüge allerdings darin, daß sie die Weisheit, die Philosophie und Mystik des islamischen Orients nach Europa brachten, zusammen mit Astronomie, Mathematik und Medizin. Davon hat Hildegard zweifellos profitiert, auch wenn wir die Quellen ihrer Kenntnisse bis heute nicht im einzelnen nachweisen können.

Auch eine andere, sehr dunkle Seite der Kreuzzugsbewegung spielt sich unmittelbar vor ihren Augen ab. Wozu solle man, schreibt Abt Petrus von Cluny aufhetzend an den König von Frankreich, die Feinde Christi in fernen Ländern suchen, da doch »die gotteslästernden Juden«, die viel schlimmer seien als die Sarazenen, mitten unter den Christen lebten. Vergeblich verurteilt Bernhard von Clairvaux in einem Sendschreiben solches Gedankengut: Der Pöbel war bereits in Bewegung geraten, und die ersten schweren Pogrome richteten sich gegen die blühenden jüdischen Gemeinden in Speyer, Worms, Mainz und Bingen, die Gegend, in der Hildegard lebte. Um so bedeutsamer, daß in diesem Zusammenhang über Hildegard berichtet wird, sie habe mit jüdischen Gelehrten theologischen Kontakt gehabt, die causa interrogationis zu ihr gekommen seien, um miteinander zu disputieren.[9] Man darf daher annehmen, daß Hildegard keineswegs zu denen gehörte, die sich der Verfolgungswelle anschlossen. Im Gegenteil, sie ließ sich von jüdisch-mystischen Vorstellungen der Kabbalah so stark bewegen, daß sie in ihrem Unbewußten weiterarbeiteten, wie wir heute sagen könnten, so daß einige von ihnen verwandelt in ihren Visionen auftauchen. Auch hier zeigt sich Hildegard als eine Frau von großer Unabhängigkeit und ungewöhnlichem Format.

Ich habe bereits aus ihrem umfangreichen Briefwechsel zitiert, in dem sie, um geistigen Rat gebeten, zu den wesentlichen Zeitproblemen Stellung nimmt. Vor allem hat sie als Frau allein Predigtreisen unternommen, ist auf großen Märkten und Kathedralplätzen aufgetreten, zum Beispiel in Würzburg, Bamberg, Metz, Trier und Köln, und hat unmittelbar zu Fragen der Zeit gesprochen. Besonders dem Klerus hat sie gewaltig ins Gewissen geredet, es ging ihr letztlich um die Erneuerung der Kirche.

Das waren absolut ungewöhnliche Aktivitäten, auch für eine adlige mittelalterliche Klosterfrau, die im Rahmen der feudalen Gesellschaft des 12. Jahrhunderts auf mancherlei Privilegien und Kontakte zu bedeutenden Persönlichkeiten zurückgreifen konnte. Dabei war

Abb. 2: Konventssiegel vom Hildegard-Kloster in St. Disibod

Hildegards Leben gewiß nicht als Vita activa[10] angelegt, sondern ursprünglich als Vita contemplativa, nicht zuletzt deshalb, weil sich schon in dem kleinen Kind die visionäre Begabung gezeigt hatte. So hatten die Eltern dieses zehnte Kind gleichsam als ihren »Zehnten« – wie man es damals verstand – Gott weihen wollen und hatten es –

wie wir hörten – bereits im Alter von acht Jahren einer »geistlichen Meisterin«, Jutta von Sponheim, übergeben. Dies ist eine Parallele zu der Sitte, Kinder im gleichen Alter schon durch Heiratsversprechen, die die Eltern für sie abgeben, zu binden. Man bestimmte entweder

Abb. 3: Ruinen des Klosters Disibodenberg

auf die eine oder auf die andere Weise das Schicksal der Kinder. Nun war allerdings die Frauengemeinschaft, die sich um Jutta von Sponheim auf dem Disibodenberg sammelte, eine besonders inspirierte; sie genoß bald einen hervorragenden Ruf und wuchs zusehends. Sie lebte kontemplativ nach der Regel Benedikts. Es ist schwer zu ermessen, was es für ein achtjähriges Kind bedeutet haben mag, aus dem Elternhaus weggegeben zu werden. Andererseits darf man vermuten, daß Jutta von Sponheim, eine Verwandte derer von Bermersheim, echte mütterliche Gefühle für dieses Kind aufbrachte, das übrigens gemeinsam mit einem weiteren gleichaltrigen Mädchen zu ihr kam. Hildegard trifft zwischen ihrem 14. und 17. Lebensjahr ihre eigene Entscheidung für den Benediktinerinnen-Konvent und empfängt zwischen 1112 und 1115 die Weihe für das geistliche Leben.

Abb. 4: Kloster Rupertsberg, zerstört 1632, Zeichnung um 1600

Hildegard wird nach dem Tode Juttas im Jahre 1136, also in ihrem 38. Lebensjahr, einstimmig zu deren Nachfolgerin gewählt. Von da an ist ihre Anziehungskraft als Meisterin des geistlichen Lebens groß. Um alle geistigen Töchter, die darum ersuchen, aufnehmen zu können, muß Hildegard im Jahre 1150 ein neues Kloster begründen, das sie auf dem kargen Rupertsberg bei Bingen erbauen läßt. Man muß sich vorstellen, was damit an Mühen verbunden gewesen sein mag, vor allem auch durch die beginnende Auseinandersetzung mit dem alten benachbarten Männerkloster der Benediktiner auf dem Disibodenberg, mit dem der Frauenkonvent anfangs auch räumlich

Abb. 5: Kloster Eibingen vor 1803

Abb. 6: Bingen am Rhein mit Kloster St. Rupertsberg (rechts im Bild, bei der Einmündung der Nahe in den Rhein). Stich von Merian

und geistlich eng verbunden gewesen war, das aber nun die namhaft gewordene Hildegard nicht mehr wegziehen lassen wollte. Die Repressionen des Benediktiner-Konvents bezogen sich sogar darauf, daß er den größten Teil der Güter, die die mit Hildegard ausziehenden Nonnen seinerzeit eingebracht hatten, zurückbehielt. Dadurch geschah die Neugründung des Rupertsberger Klosters in großer Armut, so daß anfangs nicht einmal ausreichende Nahrung für die Schwestern vorhanden war. So kam es zu Beginn zu einem Aufstand der Mitschwestern gegen Hildegard. Auch in dieser Phase der Auseinandersetzungen und solange sie diese Neugründung nicht wagte, hat sie schwere Krankheiten durchgemacht. Sie selbst bezog die Krankheiten immer auf ihre »weibliche Scheu«; sie wurde, wie sie glaubte, nur krank, wenn sie dieser Zaghaftigkeit nachgab.[11]

Ihr Kloster wächst dennoch bald so sehr, daß sie auf der gegenüberliegenden Rheinseite, in Eibingen, ein weiteres gründet. Man hat sich Hildegard zu Pferde vorzustellen, wie sie alles Anfallende erledigt, diese Frau, die häufig von Lähmungen heimgesucht war und sich monatelang überhaupt nicht vom Bett erheben konnte. Wie schon erwähnt, sagt sie von sich, sie habe sich nicht einen Tag ihres Lebens ganz sicher fühlen können, was vor allem für ihre Gesundheit gilt. Immer wieder erlebt sie, daß sie von nahezu unerträglichen Krankheitszuständen heimgesucht wird, wenn sie versucht, sich einer unabweisbaren neuen Aufgabe zu entziehen. Dann spürt sie,

»...daß meine Adern mit dem Blute, mein Gehirn mit dem Marke verdorrten und meine Eingeweide in mir zerrissen wurden, mein ganzer Körper aber so erschlaffte, wie das Gras im Winter seine Farbe verliert. Ich nahm wahr, wie die bösen Geister darüber lachten und sprachen: ›Pah, diese wird sterben und ihre Freunde werden weinen.‹ Ich aber sah, daß der Hinweggang meiner Seele noch nicht bevorstand.«[12]

3. Richardis und Volmar

Die Weggefährten Hildegards

Hildegard, die lange Zeit ihre Audiovisionen verschwieg und nichts aufschrieb, war angewiesen auf die wenigen Menschen, denen sie volles Vertrauen schenken konnte. Der Mönch Volmar aus dem benachbarten Benediktinerkloster, der als Propst der Nonnenabteilung fungierte, wurde, wie schon berichtet, ihr Lehrer, Mentor und Vertrauter, der sie bei der Niederschrift des Scivias, ihres ersten Buches, beriet und ihr half, eine lateinische Version des Textes zu verfassen. Hinzu kommt ihre Verbundenheit mit einer jungen, hochbegabten Mitschwester, Richardis von Stade, Tochter der einflußreichen Markgräfin gleichen Namens. Die Schwierigkeiten bei der Niederschrift des Buches Scivias, mit Volmar und der Mitschwester Richardis an ihrer Seite, schildert Hildegard so:

»All dieses sah und hörte ich, und dennoch – ich weigerte mich zu schreiben. Nicht aus Hartnäckigkeit, sondern aus dem Empfinden meiner Unfähigkeit, wegen der Zweifelsucht, des Achselzuckens und des mannigfachen Geredes der Menschen, bis Gottes Geißel mich auf das Krankenlager warf. Da endlich legte ich, bezwungen durch die vielen Leiden, Hand ans Schreiben. Ein adeliges Mädchen von guten Sitten und der Mann, den ich, wie oben gesagt, heimlich gesucht und gefunden hatte, waren meine Zeugen.

Als ich nun zu schreiben begann und alsbald, wie anfangs berichtet, die Gabe tiefsinnender Schriftauslegung in mir wirksam fühlte, kam ich wieder zu Kräften und stand von meiner Krankheit auf.

Nur mit Mühe brachte ich in zehn Jahren dieses Werk zustande und vollendete es.«[1]

Propst Volmar wird in Hildegards Vita »*symmista*«[2], Mit-Myste, Mitwisser ihrer geheimen Erfahrungen genannt. Von 1141 bis zu seinem Tode im Jahre 1173 – also 32 Jahre lang – diktierte ihm Hildegard den größten Teil ihrer Werke in die Feder. Für sie war er derjenige, der »*die Feile besitzt*«, ihre ungelenken Mitschriften der Audiovisionen in brauchbares Latein zu bringen. Im Vergleich mit ihren späteren Sekretären Gottfried und dem hochgebildeten Wibert war die Zusammenarbeit mit Volmar einzigartig, die Vertrautheit mit ihm groß. Er nennt sie »*heilige Meisterin*«, aber auch »*süßeste Mutter*«.[3]

Hildegard war tief getroffen, als Volmar starb. Er, der »*einzig geliebte Freund seligen Angedenkens*«, wie sie ihn aus der Erinnerung nennt, war derjenige, der es in seiner einfühlsamen Bescheidenheit verstanden hatte, ihre Niederschriften »*nur nach den Regeln der Grammatik*«[4], nicht im Stil oder gar im Ausdruck zu verbessern. Volmar war ein Glücksfall für Hildegard: eine Animus-Gestalt, die sich ihrem weiblichen Geist in feinster Empathie zuordnete und sich ihrem spirituellen Genius unterordnete. Seine Geistigkeit bestand in einer gesteigerten Wahrnehmungsfähigkeit für das, was Hildegard auszudrücken hatte, er war »ganz Ohr« für das tönende Wort des lebendigen Lichtes, das sich Hildegards als Medium bediente. Nach seinem Tode fühlte sie sich verwaist, wie sie im Epilog zum Liber divinorum operum zum Ausdruck bringt:

»*Da durchbohrte Traurigkeit mir Seele und Leib, weil ich, durch das Geschick des Todes des Mannes beraubt, eine Waise war in dieser Welt. Denn im Dienste für Gott hatte er alle Worte dieser Schau mit großer Sorgfalt und ununterbrochener Mühe aufgenommen und sie korrigierend durchgesehen. Und immer hat er mich ermahnt, sie nicht wegen irgendwelcher Schwäche meines Körpers aufzugeben, sondern Tag und Nacht an dem, was mir in dieser Schau gezeigt wurde, zu schreiben und zu arbeiten. Das tat er bis zu seinem Tode und konnte sich an der Schau nicht ersättigen.*«[5]

Im Titelbild des Scivias-Buches (Farbtafel I), zu Beginn der Vorrede, sehen wir Hildegard, von rotflammendem Feuer überschüttet – eine Erinnerung an die pfingstlichen Flammen des Heiligen Geistes, die hier auch Hildegard zugeordnet werden. Daraus bezieht sie ihre Autorität.

Die Flammenzungen ergreifen von vorne ihre Stirn, ihre Ohren und ihre Augen: Dies Bild ist die zwingende Darstellung einer Audiovision, die durch das grüne Dach des Gebäudes hereinbricht, aus dem goldenen Himmelsraum über Hildegard – Gold als Farbe der Transzendenz – in den goldenen Innenraum hinein, der sie umgibt. Mit nach innen gerichteten Augen führt ihre Hand den Griffel auf der Schreibtafel, nicht bewußt, sondern wie von oben gelenkt. Zugleich ist ihr Haupt Volmar zugewandt, dessen Kopf von außen, aus dem grünen Seitenraum – auch hier taucht das heilige Grün auf! – in ihre Kammer, den Offenbarungsraum, hineinragt, in horchender Haltung, »ganz Ohr«. Seine Hand ruht schreibend auf dem dauerhaften Pergament, außen, im grünen Nebenraum, wo er ebenfalls, ohne hinzublicken, nur vom Hören geführt, niederschreibt, in korrektem Latein, in einer endgültigen Fassung, was Hildegard auf der löschbaren Tafel skizziert, direkt unter dem Eindruck ihrer Gesichte: »Der Mitwisser hingegen hört mehr hin, als daß er schreibt; überarbeiten läßt sich im nachhinein... Er bietet der göttlichen Diktion, die sich nur über ihr weibliches Medium zu vernehmen gibt, die ›kleinen Flügel‹ seines Hörvermögens. Ihr Mund spricht und ihre Hand schreibt nur, was ein anderer diktiert. Nichts anderes bezeugt die Anwesenheit des Mitwissers. Vor seinen Augen und Ohren verwandelt sich seine ›süßeste Mutter‹ in das Instrument einer göttlichen audiovisuellen Übertragung. Dieses seltene Autorinnenbild zeigt den Ursprung eines Wissens, das sich strikt über die Frau herleitet, die mit dem Gotteswort an seinem Anfang plaziert ist...«[6]

Auf einer späteren Buchmalerei (Farbtafel II) zu dieser spirituellen Situation in Hildegards Scriptorium ist auch Richardis dabei, an Hildegards Seite, ihr gleichsam den Rücken deckend. Richardis war unter Hildegards Obhut und Liebe zu einer selbständigen und hervorragenden Persönlichkeit herangewachsen. Neben Volmar wurde sie ihre engste Mitarbeiterin, auch beim Besprechen und Niederschreiben der Visionen. Es ehrt Hildegard, daß solche starken Persönlichkeiten neben ihr heranwachsen konnten.

Nun erhält Richardis, auch auf Vermittlung ihrer adligen Verwandtschaft hin, die ehrenvolle Aufforderung, Äbtissin im Benediktinerinnenstift in Bassum bei Bremen zu werden. Richardis ist dem nicht abgeneigt und stimmt zu.

Hildegard hingegen ist erschüttert. Sie befragt ihre innere Schau, was davon zu halten sei, und glaubt zu hören und zu verstehen, daß es gegen den Willen Gottes sei, wenn die noch junge Richardis selbst Mutter eines Klosters würde; daß sie damit nur ihrem persönlichen Ehrgeiz wie auch dem ihrer Verwandtschaft erliege. Als Hildegard ernstlich zögert, Richardis für das hohe Amt freizugeben, zu dem diese in Abwesenheit bereits gewählt worden ist, wird sie überdies durch einen Brief des zuständigen Erzbischofs auf eine verletzende und autoritäre Weise gedrängt, sich von Richardis zu trennen:

»...*Um aber auf das zu kommen, worauf wir hinzielen, so geben wir dir davon Kenntnis, daß einige Ordensleute als Abgesandte eines uns bekannten adligen Klosters zu uns gekommen sind. Sie haben uns inständig gebeten, daß ihnen jene Schwester, die sie erbitten und die im Ordensgewand bei dir lebt, gemäß stattgefundener Wahl als Äbtissin zugestanden wird. Dementsprechend gebieten wir kraft der Autorität unseres Vorsteheramtes und unserer Vaterschaft, ja wir legen es dir befehlend auf, daß du sie den gegenwärtig Bittenden und Verlangenden für das Vorsteheramt überlässest. Tust du das, so wirst du unsere Gunst, die du bisher erfahren, fürderhin in noch höherem Maße spüren. Wenn nicht, so werden wir es erneut, und zwar noch schärfer, befehlen und nicht davon ablassen, bis du unser diesbezügliches Gebot durch die Tat erfüllt hast.*«[7]

Hildegard antwortet in heller Empörung, kommt trotz der scharfen Drohung dem Befehl des Erzbischofs nicht nach. Sie beruft sich darauf, daß gemäß ihrer Schau die Wahl der Richardis zur Äbtissin nicht dem Willen Gottes entspreche und weist couragiert auf den in der Kirche üblichen Ämterschacher unter hohen Adligen hin:

»*Der durchsichtige Quell, der nicht trügerisch ist, sondern gerecht, spricht: Die Gründe, die für die Erhebung jener Nonne [zur Äbtissin] vorgebracht werden, haben bei Gott kein Gewicht. Denn Ich, der Hohe und Tiefe und Umkreisende, der Ich das einfallende Licht bin, habe sie nicht gesetzt und gewählt, sondern aus der unziemenden Verwegenheit einsichtsloser Herzen sind sie entstanden* (die dafür sprechenden Gründe, I.R.)... *Der Geist Gottes spricht in seinem Eifer: O Hirten, klagt und trauert in dieser Zeit, denn ihr wißt nicht, was ihr tut, wenn ihr die in Gott begründeten Ämter um Geldbesitz an die Torheit schlechter Menschen, die Gott nicht fürchten, verschleudert. Darum darf man euren verfluchenden, böswilligen und drohenden Worten kein Gehör schenken.*«[8]

Natürlich spielt Hildegard mit dem Hinweis auf die »*Torheit schlechter Menschen*«, an die hohe Ämter verschachert werden, auf ganz andere Leute an als auf Richardis. Doch es kommt ihr auch nicht in den Sinn, daß Richardis – über den Wunsch ihrer Sippe hinaus – selbst an dem Amt einer Äbtissin interessiert und dazu herangereift sein könnte.

Richardis – das ehrt nun auch sie und erweist ihre Selbständigkeit – nimmt den Ruf trotzdem an und bricht tatsächlich nach Bremen auf.

Hildegard gerät völlig aus der Fassung. Sie versetzt halb Europa, das ja mit ihr in ehrerbietigem Briefwechsel steht, in Bewegung: den Mainzer Erzbischof, den Bremer Erzbischof, der der leibliche Bruder von Richardis ist, Papst Eugen, den sie persönlich kennt, die Mutter von Richardis und natürlich Richardis selbst.

Als schließlich gar noch eine andere Mitschwester aus Hildegards Konvent, Adelheid, ebenfalls eine Verwandte derer von Stade, von einem weiteren Kloster zur Äbtissin gewählt und abberufen wird, sieht sich Hildegard überfordert und schreibt an die Markgräfin von Stade, die Mutter von Richardis, selbst. Es ist ein erschütternder Brief:

»*Ich beschwöre und ermahne dich: bringe meine Seele nicht derart in Aufruhr, daß du meinen Augen bittere Tränen entlockst und mein Herz mit grausamen Wunden verletzest wegen meiner vielgeliebten Töchter Richardis und Adelheid, die ich jetzt leuchten sehe im Morgenrot, geschmückt mit einem Perlengeschmeide von Tugenden. Hüte dich also, ihren Sinn und ihre Seele von dieser erhabenen Schönheit durch deinen Willen, Rat und Beistand abzulenken. Denn die Äbtissinnenwürde, die du für sie begehrst, ist sicher, sicher, ja sicher nicht von Gott, noch ist sie zum Heil ihrer Seelen.*«⁹

Trotz dieser beschwörenden Zeilen greift die Markgräfin von Stade, die leibliche Mutter der Richardis, in deren Entscheidung für Bassum, die sie selber befürwortet, nicht ein. Richardis wird Äbtissin im Stift Bassum bei Bremen. Die Trennung von Hildegard ist vollzogen. Auch jetzt noch kommt Hildegard nicht zur Ruhe. Sie wendet sich noch einmal an den Bruder von Richardis, den Erzbischof Hartwig von Bremen:

»*...Nun höre auf mich, die ich in Tränen und Trübsal zu deinen Füßen niedergeworfen liege. Denn meine Seele ist betrübt, weil ein gewisser schrecklicher Mensch* (Hartwig von Bremen selbst? I.R.) *in der Angelegenheit unserer geliebten Tochter Richardis meinen Rat und Willen und den meiner Schwestern und Freunde mißachtet und sie durch seinen verwegenen Willen aus unserem Kloster entführt hat. Denn der allwissende Gott weiß, wo Hirtensorge not tut. Daher soll der gläubige Mensch nicht umherschweifen und nach einem Vorsteheramt trachten... Deshalb war es für unseren Abt nicht notwendig, eine heilige, aber unerleuchtete und unwissende Seele in das, was* *geschehen ist, und damit in so große Unbesonnenheit und Geistesverblendung hineinzubefehlen. Wäre unsere Tochter ruhig geblieben, so hätte Gott sie zubereitet zu dem, was Er an Ruhm für sie wollte. Darum bitte ich, der du... auf dem Bischofsstuhle sitzest, und beschwöre dich...: Sende meine geliebte Tochter zu mir zurück, denn eine Wahl Gottes übergehe ich nicht, noch widerspreche ich ihr, wenn immer eine solche vorliegt.«*[10]

Es ist eine unerhört große Bitte, die Hildegard da an Richardis' Bruder richtet: eine designierte Äbtissin zu ihr zurückzusenden! Bei der Gelegenheit erfahren wir auch, daß damals – Hildegards Schwesternschaft gehört noch zum Konvent der Disibodenberger – der dortige Abt auch das Recht besaß, oder auch nur die Macht, deren Schwestern abzuordnen und zu entsenden. Man begreift, daß Hildegard später das Recht auf ein autonomes Frauenkloster erkämpfen mußte.

Als auch der Brief an Hartwig erfolglos bleibt, unternimmt Hildegard einen letzten verzweifelten Versuch, Richardis zurückzugewinnen, indem sie sich an Papst Eugen III. selber wendet. Der Papst antwortet recht diplomatisch: Wenn Richardis ein Kloster bei Bremen leiten wolle, dann möge sie sich dort streng nach der Regel des Heiligen Benedikt richten, auf die sie Profeß abgelegt habe. Wenn nicht, solle sie zurückkommen zu Hildegard.[11]

Richardis hatte nie etwas anderes vorgehabt, als ein Benediktinerinnenkloster nach der Regel Benedikts zu leiten, und – jetzt spürt man auch die leise Ironie im Brief des Papstes – man konnte ihr auf keine Weise einen Stein in den Weg legen.

Nun schreibt Hildegard einen schmerzerfüllten, enttäuschten und doch auch verzichtbereiten Brief an Richardis von Stade selbst, einen der Briefe, die uns Hildegard menschlich sehr nahebringen:

»Höre, Tochter, mich, deine Mutter, die ›im Geiste‹ zu dir spricht: Schmerz steigt in mir auf. Der Schmerz tötet das große Vertrauen und die Tröstung, die ich in einem Menschen besaß.

Von nun ab möchte ich sagen: Besser ist es, auf den Herrn zu hoffen, als auf Fürsten seine Hoffnung zu setzen. Das heißt: Der Mensch soll ihn, den Hohen, Lebendigen, schauen, ohne irgendeine Umschattung der Liebe und ohne die schwache Zuverlässigkeit, wie die luftige Feuchtigkeit der Erde sie nur für ganz kurze Zeit bietet... Hierin habe ich gefehlt aus Liebe zu einem edlen Menschen.

Nun sage ich dir: Jedesmal, wenn ich auf diese Weise sündigte, hat Gott mir diese Sünde entweder durch irgendwelche Ängste oder

Schmerzen offenbar gemacht. So geschah es auch jetzt um deinetwillen, wie du selbst weißt.

Nun sage ich wiederum: Weh mir Mutter, weh mir Tochter! Warum hast du mich wie eine Waise zurückgelassen? Ich habe den Adel deiner Sitten geliebt, deine Weisheit und deine Keuschheit, deine Seele und dein ganzes Leben, so daß viele sagten: ›Was tust du?‹ Nun sollen alle mit mir klagen, die Schmerz leiden gleich meinem Schmerz; die aus Gottes Liebe in ihrem Herzen und Gemüt Liebe zu einem Menschen trugen, wie ich sie zu dir gehabt – einem Menschen, der ihnen in einem Augenblick entrissen ward, so wie du mir entrissen bist.

Gottes Engel schreite vor dir her, es beschütze dich Gottes Sohn, und seine Mutter behüte dich. Gedenke deiner armen Mutter Hildegard, auf daß dein Blick nicht dahinschwinde.«[12]

Da es letztlich um viel mehr ging als um kirchenpolitische Dinge, auch um mehr als um persönlichen Ehrgeiz, wie Hildegard immer meinte, da die beiden Frauen offenbar stark aneinander gebunden waren in einer fast archetypisch zu nennenden Mutter-Tochter-Konstellation[13] mit einem hohen Grad von geistig-seelischer Entsprechung, beschloß Richardis schließlich nach schwersten inneren Kämpfen, doch zu Hildegard zurückzukommen. Mit einer Eingabe bittet sie die Zuständigen, wieder zum Rupertsberg zurückkehren zu dürfen. Es ist dies ein völlig ungewöhnlicher Schritt für eine neugewählte Äbtissin! Damit aber nimmt das Drama zwischen den beiden Frauen erst recht eine tragische Wendung.

Als Richardis die erbetene Erlaubnis erhält und sich zur Rückkehr bereitmacht, wird sie von einer lebensgefährlichen Krankheit erfaßt. Ihrem Bruder Hartwig, dem Erzbischof von Bremen, erzählt sie unter Tränen, wie sehr sie darunter leide, daß Hildegard ihrer Wahl zur Äbtissin die Zustimmung versage, daß sie innerlich so sehr davon zerrissen werde, daß sie nicht mehr anders könne, als zu Hildegard zurückzukehren. Als sie schließlich wirklich zu Hildegard aufbrechen will, wird die Krankheit so schwer, daß sie sich nicht mehr davon erholt, sondern wenige Wochen später daran stirbt.[14]

Der Tod der Richardis von Stade ist für Hildegard einer der schwersten Schläge, die sie in ihrem Leben erlitten hat. Er trifft sie im Jahre 1152, in ihrem 54. Lebensjahr. Erzbischof Hartwig von Bremen teilt Hildegard den Tod seiner Schwester in dem folgenden Brief mit, der seine Erschütterung und seine Noblesse spüren läßt:

»Hartwig, Erzbischof von Bremen, Bruder der Äbtissin Richardis, entbietet Hildegard, in Christo Meisterin von St. Rupertus, anstelle seiner Schwester, und mehr noch als diese, Gehorsam.

Ich melde dir, daß unsere Schwester, meine, nein deine – meine dem Leibe, deine dem Geiste nach –, den Weg allen Fleisches gegangen ist, und daß sie die Ehre, die ich ihr verschafft, gering geschätzt hat. Während ich zum irdischen König ging, hat sie dem König des Himmels gehorcht. Sie hat eine heilige und fromme Beichte abgelegt, ward nach der Beichte mit dem heiligen Öl gesalbt und hat alles empfangen, was die christliche Kirche bereithält.

Auch hat sie sich unter Tränen aus ganzem Herzen nach deinem Kloster zurückgesehnt und sich dem Herrn durch seine Mutter und den Heiligen Johannes empfohlen. Unter dem dreimaligen Zeichen des Kreuzes hat sie sich zur Dreieinigkeit bekannt und ist – des sind wir gewiß – im vollkommenen Glauben an Gott, in der Hoffnung und in der Liebe zu Ihm am 29. Oktober gestorben.

Daher bitte ich dich, wenn ich dessen würdig bin, so sehr ich vermag: Du wollest sie lieben, so sehr, wie sie dich geliebt hat. Und scheint sie irgendwie gefehlt zu haben, so gedenke wenigstens – da dies nicht auf sie, sondern auf mich zurückzuführen war – ihrer Tränen, die sie über das Verlassen deines Klosters vergossen hat; dessen waren viele Zeugen. Und wenn der Tod sie nicht daran gehindert hätte, wäre sie nach der eben erhaltenen Erlaubnis zu dir zurückgekehrt. Da sie aber durch den Tod davon abgehalten wurde, so wisse, daß ich statt ihrer, so Gott will, kommen werde.

Aber Gott, der Vergelter alles Guten, möge dir hier und in Zukunft nach deinen Wünschen alles Gute vergelten, das du allein ihr unter allen und vor allen Verwandten und Freunden erwiesen, wofür sie Gott und mir gedankt hat.

Deinen Schwestern wollest du für alle ihre Wohltaten Dank sagen.«[15]

Als besonders fein und einfühlend erscheint mir, wie Hartwig die Freundschaft zwischen diesen beiden Frauen zu ehren weiß, indem er Richardis »unsere Schwester« nennt, »meine, nein deine« – *meine dem Leibe, deine dem Geiste nach«*, und wie er die Tränen erwähnt, *»die sie über das Verlassen deines Klosters vergossen hat«*; hinzu kommt seine zarte Bitte, *»Du wollest sie lieben, so sehr, wie sie dich geliebt hat«*, und sein Gedenken an alles Gute, *»das du allein ihr unter allen und vor allen Verwandten und Freunden erwiesen, wofür sie Gott und mir gedankt hat.«* Hildegard hat offenbar – entgegen allen Klosterregeln – die Kühnheit gehabt, sich dieser Frau auf einzigartige Weise zuzuwenden. Bischof Hartwig akzeptiert das.

Es macht nachdenklich, daß Richardis gestorben ist, als sie die Erlaubnis bekam, zu Hildegard zurückzukehren. Welch eine Ambivalenz der Gefühle muß in dieser Frau getobt und sie innerlich zerrissen haben!

Hildegard antwortet Hartwig in einem Brief, in dem ihre Erschütterung noch nachzittert und in dem sie versucht, diesem Sterben einen geistlichen Sinn abzugewinnen:

»...Nun höre, o Teurer! Also geschah es mit meiner Tochter Richardis, die ich meine Tochter und zugleich meine Mutter nenne. Denn mein Herz war voll von Liebe zu ihr, weil das lebendige Licht in einer starken Schau mich lehrte, sie zu lieben. Höre: Gott hatte mit solchem Eifer von ihrer Seele Besitz ergriffen, daß die Lust der Welt sie nicht zu umgarnen vermochte; sie kämpfte vielmehr ständig dagegen, obgleich sie wie eine Blume erschien in der Schönheit und Zier und Symphonie dieser Welt... Doch als sie noch im Leibe weilte, hörte ich in einer wahren Schau von ihr sagen: ›O Jungfräulichkeit, du stehst im königlichen Brautgemach.‹ Denn im jungfräulichen Reis ist sie eingereiht in die hochheilige Ständeordnung. Darüber freuen sich die Töchter Sions. (Zeph. 3,14; Sach. 9,9; I.R.) Und doch wollte die alte Schlange sie durch den hohen Adel ihres menschlichen Geschlechts von dieser seligen Ehre abziehen. Da aber zog der Höchste König diese meine Tochter an sich und schnitt allen menschlichen Ruhm von ihr ab. Darum hegt meine Seele großes Vertrauen zu ihr, obgleich die Welt ihre Schönheit und Klugheit liebte, als sie noch in der Welt lebte. Doch Gott liebte sie noch mehr... Auch ich verbanne aus meinem Herzen den Schmerz, den du mir bereitet hast mit dieser meiner Tochter. Gott gewähre dir durch die Fürsprache der Heiligen den Tau seiner Gnade und den seligen Lohn in der künftigen Welt.«[16]

Aus diesem Brief Hildegards erfahren wir noch etwas Bemerkenswertes: daß *»das lebendige Licht«* selber *»in einer starken Schau«* Hildegard gelehrt hatte, Richardis zu lieben. Hildegard ist bis zuletzt nicht davon abzubringen, daß ihre Schau sie nicht habe trügen können, was von daher verständlich ist, daß die Schau das zentrale Element ihres religiösen Lebens war. Sie klagte sich allerdings dessen an, Richardis zu sehr an sich gebunden zu haben und sich selbst zu sehr an Richardis, statt an Gott allein – *»darin habe ich gefehlt aus Liebe zu einem edlen Menschen«* – und wohl auch dessen, daß sie diesem kirchenpolitischen Spiel, dem Ehrgeiz der adligen Verwandtschaft, die Richardis vielleicht doch zu diesem Schritt gedrängt hatte, nichts hatte entgegensetzen können.

War denn nun Hildegard, die »Freundin der Weisheit«, in dieser Beziehungsgeschichte gänzlich von der Weisheit verlassen? Ich vermute, daß sie hier streckenweise zu sehr mit der Weisheit identifiziert war, während es doch vielleicht darum gegangen wäre, mit Richardis gemeinsam auf die Weisheit bezogen zu bleiben. Sich mit der Weisheit zu identifizieren anstatt sich auf sie zu beziehen, ist die Gefahr, die wohl mit jeder Weisheitssuche verbunden ist.

Es macht sehr betroffen, daß Richardis an diesem Konflikt mit Hildegard starb, oder doch jedenfalls in engem Zusammenhang mit ihm. Die für Richardis übermächtige Autorität der Muttergestalt Hildegard, die sich bei dem entscheidenden Ablösungsvorgang gegen sie stellte, zur negativen Mutter wurde, hat sie offensichtlich erdrückt.

Hildegards außerordentliche Persönlichkeit, die in dieser Ablösungsphase, als es um das eigene Leben, den eigenen Rang von Richardis ging, auch noch die göttliche Autorität ihrer Schau in Anspruch nahm, um sie an dem Auszug aus dem Mutterkloster und der Annahme der eigenen Äbtissinnenwürde zu hindern, war für Richardis zu machtvoll, als daß sie ihr hätte widerstehen und sich gegen sie hätte behaupten können.

Zudem war sie durch die Gehorsamspflicht der Nonne als geistliche Tochter an die geistliche Mutter gebunden. Auch das christliche Gewissen, die Vaterautorität der kirchlich-monastischen Ordnungen – kurz: der kollektive Vaterkomplex jeder Frau jener patriarchalen Zeit – schlug zu und erlaubte ihr den Weg in die altersgemäße Selbständigkeit, in die weibliche Autonomie nicht.

Vor allem anderen jedoch war Richardis an Hildegard durch töchterliche Liebe und Anhänglichkeit gebunden, war doch auch sie als junge Frau in Hildegards Kloster eingetreten. Die töchterliche Liebe der Jüngeren war offensichtlich in den folgenden Jahren zu einer Freundschaft zwischen den erwachsenen Frauen Richardis und Hildegard herangereift, die in ein nahes Vertrauensverhältnis und eine partnerschaftliche, geistige Zusammenarbeit im Blick auf Hildegards persönlichstes Werk, die Niederschrift ihrer Visionen, mündete. Laut den Quellen, die uns vorliegen, hat sich Hildegard mit ihren Audiovisionen niemandem anvertraut außer ihrer früheren Meisterin Jutta, ihrem geistigen Mentor Volmar und – auf einzigartiger freundschaftlicher Basis – eben Richardis. Schon auf den ersten Seiten ihres Scivias-Buches, in ihrer Vorrede, erwähnt sie Richardis:

»Da endlich legte ich, bezwungen durch die vielen Leiden, Hand ans Schreiben. Ein adeliges Mädchen von guten Sitten und der Mann, den ich, wie oben gesagt, heimlich gesucht und gefunden hatte, waren meine Zeugen.«[17]

Wie lebensnotwendig andererseits für die begabte Richardis die Ablösung von Hildegard und der Eintritt in ein eigenes Leben mit der Übernahme eigener Verantwortung und Autorität war, zeigt sich an ihrem Mut, die Wahl zur Äbtissin von Bassum anzunehmen und sich damit gegen Hildegard zu stellen. Die innere Notwendigkeit, dies zu tun, muß so groß für sie gewesen sein, daß sie etwas wagte, was sie schließlich das Leben kostete.

Richardis lag es zudem gleichsam im Blut, eines Tages eine angesehene, verantwortliche Stellung zu übernehmen. War doch ihr Vater Markgraf der damaligen Nordmark des Reiches, leider früh verstorben; und ihre Mutter war die eigenwillige, auch politisch einflußreiche Markgräfin von Stade, die auch menschlich viel Schweres durchgemacht hatte, indem sie ihren ältesten Sohn schon im Kindesalter verlor, dazu zwei weitere Söhne durch politisch motivierte Mordanschläge. Neben Richardis blieben ihr Hartwig, der spätere Erzbischof von Bremen, und eine weitere Tochter, Luitgard, die Mutter der jungen Adelheid, die ebenfalls in Hildegards Kloster eingetreten war und später die Äbtissinnenwürde von Gandersheim übernahm.

Von dieser starken, begabten Frau während der ersten Kinderjahre geprägt, übertrug Richardis dann wohl auf Hildegard das Bild einer machtvollen, positiven Mutter. Hildegard brachte noch die außergewöhnliche geistig-spirituelle Dimension hinzu. Die leibliche Mutter von Richardis befürwortete, daß ihre Tochter die Äbtissinnenwürde von Bassum bei Bremen übernehmen sollte und ließ sich, wie wir hörten, von Hildegards bedrängendem Brief nicht beeinflussen. So stand in diesem Konflikt für Richardis Mutter gegen Mutter.

Was mag umgekehrt Richardis für Hildegard bedeutet haben, daß sie alles einsetzte, was sie hatte – auch unerlaubte Druckmittel, ihre persönliche Autorität und die Gottes! –, um diese Mitschwester in ihrer Nähe behalten zu können?

Während wir von Richardis nur indirekte Zeugnisse über ihre Beziehung zu Hildegard haben, liegen uns von Hildegard selbst bewegende Selbstaussagen vor. Was ihr Richardis als einzige weibliche Vertraute im Blick auf ihre Visionen und deren schwierige Niederschrift – auch im Blick auf eine mißtrauische, kirchliche Öffentlichkeit – bedeutet hat, habe ich schon angedeutet. Hildegard erwähnt es zu Beginn des Buches Scivias und auch später, zum Beispiel in ihrer Autobiographie, die teilweise in ihre Vita aufgenommen wurde:

»*Als ich das Buch Scivias schrieb, war ich einer adeligen Nonne – der Tochter der genannten Markgräfin – in voller Liebe zugetan, so wie Paulus dem Timotheus. Sie hatte sich mir in allem durch liebende Freundschaft verbunden und litt in meinen Leiden mit mir, bis ich das Buch vollendet hatte.*«[18]

Richardis war geistliche Tochter für Hildegard, in einem höchsten Sinn. »*Das Lebendige Licht*« selber hatte sie gelehrt, sie beauftragt, Richardis zu lieben, »*in einer starken Schau*«.[19]

So war es für Hildegard mehr als eine auf menschlicher Zuneigung begründete Liebe, es war eine göttliche Bestimmung. Sie verleugnet die erotische Komponente ihrer Faszination von Richardis nie, die ihr »*wie eine Blume erschien in der Schönheit und Zier und Symphonie dieser Welt*«.[20]

Sie spricht im gleichen Brief von Richardis' »*Schönheit und Klugheit*«. Noch ergreifender klingen ihre Worte im Brief an Richardis selber:

»*Ich habe den Adel deiner Sitten geliebt, deine Weisheit und deine Keuschheit, deine Seele und dein ganzes Leben, so daß viele sagten: Was tust du?*«[21]

Es widerspricht bekanntlich der geistlichen Klosterregel, daß die Äbtissin sich so exklusiv mit einer ihrer Mitschwestern verbindet. Doch Hildegard hat, vom Lebendigen Licht selbst gelehrt, die Weisheit dieser Gefährtin geliebt – auch Richardis war eine »Schwester der Weisheit« – und kann diese Tochter zugleich als ihre Mutter bezeichnen, als eine mütterliche Freundin, die auch ihr geistige Anregung, Umsorgung und Schutz gewährt haben mag in Zeiten äußerster Erschütterungen durch die Schau, in ihren Krankheiten auch, und in all den Krisen, die die Niederschrift ihrer Visionen mit sich brachte.

An dieser Stelle bekennt sich Hildegard zum Rang und zur inneren Autorität ihrer jüngeren Freundin, einer Autorität, die sie ihr als Äbtissin von Bassum nicht zugestehen wollte. Für Hildegard war Richardis zwar zu Großem ausersehen, doch vorerst noch immer »*in der Entwicklung*«. Und doch war Richardis für Hildegard noch mehr, wie sie in ihrem Brief zum Tode der Gefährtin an Erzbischof Hartwig erkennen läßt. Hier schreibt sie, wie wir hörten:

»Doch als sie noch im Leibe weilte, hörte ich in einer wahren Schau von ihr sagen: ›O Jungfräulichkeit, du stehst im königlichen Brautgemach!‹ Denn im jungfräulichen Reis ist sie eingereiht in die hochheilige Ständeordnung (das heißt: in gottgeweihte Jungfräulichkeit, I.R.). *Darüber freuen sich die Töchter Sions.«*[22]

Für Hildegard ist Richardis also auch eine echte Anima-Gestalt[23], eine Gestalt der schöpferischen Seele, ein Faszinosum, in der diese ihr zu einem Bild der »Jungfräulichkeit«, der Integrität wird, *»die im königlichen Brautgemach steht«* – zum Seelenbild für Hildegards eigene Sehnsucht, einmal wie die jungfräuliche Maria im Brautgemach des schöpferischen Gottes zu stehen, des höchsten Königs.

Die Vorstellung der »Gottesbraut«, die Christus in ihrer Seele noch einmal gebären wird, zugleich einer »Christusbraut«, steht Hildegard vor Augen als ihr höchstes Ideal, und dieses Bild sieht sie in Richardis aufs schönste verwirklicht. Deshalb soll ihr Richardis die schlackenlos Reine, die Vollkommene sein, die keinesfalls weltlichem Ehrgeiz erliegen darf, womit sie dem höchsten König – und Hildegards Seelenbild – untreu würde. Weil Hildegards Bild von Richardis so hoch ist, weil sie ihr das geliebte Gegenüber darstellen soll, das ihre eigene Seele für sich ersehnt, deshalb soll Richardis die Vollkommene sein, und Hildegard kann ihr keine eigene Entwicklung zubilligen. In ihrer Autobiographie schreibt sie einseitig urteilend:

»Danach neigte sie sich im Hinblick auf ihr angesehenes Geschlecht einer höheren Stellung zu: Sie wollte die Mutter eines vornehmen Klosters werden. Dies erstrebte sie nicht im Sinne Gottes, sondern im Sinne weltlicher Ehrsucht.«[24]

Was ihre Schau von Richardis sagte, vertonte Hildegard später und legte es in ihrem Spiel Ordo virtutum der Figur der Castitas, der Keuschheit, in den Mund:

*»O Jungfräulichkeit,
du stehst im jungfräulichen Brautgemach.
Wie selig glühst du in der Umarmung des Königs,
wenn die Sonne dich durchstrahlt!
So wird deine strahlende Blüte nie welken.
O edle Jungfrau, nie wird die Nacht dich finden,
mit fallender Blüte.«*[25]

Hildegard war damals in einem Alter (54 Jahre), in dem auch eine geistige Mutter sich Generativität durch eine Tochter, die ihr geistiges Erbe weiterführt, ersehnt; ein Alter, in dem sich viele Mütter an ihre Töchter klammern, als verkörperten diese eine Garantie gegen das langsam sich entziehende biologische Leben – ein Mißverständnis, sollte doch in diesem Alter die Projektion auf die reale Tochter gerade zurückgenommen werden, um eine innere geistige Tochter, einen neuen schöpferischen Impuls freizusetzen. Gewiß hat sich dies bei Hildegard ereignet, doch zum Zeitpunkt des Todes von Richardis fühlte sie sich wie verwaist.

1151 wurde Scivias, ihr Erstlingswerk, vollendet. Ein Jahr später starb Richardis. Hildegard konnte kein weiteres ihrer Werke unter dem Beistand von Richardis niederschreiben, auch wenn sie sie zu Beginn der Kosmosschrift noch erwähnt. Der Ordo virtutum entstand erst nach deren Tod. So mag es auch ein Stück Trauerarbeit sein, wenn Hildegard die Gefährtin nun für immer im »*königlichen Brautgemach*« Gottes, Christi, weiß. Im Ordo virtutum, im Spiel der Kräfte, ist das Wort der Castitas über die Jungfräulichkeit eingebettet in die Aussagen von zwei Chören, in denen alle Kräfte zusammen wirken und zusammen sprechen. Der erste Chor spricht:

»*O lebendiges Leben, o liebevolle Trösterin,*
des Todes todbringende Gewalt besiegst du,
und wenn das Auge schaut,
öffnest du des Himmels verschlossenes Tor.«[26]

Der zweite Chor, der nach den Worten der Keuschheit spricht, findet folgende Worte:

»*Die Blume des Feldes sinkt nieder vom Wind,*
der Regen verstreut ihre Blätter.
O Jungfräulichkeit, du weilst bei den Chören der Himmelsbürger.
So bist du die lieblichste Blüte, die niemals verdorrt.«[27]

Als »Blume« hat Hildegard Richardis hier wie auch andernorts besungen, und hier sieht sie sie womöglich selber als Singende in den Chören der Himmelsbürger. Sie ist ihr nun erst recht das Inbild der Jungfräulichkeit geworden, die bei den himmlischen Chören weilt. Dies ist gelingende Trauerarbeit – die Essenz der Beziehung wird wiedergewonnen, die an den Tod (nach Hildegards Glauben: an Christus) verlorene Gefährtin wird nun zu einer unverlierbaren inneren Begleiterin. Im gleichen Sinn hatte Hildegard schon im Brief an Hartwig, unmittelbar nach Richardis' Tod, den Sinn ihres Sterbens zu deuten versucht.[28] So konnte Hildegard das geliebte, vollkommene Bild ihrer Anima aufrechterhalten: Der »*höchste König*« zog Richardis »*ins Brautgemach*«, damit sie sich nicht an die Ehre der Welt verlor.

Wie sehr Hildegard von der Vorstellung der »Gottesbrautschaft« der freien, integren Frau, vorgeprägt in Maria, konkret geliebt in Richardis, geprägt war, zeigt sich auch darin, daß ihr die Schau, die über Richardis sagte, sie stehe im königlichen Brautgemach, in einer ihrer großen Visionen wiederbegegnet: An der Brust einer machtvoll hohen Frau, die Hildegards Buchmalerin erhaben wie die Berge malt, erscheint vor Hildegards innerem Auge »*... inmitten dieser Lichtbahn ein holdes Mägdlein. Sein Haupt war unbedeckt, dunkel, fast schwarz sein Haar. Eine rote, faltenreiche Tunika fiel an ihm herab bis auf die Füße. Und ich hörte, wie eine Stimme vom Himmel sprach: ›Dies ist die Blüte des himmlischen Sion. Mutter wird sie sein und doch eine Rosenblüte und eine Lilie der Täler. O Blüte, du wirst dem mächtigsten König vermählt, und wenn du erstarkt bist, wenn die Zeit dazu gekommen ist, wirst du dem erlauchtesten Kinde Mutter sein.‹*«[29]

Umgeben ist dieses »*Mägdlein*« von allen Ständen der Kirche, von Bischöfen, Mönchen und Jungfrauen, die sich um es scharen. Gewiß erkennen wir in diesem »*Mägdlein*« in erster Linie »*Marie, die reine Magd*«. Aber hinter ihr scheint das neue, lebende Symbol einer jugendlichen Maria auf, die Hildegard liebt: Richardis.

In ihr symbolisierte sich das Ideal der Gottesbraut, für Hildegard das Bild der Frau, die unmittelbar zu Gott ist und ihre Identität oder Autorität nicht mehr vom Mann herleitet, das Ideal, dem sie selber nachstrebte mit der ganzen Innigkeit ihrer Seele. Darum durfte Richardis nichts Allzumenschliches an sich haben, nichts Allzumenschliches erstreben: war sie doch Hildegards mit aller ehrfürchtigen und liebevollen Sehnsucht umhegte Anima – das Bild ihrer eigenen weiblichen Seele. Es war zugleich ein Bild dessen, wovon Hildegard zutiefst ergriffen war: die Vorstellung von einer neuen Dignität der Frau im spirituellen Bereich. Für Richardis, auf die dieses Bild gespiegelt war, war diese Projektion erdrückend. Zurückgenommen als Hildegards eigenes Seelenbild, wie sie es nach Richardis Tod auch zurückzunehmen vermochte, wurde es fruchtbar als ein neues Bild der auf das Göttliche bezogenen Frau, die mit der Weisheit in engstem Bunde steht.

An dem Beziehungsdrama zwischen Hildegard und Richardis ist noch die andere Perspektive bedenkenswert und auch bedrückend, daß Hildegard, die von ihrer Schau lebte und zutiefst überzeugt von ihr war, innerhalb ihrer Visionen nicht zu unterscheiden vermochte zwischen deren imaginativem Aspekt, unter dem jeweils auch die unbewußten Phantasien und allzu menschlichen Wünsche mitspielen und mitgestalten, und dem Aspekt der geistlichen Weisung, dem sie sich bedingungslos verpflichtet wußte.

Es ist nur allzu begreiflich, daß Hildegard hier an ihre Grenze stieß. Aber es soll hier doch auch darauf hingewiesen werden, daß die Gabe der Imagination, ja der Vision, an sich eine natürliche psychische Gabe ist, manchen Menschen gegeben, ohne daß damit schon direkte göttliche Offenbarungen und wörtlich zu nehmende Weisungen verbunden wären. Vielmehr kann alles, was sich im Unbewußten eines Menschen abspielt, in seine Vision mit einströmen – also zum Beispiel Hildegards allzu menschlicher Wunsch, Richardis möge in ihrer Nähe bleiben. Das ist jedoch keine Fragestellung von Menschen des Mittelalters, sondern eine der heutigen Psychologie des Unbewußten.

Die Frage nach der theologischen Relevanz von Hildegards Visionen stellt sich noch von einer anderen Seite her: Dann nämlich, wenn sie, wie die Texte zeigen, den Bildgehalt ihrer Schau nachträglich theologisch zu interpretieren sucht und dadurch den Bildgehalt, der als solcher evident, wenn auch oft befremdlich ist, für die theologisch gängigen und vertretbaren Vorstellungen ihrer Zeit durch nachträgliche Auslegung zurechtbiegt und anpaßt, selbstverständlich ohne das bewußt zu wollen: Sie glaubt vielmehr, die interpretierende Stimme gleichsam in der Vision mit zu hören. Aber wenn man manche ihrer Texte, ausgehend von der von ihr beschriebenen audiovisuellen Bilderfolge, unbefangen liest und dann die nachfolgende Interpretation dazunimmt, so spürt man, daß es sich hier um verschiedene Ebenen der Wahrnehmung und des Ausdrucks handelt und sich die theologische Ratio korrigierend einschiebt, indem sie den Bedeutungsgehalt der Bilder gelegentlich überwuchert und im Sinne der herrschenden theologischen Anschauungen verändert. Vergessen wir in diesem Zusammenhang nicht die große Angst des mittelalterlichen Menschen vor einer immer möglichen Verketzerung! In Hildegards Zeit fällt der Beginn der Katharer-Bewegung, die die ersten schweren Ketzerverfolgungen in Europa nach sich gezogen hat.

Hildegard war jedoch, über ihre eigenen Rationalisierungen hinaus, zweifellos Mystikerin, indem sie diese natürliche Schau in den Raum ihres Glaubens erhob und von dort her interpretierte. Wir werden sehen, daß es Visionen von ihr gibt, die keiner Interpretation bedürfen, weil sie evident sind. Wenn wir beispielsweise an jene zu Anfang beschriebenen Bilder von dem alles durchglühenden Atem Gottes oder vom heiligen Grün denken, spüren wir, daß es sich hier nicht um allzu persönliche Erfahrungen handelt, sondern um eine überpersönliche Mystik des Kosmos.

Ich unterscheide darum die Visionärin Hildegard von der Mystikerin und schließlich noch die Prophetin, zu der sie emporwuchs. Schon in ihrer Zeit wurde sie als »*die deutsche Prophetin*« bezeichnet, in Analogie zum alttestamentlichen Prophetentum, als eine Frau, die ein deutendes Wort in ihrer Zeit zu sagen hat. Es ist bemerkenswert, daß Hildegard als einer Frau und einer Mystikerin diese Autorität zugestanden wurde. Voraussetzung dafür war, daß sie selbst sich nicht mehr von fremden Autoritäten ableitete. Dabei ging es, wie im alttestamentlichen Prophetentum auch, nicht in erster Linie um Voraussagen des Künftigen, sondern um erhellende, klärende Worte, die die Probleme der Zeit sub specie aeternitatis (aus der Perspektive der Ewigkeit) zu deuten vermochten.

Die visionäre Schau als solche und die Prophetie sind zweierlei. Hildegard hat darüber hinaus vor allem in ihrem Buch Scivias wie auch in ihren späteren Schriften und einigen Briefen Zukunftsaussagen gemacht und dabei – im Stil der Offenbarung des Johannes – keine Daten und Zeiträume angegeben, sondern versucht, in großen Zügen das Kommende zu erschauen, darunter auch das künftige Friedensreich und die endgültige Wandlung aller Dinge.

Hildegards starker Charakter hat sich noch einmal bewährt, kurz vor ihrem Tod, als dieser in ganz Europa hochgeachteten Frau das Schmachvollste zustieß, was einem damals überhaupt zustoßen konnte: Über ihr Kloster wurde das Interdikt verhängt, das heißt, daß die Klosterkirche geschlossen bleiben mußte und weder Liturgie noch Eucharistie gefeiert werden durften, was für einen Benediktinerinnenkonvent fast einer geistlichen Aushungerung gleichkam. Wie konnte das geschehen?

Hildegard hatte einen wegen revolutionärer Aktionen exkommunizierten Adligen auf ihrem Klosterkirchhof begraben lassen.[30] Ihr Kloster hatte das Recht, Freunde und Gönner auf seinem Areal beizusetzen. Der genannte Edelmann war eine Zeitlang exkommuniziert gewesen, jedoch vor seinem Tode – davon war Hildegard überzeugt – von seinem persönlichen Beichtvater losgesprochen worden, nicht aber vom Erzbischof von Mainz. Hildegard hatte sein ehrenvolles Begräbnis im Areal ihres Klosters guten Glaubens veranlaßt. Die Kirchenbehörde reagierte mit Empörung auf Hildegards vermeintliche Eigenmächtigkeit und drohte mit dem Interdikt. Hildegard war tief erschrocken und betroffen, weil dieses Begräbnis in geweihter Erde für sie eine selbstverständliche Sache gewesen war; und so befragte sie ihre Gabe der Schau, wie sie sie bei der Entscheidung wegen Richardis befragt hatte. Hier erfuhr sie, daß sie recht gehandelt habe und bis zum Ende zu dieser Sache stehen solle.

So schreibt sie schließlich an den für das Interdikt verantwortlichen Erzbischof Christian von Mainz, der sich zu der Zeit auf dem Laterankonzil in Rom befindet:

»Milder Vater! Unsere Mainzer Prälaten hatten uns befohlen, wir sollten die Leiche des jungen Mannes, der vor seinem Tode vom Bann befreit und mit allen Sakramenten des christlichen Glaubens gestärkt (wie wir dir bereits brieflich mitteilten) bei uns begraben worden war, von unserem Friedhof entfernen. Sonst hätten wir uns der Mysterienfeier zu enthalten. Darauf habe ich – wie immer – zum wahren Licht aufgeschaut. In ihm hat Gott mir befohlen: Die Leiche dürfe niemals mit meiner willentlichen Zustimmung entfernt werden; denn Er selbst habe diesen Mann aus dem Schoße als einen, der für die Herrlichkeit der Erlösten bestimmt sei, aufgenommen. Das Gegenteil würde für uns die Finsternis einer großen Gefahr heraufbeschwören, weil es dem Willen der Wahrheit zuwider sei. Hätte die Furcht vor dem allmächtigen Gott mich nicht daran gehindert, so hätte ich den Oberen demütig gehorcht. Ja, ich hätte allen, die in deinem Namen – der du unser Herr und Schützer bist – die Ausgrabung des Toten befohlen hatten, bereitwillig zugestimmt, um das Recht der Kirche zu wahren, wenn er noch exkommuniziert gewesen wäre...«[31]

Hildegard argumentiert also mit nichts Geringerem als mit dem ihr persönlich bekannten Willen Gottes, dem sich zu widersetzen ihr und ihrem Kloster bitter schaden würde. Dennoch gab man den von ihr vorgetragenen Gründen nicht nach. Hildegard stand zu ihrer Überzeugung, auch wenn es überaus schmerzlich für sie war, mit ihren Schwestern auf die Eucharistie zu verzichten und den liturgischen Gesang zu den Tagzeiten-Gebeten nur noch mit gedämpfter Stimme vortragen zu dürfen. Auch die Mitschwestern hatten diesen Beschluß und seine Folgen mitzutragen, und sie trugen ihn mit. Schließlich erschien sie persönlich vor den Prälaten in Mainz, die die Fortsetzung des Interdikts zu verantworten hatten, nachdem sie ihnen in einem ausführlichen Schreiben ihre Situation vorgetragen hatte. Der Brief schloß mit einem geradezu drohenden Argument:

»Diejenigen also, die der Kirche in bezug auf das Singen des Gotteslobes Schweigen auferlegen (durch ein Interdikt!), werden – da sie auf Erden das Unrecht begingen, Gott die Ehre des ihm zustehenden Lobes zu rauben – keine Gemeinschaft haben mit dem Lob der Engel im Himmel, wenn sie das nicht durch wahre Buße und demütige Gesinnung gutgemacht haben.«[32]

Allzu demütig klingt dieser Brief nicht. Hildegard ist vielmehr überzeugt von der Autorität ihrer Schau. In diesem Brief sind übrigens einige der schönsten Gedanken Hildegards zur Musik und zum *»Singen des Gotteslobs als Widerhall der himmlischen Harmonie«* zu finden, mit denen wir uns in einem späteren Kapitel noch beschäftigen werden.

Erst nach einiger Zeit gelang es einem einflußreichen Mann, der auf Hildegards Seite stand, der Mainzer Kirchenbehörde glaubhaft zu machen, daß Hildegard wirklich im Recht sei. So wurde das Interdikt aufgehoben.

Doch zu dem Zeitpunkt war der Erzbischof selbst noch auf dem Laterankonzil. Ein verzögerter Brief von ihm, in dem er von dem Beschluß, das Interdikt aufzuheben, noch nichts wußte, kreuzte sich mit der inzwischen wohlwollenden Absicht der Mainzer, das Interdikt aufzuheben – und so wurde es zunächst für ein weiteres Mal verhängt. Erst als der Erzbischof zurückkam, ließ sich die Angelegenheit klären: Hildegard wurde sozusagen freigesprochen; es wurde endlich anerkannt, daß jener arme Sünder zu Recht in geweihter Erde lag.

Hildegard – das ist nun ein weiteres tragisches Moment in ihrem Leben – hatte offensichtlich ihre Kräfte aufgezehrt in diesem letzten Kampf, in dem Kirchenrecht gegen die Inspiration und persönliche Autorität einer Frau stand. Nur wenige Monate später sagte sie ihren Todestag voraus; am vorausgeahnten Tag trat er auch ein. Sie ist in ihrem 82. Lebensjahr gestorben. Bedenken wir, was es bedeutet, daß diese Frau in ihrem 82. Jahr einen solchen Konflikt durchgestanden hat! Immerhin ist sie so alt geworden, trotz immer labiler Gesundheit, was im 12. Jahrhundert nur wenigen Menschen vergönnt war.

Es erweist auch, daß sie im Kern ihres Wesens an Leib und Seele gesund war.

Diese beiden lebensgeschichtlichen Ereignisse, dasjenige um Richardis und das eben berichtete um jenen Adligen, dem ein Begräbnis in geweihter Erde zustand, scheinen mir Hildegards Charakter zu umreißen. Beide Male hat sie sich auf ihre Schau berufen, einmal zu Recht, das andere Mal wohl zu Unrecht.

Ein großer Teil der Bevölkerung im Umkreis ihres Klosters soll ihr Sterben innerlich begleitet haben, und zum Zeitpunkt ihres Todes sah man, so wird berichtet, ein Lichtkreuz über ihrem Kloster am Himmel stehen.[33] Etliche dieser Menschen, die von der visionären Gabe Hildegards überzeugt waren, wurden in diesen Augenblicken selbst zu Visionären. Damit begann Hildegards Ausstrahlung über ihren leiblichen Tod hinaus.

4. Eine saphirblaue Menschengestalt

Visionen und theologische Entwürfe

Was das Interesse an Hildegard in den letzten Jahrzehnten ansteigen ließ, ist die Ahnung und die Erkenntnis, daß gerade sie in ihrer symbolischen Sprache etwas zu sagen haben könnte, was in unserer Zeit, in unserem Welt- und Menschenbild – das aus methodisch-wissenschaftlichen Gründen kein geschlossenes mehr sein kann – fehlt. Ihre Werke sind wegen des immer noch steigenden Interesses nun fast alle aus Hildegards mittelalterlichem Latein ins Deutsche zurückübersetzt worden.

Neben den Übersetzungen der Benediktinerinnen Adelgundis Führkötter[1], Maura Böckeler[2] und neuerdings Walburga Storch[3] stehen diejenigen eines Medizinhistorikers wie Heinrich Schipperges[4] und eines Arztes wie Peter Riethe[5]. Paul Holdener[6] hat – wie Walburga Storch – eine wortgetreue und vollständige Neuübersetzung des »Scivias« und als erster auch des »Liber divinorum operum« besorgt, an denen sich erst zeigt, daß sowohl die erste »Scivias«-Übersetzung von Maura Böckeler wie auch die Übersetzungen des »Liber divinorum operum« und des Heilkundebuches »Causae et curae« von Heinrich Schipperges starke Kürzungen, darunter auch Auslassungen von Wichtigem enthalten, zum Beispiel dies, *»daß ein Teil der Kirche Gott aus dem christlichen Glauben zu vertreiben suche«*, was in Schipperges' Übersetzung des »Liber divinorum operum« fehlt, ebenso wie die Vision, in welcher Gott das Zusammenspiel zwischen dem Menschen und den Planeten wie eine eigenwillige sakrale Astrologie vorstellt.[7] Manches haben die Übersetzer auch deshalb weggelassen, weil sie annahmen, es sei dem heutigen Leser zu fremdartig und erschwere die Lektüre in unzumutbarer Weise.

Hildegards Schriften umfassen neben ihren theologischen Hauptwerken, dem »Scivias«[8], Hildegards Glaubenslehre, dem »Liber vitae meritorum«[9], Hildegards Ethik, und dem »Liber divinorum operum« bzw. »De operatione Dei«[10], Hildegards Kosmos-Schrift, auch naturkundliche[11] wie medizinische Texte[12], Lieder und Hymnen[13]. Hugo Schulz hat über die gekürzte Ausgabe von Heinrich Schipperges hinaus die vollständige Übersetzung von Hildegards »Causae et curae«[14] erstellt, zu der der bekannte Mediziner Ferdinand Sauerbruch ein Geleitwort geliefert hat.

Eine vollständige und wortgetreue Übersetzung, bei der alle Handschriften berücksichtigt sind, erstellte Marie-Louise Portmann von Hildegards »Physica«[15], den Heilmitteln, die in bisher sechs Bänden von den Bäumen, von den Pflanzen, von Elementen, Edelsteinen, Fischen, Vögeln, Reptilien und Metallen handelt. Die »Lieder« der Hildegard von Bingen, im ganzen 77 erhaltene samt den Texten zu Hildegards »Spiel der Kräfte«, wurden nach den Handschriften herausgegeben von den Benediktinerinnen Pudentiana Barth und Immaculata Ritscher in Zusammenarbeit mit dem Musikwissenschaftler Josef Schmidt-Görg.[16] Ein Notenbuch mit lateinischen und deutschen Texten liegt bei. Eine hervorragende Quelle für Hildegards Korrespondenz ist der von der Benediktinerin Adelgundis Führkötter herausgegebene Briefwechsel.[17] Schließlich liegt uns eine Biographie über »Das Leben der heiligen Hildegard von Bingen«[18] vor, ein Bericht aus dem 12. Jahrhundert, den die Mönche Gottfried und Theoderich verfaßten. Auch diese Biographie wurde von Adelgundis Führkötter aus dem Lateinischen übersetzt und kommentiert.

In diesen Schriften sammeln sich die zahlreichen Traditionsströme, die in der Zeit und im Lebensumkreis Hildegards wirksam sind: Die biblisch-patristische und liturgische Tradition, die Hildegard durch ihre benediktinische Lebensweise zu eigen wurden; erweitert durch Anregungen aus der jüdischen[19], vielleicht auch der arabisch-islamischen Mystik und Naturphilosophie[20], wohl auch durch Quellen der christlichen und außerchristlichen Gnosis[21], die sich vor allem in der Apologetik der Kirchenväter fanden, zu denen Hildegard über Volmar und die Klosterbibliothek Zugang gehabt haben mag.

Als eigener Traditionsstrom kam das gesammelte und erprobte Heilwissen aus Volks- und Klostermedizin hinzu. Ihre Biographin Adelgundis Führkötter schreibt über Hildegards Erziehung und Ausbildung: »Meisterin Jutta unterwies Hildegard und die ihrer Leitung untergebenen Gefährtinnen im klösterlichen Leben nach der Regel des Heiligen Benedikt, lehrte sie den Psalmengesang und machte sie vertraut mit der Heiligen Schrift. Es ist von nicht geringer Bedeutung, daß Hildegard, die sich später mit Vorliebe ungelehrt (indocta) nennt, einen Magister – einen Lehrer und Ratgeber – hatte... Sie erhielt zwar keinen wissenschaftlichen Unterricht wie die Mönche der berühmten Klosterschulen in den großen Abteien, doch mußte sie zum verständnisvollen Vollzug des göttlichen Offiziums und der Liturgie in ausreichendem Maße die lateinische Bibel erlernen. Hildegards Werke bezeugen, daß sie die Bibel, die Schriften der Kirchenväter und der mittelalterlichen Autoren (oder deren Exzerpte) eingehend und ergiebig gelesen hat, daß sie aus diesem Geistesgut ihre Schriften schöpferisch genial gestaltete. Ihr lateinisches Vokabular entstammt diesen Quellen und wird eigenständig, ja eigenwillig verwendet. Hildegard, die sich indocta, ungelehrt nennt, ist fürwahr eine Docta, eine gelehrte Frau, die die meisten Autoren an Genialität überragt.«[22]

Aus den Anregungen, die Hildegard aus den geistlichen Traditionsströmen zieht, entsteht dennoch eine völlig eigenständige Bildwelt, die mit der visionären Begabung Hildegards zusammenhängt.

Es sind uns Teile einer Autobiographie[23] (soweit man bei mittelalterlichen Menschen davon sprechen kann) von Hildegard überliefert. Hier berichtet sie in der Ich-Form. Diese autobiographischen Fragmente wurden von Gottfried und Theoderich in die Hildegard-Biographie eingearbeitet, die sie teilweise schon zu deren Lebzeiten niederschrieben. Alle Biographien mittelalterlicher Menschen, besonders der Heiligen, sind »sub specie aeternitatis«, also aus der Perspektive der Ewigkeit, geschrieben, von einem letzten Ziel der Seele her. Zudem ist die Vita, die die genannten beiden Mönche verfaßten, auch dazu bestimmt, Hildegard einer künftigen Heiligsprechung zu empfehlen. Hildegard berichtet:

»Bei meiner ersten Gestaltung, als Gott mich im Schoße meiner Mutter durch den Hauch des Lebens erweckte, prägte er dieses Schauen meiner Seele ein.«[24]

Diese Aussage muß natürlich als Glaubensurteil verstanden werden. Hildegard kann es sich nicht anders vorstellen, als daß ihr Gott schon bei ihrer Erschaffung, bei ihrer »Erfindung« gleichsam, die visionäre Begabung mitgegeben habe, so wesenseigen erscheint sie ihr. Doch beschreibt sie im Umgang mit dieser Gabe weiter, und das klingt unbedingt glaubwürdig:

»In meinem dritten Lebensjahr sah ich ein so großes Licht, daß meine Seele erbebte, doch wegen meiner Kindheit konnte ich mich nicht darüber äußern... Und bis zu meinem 15. Lebensjahr sah ich vieles, und manches erzählte ich einfach, so daß die, die es hörten, sich sehr wunderten, woher es käme und von wem es sei. Da wunderte ich mich auch selbst... Darauf verbarg ich die Schau, die ich in meiner Seele sah, so gut ich konnte... Da ward ich von großer Furcht ergriffen und wagte nicht, dies irgend jemandem zu offenbaren... Wenn ich von dieser Schau ganz durchdrungen war, sprach ich vieles, was denen, die es hörten, fremd war. Ließ aber die Gewalt der Schau ein wenig nach, in der ich mich mehr wie ein kleines Kind als nach den Jahren meines Alters verhielt, so schämte ich mich sehr, weinte oft und hätte häufig lieber geschwiegen, wenn es mir möglich gewesen wäre. Denn aus Furcht vor den Menschen wagte ich niemandem zu sagen, was ich schaute.«[25]

Wir hören oft davon, daß Scham und Scheu die Menschen erfüllen, die Neues, ihnen selbst Offenbartes, von Gott zu sagen haben, was bis dahin noch nicht in ihre geistige Umwelt paßt. Aber hier erschüttert und befremdet Hildegard auch einfach dieses unvergleichliche Erlebnis. Sie erzählt, daß sie mit ihrer Amme darüber gesprochen habe, ob diese denn nicht auch das visionäre Bild sähe, das ihr so unabweisbar vor Augen stehe; aber die Amme konnte nichts dergleichen wahrnehmen. Darauf reagierte Hildegard ganz verstört, da sie jetzt erst merkte, daß ihre Visionen subjektives Erleben darstellten, das sich zwischenmenschlich nicht vermitteln ließ. Dabei waren sie für sie doch unbedingt real gewesen. Es ist begreiflich, daß sie lange nicht wagte, etwas niederzuschreiben, und später kaum den Mut aufbrachte, überhaupt mit jemandem darüber zu sprechen. Über der Erfahrung spontaner Visionen und den eigenständigen religiösen Vorstellungen, die sie enthielten, lag damals allzuleicht auch ein Hauch von Ketzerei, die Vorstellung beispielsweise, daß sie von irritierenden Luftgeistern eingegeben seien.

Hildegard hat übrigens der damals aufkommenden Katharer-Bewegung[26] gegenüber – aus dem Begriff »Katharer« (die »Reinen«) wurde die Bezeichnung »Ketzer« abgeleitet – große Vorbehalte gehabt. Es lief ihrer persönlichen Weltschau – die eine dialektische, kontrapunktische Verbindung des Irdischen und des Himmlischen, des Hellen und des Dunklen intendierte – strikt zuwider, einem so schroffen Dualismus wie dem Katharertum zu begegnen, einem der radikalsten Dualismen, die die christliche Geschichte kennt. Die Katharer waren davon überzeugt, daß der Schöpfer dieser Welt nicht Gott sein könne; denn die Welt wirke so erschütternd mißlungen, daß ein Gegengott angenommen werden müsse. Gott, als reine Lichtexistenz vorgestellt, konnte nach ihrer Überzeugung nur außerhalb des geschaffenen Kosmos gedacht werden; und der »reine Mensch«, der »Katharer«, der sich auf diesen außerweltlichen Gott bezog, verweigerte konsequenterweise sogar den sexuellen Verkehr, heiratete nicht, zeugte und gebar keine Kinder, um die unglückselige Existenz auf dieser Erde nicht noch weiter zu vererben. Es ist ein heroisch-pessimistisches Lebensgefühl, das diese Menschen auszeichnet, und es ist eine extreme, aber dennoch mit christlicher Tradition verbundene Auffassung, die sie vertreten, sofern sie sich an die Lichtseite Christi halten, an die Lichtspekulationen, die im Johannesevangelium und später in der gnostischen Strömung innerhalb des Christentums weiter überliefert worden sind.

Diese Lehre lief jedoch Hildegards Natur und Denken diametral entgegen und widersprach allen Voraussetzungen ihres theologischen Entwurfs. Ihre Gesamtschau bildete das stärkste Gegenkonzept zum Katharertum, das sich denken läßt. Und es mag sein, daß sich in ihrer Schau sogar vom kollektiven Unbewußten her eine Gegenströmung gegen die zu der Zeit hervorbrechende dualistische Bewegung durchzusetzen suchte, daß ihr ganzheitlicher Gegenentwurf aus einer großen Tiefe heraus aufbrach, die über ihr Persönliches hinauswies. So drängt sich ihr in ihren Visionen zum Beispiel »das Dunkelfeuer« Gottes als etwas zur Ganzheit Gottes und des Kosmos Gehöriges auf, selbst wenn sie es gedanklich und logisch mit ihrer theologischen Auffassung, die das Dunkle – wie die Tradition lehrt – ausgrenzen und dem gefallenen Luzifer zuschreiben will, nicht ganz in Einklang zu bringen vermag. Hier zeigt ihr die aus dem Unbewußten – oder gar aus einem »Überbewußten« – einbrechende Schau kühnere Bilder, die das Dunkel der Welt und Gottes integrieren, gewagter, als ihr theologisches Bewußtsein und Gewissen es zulassen mochten.

Man muß natürlich auch die Katharer begreifen, die ihre Vorstellungen gegen ein eher korrumpiertes, in die Kreuzzüge verwickeltes christliches Europa setzten. Sie gehörten zu den christlichen Armutsbewegungen jener Zeit und glichen in manchen Zügen und Forderungen den späteren Minderbrüdern um den Heiligen Franz, von dem sie sich in ihrer dualistischen Auffassung um so deutlicher abhoben. Doch gab es Gründe für ihren Pessimismus, der die vor Augen liegenden Entwicklungen einer satt und reich gewordenen Kirche angesichts der großen Armut der Volksmassen nicht mehr mit dem Glauben an einen gütigen Gott zusammenbringen konnte.

Hildegard war allerdings auf ihre Art ebenso heroisch wie die Katharer, wenn sie den gleichen Erfahrungen von Fragmentierung, wie diese sie hatten, ein Weltbild entgegenzustellen suchte, in dem auch das Dunkle seinen Ort hat und nicht aus Gott herausfällt. Auch Hildegards Werk und Wirken ist ernstlich kirchenkritisch und ruft leidenschaftlich zu einer Reform der Kirche an Haupt und Gliedern auf. Sie weiß um die Abwendung des Menschen von der weisheitlichen Weltordnung, um seine Hybris und die in diese hineingerissenen Elemente, die eine bittere Klage gegen den Menschen führen, der sie aus ihren Regelkreisen gerissen hat:

»Wir können nicht mehr laufen und unsere natürliche Bahn vollenden, denn die Menschen kehren uns wie in einer Mühle um, von unterst zu oberst. Wir, die Elemente, die Lüfte, die Wasser, wir stinken schon wie die Pest und vergehen vor Hunger nach einem gerechten Ausgleich.«[27]

Dennoch kann nach Hildegards theologischer Vorstellung der Mensch die Schöpfungsordnung nicht als ganze stören und zerstören, da sie in ein übergeordnetes Kräftefeld eingebunden ist.

Wie sieht nun Hildegards Weltbild aus? Das Bild, das eine Mitschwester zu ihrer ersten großen Vision des Kosmos – der dritten Schau zu Beginn des Scivias-Buches[28] – gestaltet hat, ist äußerst eindrucksvoll, aber auf den ersten Blick auch irritierend. Das eigentliche Visionsbild ruht in dieser Darstellung auf einem mehrfach gestuften Rahmenfeld auf, als sei es dadurch ins Visier genommen, und sprengt doch zugleich jeden Rahmen (Farbtafel III).

In einer ihrer gewaltigsten und fremdartigsten Visionen erblickt Hildegard das gesamte Weltall. Es hat eiförmige Gestalt – das Ei ist die Form des Keimenden, das unendlich viel Potential zur Entfaltung enthält. Das Ei ist auch eine Gestalt des Lebens, die auf Entwicklung angelegt ist – so sieht Hildegard den Kosmos als einen, der in Entwicklung begriffen ist. Das Ei ist aber auch die Form der Mandorla, des Muttermundes, in der seit uralter Formtradition etwas in

Erscheinung tritt, geboren wird. In der Tradition des religiösen Bildes ist es fast immer eine heilige, ja fast göttliche Gestalt.

Als heilige, göttliche Gestalt also erschiene hier das Weltall allein durch die Tatsache, daß es sich im Mandorla-Archetyp verdichtet. Diese Mandorla-Gestalt nun, das kosmische Ei, wogt in rotglühendem Feuer. Eine Doppelzone von Flammenzungen umgibt die Mandorla und macht sie unnahbar. Diese äußerste Region des göttlichen Feuers birgt zugleich das Allerheiligste: vier rotglühende Sterne an der Spitze des kosmischen Eies, an seiner Stirn gleichsam, wobei Hildegard den größten, einen achtstrahligen Stern, einerseits auf die Sonne, andererseits auf Christus bezieht. Er ist nach Hildegard das Stirnauge des Kosmos, das Weisheitsauge, das Liebesauge. Dieser Hauptstern wird begleitet von drei Planeten, die die Sonne in der Weise umgeben, daß sie ihr behilflich sind, der Welt das rechte Maß an Wärme und Licht zu spenden, ohne ihr durch allzu große Hitze gefährlich zu werden, ein Gedanke, der in Hildegards weisheitlicher Weltsicht immer wiederkehrt: Alle Gestalten und Kräfte – selbst die Gestirne – dienen einander, ihre Funktionen zu erfüllen und die Funktionen anderer nicht zu beeinträchtigen. Aus dieser Stirnzone des Alls geht von rechts ein kosmischer Wind mit seinen Wirbeln ab, der durch drei rote Köpfe symbolisiert ist. Nach Hildegards Erläuterung ist dies der Südwind. Nur er mit seiner Wärme ist in dieser äußersten Flammenzone zu Hause.

Der Flammenzone eingelagert ist überraschend unmittelbar die dunkle Zone des schwarzen Feuers, die ringsum Gebilde enthält, die kleinen Steinhaufen oder auch Opferaltären gleichen. In den mit spitzen Zungen von ihnen auflodernden Flammen sieht Hildegard schauerlich-düsteres Feuer. Gleichzeitig hört sie Sturmgebraus und -getöse. Überhaupt hört Hildegard den Kosmos tönen, er ist voll von Geräuschen und Klängen. Es ist dies die Zone, aus der im Sommer die Gewitter hervorgehen, im Winter Schnee und Hagel. Aus dieser Zone bricht auch der kalte Nordwind hervor, dargestellt links im Bild in den drei blasenden grünen Köpfen. Wichtig erscheint mir, daß diese dunkle Zone bei Hildegard eindeutig zur Schöpfung, zum Schöpfungsmandala dazugehört: wenn auch als ein Bereich, in dem menschliche Unbotmäßigkeit und göttliches Gericht sich abspielen. Der Nordwind ist bei Hildegard – wie alle übrigen Winde und Kräfte auch – nicht nur ein Naturphänomen, sondern eine auch auf ethische und moralische Kräfte der Welt bezogene Macht, er hat die Rolle des Widerspruchsgeistes, der an der Stelle Luzifers steht. Mit seinen antithetischen, auch retardierten Kräften hat er dennoch eine Funktion in der Schöpfung.

Unmittelbar benachbart der finsteren Zone nun flutet, mit weißen und goldenen Sternen besät, der »reinste Äther«, wie Hildegard ihn nennt, der etwa dem Himmelsraum über der Erde entspricht, den wir allnächtlich wahrnehmen. Erst hier taucht der uns sichtbare Sternenhimmel auf: mit welchen Größendimensionen rechnet Hildegard! Hier steht als Sichel und Vollmond zugleich ein rot-weiß-goldener Mond, dem wieder zwei Sterntrabanten zugeordnet sind, die sein Zu- und Abnehmen, seine geordnete Bahn hüten. Auch in dieser Zone entspringt ein Wind und stößt mit seinem Atem tief in die Atmosphäre vor: der klares Wetter bringende Ostwind. Hildegards Weltschau betont, wie wir sehen, die einander bedingenden Gegensätze im Aufbau der Welt. Ihr Weltbild ist kontrapunktisch komponiert, gleichsam in Gegenstimmen und Klangkontrasten.

Unter den kohl- oder pilzkopfartigen grünen Gebilden der nächsten Zone entstehen wolkenartige Dunstbahnen: Von hier geht der regenbringende Westwind aus. Hier ist der Dunstkreis, die Schatzkammer der Feuchtigkeit für die Welt. Platzregen wie auch sanfter Tau und feuchter Nebel entstehen hier. Erst die nächste Zone, die Zone zum Zentrum hin, bläulich-weiß gefärbt, ist die der Erde unmittelbar zugeordnete Luftschicht. Sie gibt nach Hildegard den himmlischen Wassern über ihr Halt und regelt auch die Niederschläge. Diese Luftschicht nennt Hildegard an anderer Stelle wörtlich *»Schutzschild der Erde«*.[29] Im Zentrum des Bildes erblickt sie eine Kugel *»von gewaltiger Größe«*, es ist »Gaia«, die Erde. Dargestellt ist sie durch die vier Elemente: Wasser, das als blau-weiße Woge vorstößt, Erde in Gestalt grüner Schollen, umgeben von Luft und Feuer, die jeweils ein schwarzes bzw. ein goldenes Dreieck zu seiten des vorstoßenden Wassers bilden.

Das ganze Bild ist von einer Flammenmandorla umgeben, die sich eiförmig nach oben hin zuspitzt. Als Mandala ist dieses Bild natürlich zugleich – nach Jungscher Sicht[30] – als ein Selbstsymbol zu verstehen, in dem sich alle äußeren Kräfte als innere Kräfte widerspiegeln und in dem sie, die dunklen wie die hellen, zusammengefaßt sind zu einer Ganzheit. Es geht dabei aber gewiß nicht nur um das Selbst eines einzelnen Menschen, es geht um das übergeordnete Selbst der Menschheit. Zugleich erscheint es wie ein Bild Gottes, das sich, wie schon gesagt, seit jeher aus der Gestalt einer Mandorla heraus ins Sichtbare drängt. Versteht Hildegard den Kosmos womöglich als Bild, als Leib Gottes? In ihrer eigenen Erläuterung zu dieser Stelle der Schau sagt sie:

»Das riesenhafte Gebilde, das dir erscheint, rund und schattenhaft, eiförmig... weist den Glaubenden hin auf den allmächtigen Gott, der unfaßbar in seiner Majestät, unerforschlich in seinen Geheimnissen die Hoffnung aller Gläubigen ist.«[31]

Der Kosmos als Leib Gottes: Das wäre innerhalb der christlichen Tradition eine kühne Gottesvorstellung. Ist es denkbar, daß Hildegard das Weltganze als Leib Gottes oder als Körper des kosmischen Christus versteht, in dem sie mit dem Johannesevangelium, das ihr besonders viel bedeutet, zugleich den Logos sieht, in dem von Anfang an alles erschaffen wurde (Joh. 1,1)? Daß dieses Kosmosbild gleichzeitig als ein Gottesbild zu verstehen ist, wäre auch dadurch belegbar, daß Hildegard in der Sonne, die gleichsam am Stirn-Chakra des Kosmos steht, Christus erschaut. Sie bezeichnet diese Sonne in ihrer Erläuterung zu ihrer Schau nämlich ausdrücklich als Christus:

»In solcher Herrlichkeit strahlt Er, daß jegliches Geschöpf von der Klarheit seines Lichtes erhellt wird.«[32]

Christus erscheint hier als Kosmos-Mensch, als Anthropos.[33] Im »Spiel der Kräfte« sagt Hildegard:

»Da wir die Glieder seines schönen Leibes bauen, leuchten wir in ihm.«[34]

Mitzuarbeiten, um die Glieder seines schönen Leibes, des Kosmos, aufzurichten, damit sie wachsen können, anstatt die Erde aufzugeben wie die Katharer, das wäre letztlich die Botschaft dieser Vision. Die Erde ist als ein Organismus geschaut, der sich wie ein eigenes Wesen verhält – wie sie auch heute in Lovelocks Gaia-Hypothese wieder gesehen wird[35] – in ständigem Austausch mit den Kräften des gesamten Kosmos, zu denen Hildegard auch die Liebesenergie des kosmischen Christus, die ursprüngliche Grünkraft des Schöpfers und letztlich den kommunikativen Geist der Sophia zählt. Die Eiform des Gebildes ist eine weibliche Form, die an den Muttermund erinnert, aus dem immer Neues geboren werden will. Der Mensch vermag dieses Kraftfeld durch sein »Querlegen« empfindlich zu stören – zerstören kann er es nicht.

Wie wir an einer der ersten ihrer Visionen wahrnehmen konnten, verdankt Hildegard alle entscheidenden theologischen Einsichten ihrer audiovisionären Gabe. Wichtige Aufschlüsse über diese Begabung gibt ein Brief, den sie in hohem Alter schrieb, als Antwort auf die dringende Bitte des Mönches Wibert von Gembloux, der sich ihr nach Volmars Tod als Sekretär zur Verfügung stellen wollte und um Erläuterung ihrer eigentümlichen Erfahrungen bat. Hildegard im Wortlaut:

»Von meiner Kindheit an, als meine Gebeine, Nerven und Adern noch nicht erstarkt waren, erfreue ich mich der Gabe dieser Schau in meiner Seele bis zur gegenwärtigen Stunde, wo ich doch schon mehr als siebzig Jahre alt bin. Und meine Seele steigt – wie Gott will – in dieser Schau empor bis in die Höhe des Firmamentes... Ich sehe aber diese Dinge nicht mit den äußeren Augen und höre sie nicht mit den äußeren Ohren, auch nehme ich sie nicht mit den Gedanken meines Herzens wahr, noch durch irgendwelche Vermittlung meiner fünf Sinne. Ich sehe sie vielmehr einzig in meiner Seele, mit offenen leiblichen Augen, so daß ich dabei niemals die Bewußtlosigkeit einer Ekstase erleide, sondern wachend schaue ich dies, bei Tag und Nacht.

Das Licht, das ich schaue, ist nicht an den Raum gebunden. Es ist viel, viel lichter als eine Wolke, die die Sonne in sich trägt. Weder Höhe, noch Länge, noch Breite vermag ich an ihm zu erkennen. Es wird von mir als ›Schatten des lebendigen Lichtes‹ bezeichnet. Und wie Sonne, Mond und Sterne in Wassern sich spiegeln, so leuchten mir Schriften, Reden, Kräfte und gewisse Werke der Menschen in ihm auf.«[36]

In diesem »*Schatten des lebendigen Lichtes*« also leuchten sie auf; das Licht stellt sich ihr wie eine helle Leinwand dar, auf die alles projiziert wird, was sie sieht. Hildegard scheint die Gabe gehabt zu haben, jederzeit bei offenen Augen diesen Lichtschimmer zu sehen. Sie sieht ihn wach, wie sie betont, niemals in der »*Bewußtlosigkeit einer Ekstase*«. Es ist ihr wichtig, sich von Erfahrungen in getrübten oder exaltierten Bewußtseinszuständen abzugrenzen. Auffallend ist, daß sie in diesem Licht nicht nur Bildhaftes sieht, sondern auch Worte, Kräfte und Taten wahrnimmt, daß das Licht zu tönen, zu sprechen vermag – es gibt ihr wohl auch die Worte ihrer Lieder ein, dazu die Melodien – und daß sie von dessen Glanz wie von einer Hand angerührt wird. Es ist, als ob Hören, Sehen und Fühlen hier eins würden und die sonst vorhandene Abgrenzung der Sinne aufgehoben wäre. In einem ihrer Briefe schreibt sie, daß sie sich in der Schau wie eine »*kleine Feder*« emporgehoben fühle und ihre Erkenntnisse fast nach der Art eines unkörperlichen Wesens empfange. Noch ein Letztes erwähnt sie, daß nämlich dieses Schauen im »*Schatten des lebendigen*

Farbtafel I: Hildegard und Volmar.

Farbtafel II: Die Seherin mit Richardis und Volmar.

Lichtes« für sie das Alltägliche, noch gar nicht das Außergewöhnliche ist; das Außergewöhnliche hat eine unverwechselbare Qualität:

»*In diesem Licht sehe ich zuweilen, aber nicht oft, ein anderes Licht, das von mir das Lebendige Licht* genannt wird. Wann und wie ich es schaue, kann ich nicht sagen. Aber solange ich es schaue, wird alle Traurigkeit und alle Angst von mir genommen, so daß ich mich wie ein einfaches junges Mädchen fühle und nicht wie eine alte Frau.*«*[37]

Daran erkennt Hildegard dieses einzigartige, lebendige Licht, das Lumen vivans, demgegenüber die übliche Lichterfahrung wie ein Schatten erscheint, daß es in ihrer ganzen leibseelischen Verfassung wirksam wird und sie als etwas ungeheuer Vitales und zum Leben Erweckendes durchdringt. Hier ist der Unterschied zwischen der natürlichen Schau der Imagination oder, wie wir sie nennen wollen, dem »*Schatten des lebendigen Lichtes*« und den visionären Einbrüchen in das psychische Gefüge, die wie aus einer anderen Dimension kommen, klar benannt. Offensichtlich erlebt Hildegard diese »Erleuchtung« ohne die Mühen eines methodisch-meditativen Weges in einem »Nu«, wie Meister Eckart sagen würde, andererseits ist sie natürlich dennoch die Frucht eines lebenslangen Weges. Doch hat Hildegard keine Meditationsübungen in einem methodischen Sinn gekannt, falls wir nicht den regelmäßigen Chorgesang im benediktinischen Tageslauf und das Gebet eben doch als eine solche Übung ansehen wollen.

Für die Eigenart der Mystik Hildegards ist nun entscheidend, daß sie sich erst nach dem Erlebnis einer solchen »Erleuchtung« durch das Lumen vivans berufen, ja gedrängt fühlt, ihre Gesichte und Auditionen weiterzusagen. Nun fühlt sie sich nicht nur dazu aufgerufen, sondern gegen heftige innere Widerstände so sehr bedrängt von der Aufgabe, an die Öffentlichkeit zu treten, daß sie wieder krank wird, weil sie es sich noch immer nicht zutraut. Erst nach der ermutigenden Antwort Bernhards wagt sie die begonnene Niederschrift ihrer Schauungen im Scivias abzuschließen. Die Erschütterung, in der ihr endgültig klar wird, daß sie den Inhalt ihrer Gesichte nicht für sich behalten darf, beschreibt sie in der Einleitung des Scivias selbst:

»*Und siehe! Im dreiundvierzigsten Jahre meines Lebenslaufes schaute ich ein himmlisches Gesicht. Zitternd und mit großer Furcht spannte sich ihm mein Geist entgegen.*

Ich sah einen sehr großen Glanz. Eine himmlische Stimme erscholl daraus. Sie sprach zu mir: ›Gebrechlicher Mensch, Asche von Asche, Moder von Moder, sage und schreibe, was du siehst und hörst!... Sage, was du siehst und hörst, und schreibe es, nicht wie es dir noch irgendeinem anderen Menschen gefällt, sondern schreibe es nach dem Willen dessen, der alles weiß, alles sieht, alles ordnet in den verborgenen Tiefen seiner geheimen Ratschlüsse.‹«[38]

In der Anrede durch die »himmlische Stimme« wird Hildegard ebenso sehr auf ihr irdisches Menschenmaß zurückgeworfen wie emporgehoben als menschliches Gefäß künftiger Botschaften aus der Transzendenz. Es ist nicht ihre persönliche Erleuchtung, sondern es sind die *miraculi dei*, die sie beschreibt, oft auch besingt, die »*Wunderwerke Gottes*«, die sie im Kosmos und im Menschen findet. Ihr Thema ist die »*Durchgrünung und Durchlichtung*« der gesamten Schöpfung. Den Kosmos versteht sie als ein Ausströmen aus dem göttlichen, lebendigen Licht-Feuer, das ihn, vom Wort gerufen und in der Heilsgeschichte entfaltet, ständig neu erwärmen und ergrünen läßt. Es ist eine eigentümliche und wesentliche Erfahrung Hildegards in dieser Schau, daß das Licht Gottes neben dem Hellen auch ein Dunkellicht enthält, ein Prinzip des Widerspruchs, das jedoch zum Ganzen gehört. Das Ausströmen und Wiedereinziehen des Lichtes und des Lebens vollzieht sich wie ein rhythmisches Atmen des Kosmos. Die Mystik der Schöpfung ist das Grundthema des Scivias und der Kosmos-Schrift Hildegards.

Ein weiteres der Visionsbilder Hildegards aus Scivias soll vorgestellt werden, um einen vertieften Eindruck davon zu vermitteln, wie ihre Visionen aussehen konnten, die übrigens unter ihren Augen von einer Mitschwester für den Rupertsberger Illuminierten »Scivias-Kodex« zu eindrucksvollen Bildern gestaltet wurden.[39] Diese Bilder sind so kongenial zu Hildegards Schau gemalt, daß man meinen könnte, sie seien von ihr selbst, wenn nicht die Ausbildung zur Buchmalerei im 12. Jahrhundert ein so anspruchsvolles Studium vorausgesetzt hätte, daß Hildegards Biographie es sicher an irgendeinem Punkt erwähnt hätte. Auch forderte die Erstellung der kunstvollen Miniaturen den Einsatz eines ganzen Menschen, war ein Lebenswerk für sich.

Das Bild, das ich schildern möchte, stellt eine Vision vom »Urquell des Lebens« aus Scivias dar (Farbtafel IV). Hildegard schreibt ihre Schau nieder:

»*Alsdann sah ich ein überhelles Licht und darin eine saphirblaue Menschengestalt, die durch und durch im sanften Rot funkelnder Lo-*

he brannte. Das helle Licht durchflutete ganz die funkelnde Lohe und die funkelnde Lohe ganz das helle Licht. Und [beide], das helle Licht und die funkelnde Lohe, durchfluteten ganz die Menschengestalt, [alle drei] als ein Licht, wesend in einer Kraft und Macht.«[40]

Das »überhelle Licht« und das »sanfte Rot funkelnder Lohe« umströmen den saphirblauen Menschen wie konzentrische Energiekreise, umschließen ihn, verbrennen ihn jedoch nicht; seine zugleich konzentrierte und gelöste Haltung mit der segnenden Geste, der uralten Geste der nach oben erhobenen, nach vorne geöffneten Handflächen, die Energie ausströmen, strahlt zurück auf die kosmischen Kreise; eine Entsprechung zwischen ihr und ihnen, ein Austausch der Kräfte findet statt.

Wenn Hildegard selbst dieses Bild kreisender Energien als Bild »*der wahren Dreiheit in der wahren Einheit*«[41], also als Vision der Trinität interpretiert, so ist man gewiß nicht befugt, sie zu korrigieren. Das trinitarische Prinzip erscheint hier aber unübersehbar in eigenwilliger Weise: Im Zentrum steht ein christusähnlicher, doch eher weiblicher Typus des Menschen – vielleicht ein Symbol der Sophia? – umloht vom rötlichen Feuer der Wandlung; beide überströmt von dem überhellen weißen Licht der Vollendung, das alle Farben in sich zusammenschließt. Ist es nicht doch auch Hildegard oder – mehr als Hildegard – ein Bild des Menschen im Kosmos, der in Gottes Feuer steht, zugleich ein Bild seines Wesensgeheimnisses, seines ihn transzendierenden größeren Selbst? Ist nicht andererseits der Edelstein, der blaue Saphir, ein Symbol seines Wesenskernes, durchscheinend für das kosmisch-göttliche Licht?[42]

Was Hildegard in ihren Visionen und Auditionen letztlich erfuhr, war der Einbruch des Archetypus des Großen Weiblichen sowohl im Bilde der Natur wie auch in den archetypischen Gestalten als Maria und schließlich als Sophia.

Gerade weil sie in ihrem Bewußtsein und ihrem Gewissen so stark an die patriarchale Autorität der Kirche gebunden blieb, wie wir an ihrem abhängigen Verhältnis zu der Autorität »Bernhard« sehen, brach die archetypische Konstellation des Großen Weiblichen – die nicht nur Hildegard als Person, sondern das kollektive Bewußtsein der Christenheit Europas betraf – aus dem Unbewußten in ihr bewußtes Erleben ein. Gerade das Verdrängte oder das bis dahin unbewußt Gebliebene, dem der bewußte Standpunkt schroff entgegensteht, bricht eines Tages in um so heftigeren Eruptionen aus dem Unbewußten hervor. Es dringt um so fremdartiger und überwältigender, als geheimnisvolles Fremdes gleichsam, ins Bewußtsein der einzelnen ein, je mehr es nicht nur sie als einzelne, sondern das ganze Kollektiv einer Kultur und Religion angeht. Die einzelne erlebt sich in solch einem Falle als Zeugin und Botin einer für sie unabweisbaren Offenbarung, die in die religiöse Dimension verweist, wie alle Erfahrung, die sich als ein »Ergriffensein von dem, was uns unbedingt angeht« (Paul Tillich) darstellt.

5. Von dem »Lichtherrlichen« zu der »Frau vom Berge«

Wandlungen zum Weiblichen in Hildegards Gottesbild

Ich beginne mit der ersten Vision, die Hildegard zu Beginn ihres Scivias-Buches niederschreibt.[1] Was mich dabei vor allem bewegt, ist die Frage nach Hildegards Gottesbild. Manches deutet darauf hin, daß es bei ihr eine Entwicklung gab von einem stark männlich dominierten hin zu einem Gottesbild, in dem das Weibliche seinen Platz findet und immer mehr Raum einnimmt. Hildegard beschreibt ihre Schau:

»*Ich schaute – und sah etwas wie einen großen eisenfarbigen Berg. Drauf thronte ein so Lichtherrlicher, daß seine Herrlichkeit meine Augen blendete. Von beiden Schultern des Herrschers ging, Flügeln von wunderbarer Breite und Länge gleich, ein matter Schatten aus.*

Vor ihm, zu Füßen des Berges, stand ein Wesen, das über und über mit Augen bedeckt war – so sehr, daß ich wegen der Augen nicht einmal die menschlichen Umrisse erkennen konnte.

Vor diesem Wesen stand ein anderes, im Kindesalter, mit mattfarbenem Gewand und weißen Schuhen. Über sein Haupt ergoß sich von dem, der auf dem Berge saß, solchen Lichtes Fülle, daß ich des Mägdleins Antlitz nicht zu schauen vermochte. Auch gingen von dem, der auf dem Berge saß, viele lebendige Funken aus, die die Gestalten mit sanftem Glühen lieblich umflogen. Der Berg selbst hatte sehr viele kleine Fenster, in denen Menschenhäupter, teils bleich, teils weiß, erschienen.«[2]

Ich möchte zunächst einmal versuchen, die Bilderfolge dieser Vision wie die einer Imagination, wie die eines Traumes in ihrer Symbolsprache zu verstehen und zu entziffern. Dabei gehe ich nach der Methode C.G. Jungs vor.

Da begegnet uns zunächst ein Ich, eine »Schauende«, deren innere Bilder sichtbar werden. Letztlich lassen sich, wie in Traum und Imagination auch, alle inneren Bilder als seelische Anteile dieses Ich, das sie schaut, betrachten.

Wenn wir den Bildsequenzen dieser Vision folgen, dann sehen wir zuerst den eisenfarbenen Berg. Mit dem visionären Ich könnten wir sagen: »Ich hebe meine Augen auf zu den Bergen, von welchen mir Hilfe kommt« (Psalm 1,1). Ein Berg, das ist etwas Hohes, äußerst Stabiles, fest Gegründetes. Er überdauert Menschengenerationen, ist etwas Bleibendes in der Flucht der Erscheinungen. So wird Gott im Alten Testament oft mit einem Berg verglichen oder als »mein Fels« angeredet, wenn man ihn in seiner Verläßlichkeit meint. Der Berg ist bevorzugter Offenbarungsort der Götter, Gottes: sei es bei der Offenbarung von Moses auf dem Sinai (2. Mose, 19,20 ff.) oder bei der Verklärung Jesu auf dem »hohen Berge« (Mt. 17,1).

Der Berg lädt von seinem Erscheinungsbild her von jeher zur Symbolisierung ein, und wie bei allen ganz großen Menschheitssymbolen hat sich sowohl männliche wie auch weibliche Symbolik um sein mächtiges Bild herum ausgebildet.

Von außen betrachtet, von seiner Höhe, der möglichen Steilheit und dem aufragenden Gipfel her, gibt er Anlaß zu einer männlichen Symbolisierung: Da ist Überragendes, von Anspruch und Ehrgeiz her Herausforderndes, souverän Thronendes, Herrscherliches, aber auch schützend Väterliches angesprochen.

Von innen betrachtet, als Leib, als Höhle und Innenraum, ist der Berg immer wieder weiblich symbolisiert worden, ist Symbol zum Beispiel der Erdmutter, die ihren Sohn in der Höhle gebiert und alles von innen her lenkt, das Wachstum und Wohlergehen von Pflanze und Tier, von Wassern, Winden und Gestirnen. Religionsgeschichtlich erst später ist das Bild von dem auf dem Berge thronenden Gott hinzugekommen.[3]

»Eisenfarben« ist der Berg, den Hildegard sieht: das heißt er ist entweder grau-silbern, der Farbe des Eisens verwandt, steingrau – oder aber rostrot wie Gestein, das Eisenerz enthält, wie das Gebirge Sinai. Mit der Farbe des Eisens, mit dem Eisen selbst, ist symbolisch der Gott Mars verwandt, ein kriegerischer Gott, so daß zunächst auch etwas Marsisches, Kämpferisches, eben Eisernes mit diesem Berg verbunden ist, etwas Männliches, während er in dieser Vision später auch in seinem mehr weiblichen Aspekt als Innenraum, als Wohnung gebender Bergleib erscheinen wird.

Darauf »*thronte*« – so fährt der Visionsbericht fort und läßt uns nunmehr den Berg als einen Thron für noch Höheres erkennen – »*ein so Lichtherrlicher, daß seine Herrlichkeit meine Augen blendete*«.[4] Mit ihren vor lauter Licht geblendeten Augen schaut sie, schaut Hildegards Ich, diese Gestalt. In dem Ausdruck »ein Lichtherrlicher« ist Staunen enthalten, Bewunderung, Ehrfurcht: Überwältigung durch solche Herrlichkeit.

Doch sehen wir mit Hildegard zuerst nur Glanz, Licht, wie es die Sonne selber ist, oder auch Lichtstrahlung von der Sonne her, die hinter einem Berg aufgeht, wobei das Licht, durch die scharfen Konturen des Berges gebündelt, geradezu wie ein sprühender Strahlenglanz aufblitzen kann. Sonne und Licht sind Qualitäten, die sich seit uralter Menschheitserfahrung mit Gottesbegegnungen verbinden. Hiervon wird die Seherin nun überflutet. Doch dann gestaltet sich ihr das Licht personhaft – wie in ägyptischer, griechischer und christlicher Tradition vielfältig erfahren –, nimmt Schultern an, gewinnt Gestalt. Von beiden Schultern der Lichtgestalt geht, so heißt es, »*ein matter Schatten aus*«; man könnte auch übersetzen: »ein zarter Schatten«. Es ist etwas Schattenspendendes, das bei großer Hitze, bei allzu hellem Licht, wohlzutun vermag. (So berichtet Marie-Louise von Franz einen Traum C.G. Jungs, in dem die dort weißglühend glänzende Christus-Gestalt erst einer Dämpfung bedarf, einer »Überschattung«, um für den Menschen zuträglich und wohltuend zu werden.[5])

Die schattenspendenden Flügel des »Lichtherrlichen« haben zugleich etwas Beschützendes, etwas Väterlich-Mütterliches, und erinnern an ein archetypisch-biblisches Bild: »Unter dem Schatten deiner Flügel kann ich sicher wohnen« (Psalm 17,8; 36,8; 63,8), das sich bis hinein in das bekannte Lied »Breit aus die Flügel beide, o Jesu meine Freude...« erhalten hat.

Dieser »Lichtherrliche« hat also Flügel – wie ein Vogel, ein Engel, wie Jesus in dem genannten Lied, wie die Sophia-Gestalt in den ostkirchlichen Ikonen – er vermag also Himmel und Erde zu verbinden, was übrigens auch der in den Himmel aufragende Berg auf seine Weise tut. Im Unterschied zu dem Berg hat der geflügelte »Lichtherrliche« jedoch die Möglichkeit, sich ungleich höher zu erheben, in den seelisch-geistig-göttlichen Bereich empor – oder aber von dorther herabzukommen.

Folgen wir weiter der Sequenz der Bilder, so sehen wir nun vor ihm, aber zu Füßen des Berges, vor dem Thron des »Lichtherrlichen« also, ein »*Wesen, das über und über mit Augen bedeckt war*«, so sehr, daß das Ich der Seherin »*wegen der Augen nicht einmal die menschlichen Umrisse erkennen konnte*«. Eine befremdliche Erscheinung! Wenn dieses Wesen »über und über mit Augen bedeckt« ist, so besteht es ganz aus Augen, ist ganz Auge, sieht alles, blickt überall hin, ist umsichtig, ganz wachsam.

Diese Vorstellung mag für manche, die diese Vision imaginierend nachvollziehen, zunächst vor allem erschreckend sein, kann als unentrinnbar kontrollierend empfunden werden – wie von einer Anzahl der Teilnehmerinnen und Teilnehmer bei dem Hildegard-Seminar, das ich an der Universität Frankfurt (im Sommersemester 1992) veranstaltete – für andere jedoch wirkt es ebenso stark behütend, umsorgend, wie ein Schutzengel, der seine Augen überall hat.

Vor diesem Augenwesen stehend, ihm zugewandt, wie dieses dem Lichtherrlichen zugewandt ist, uns Betrachtern also am nächsten, erscheint nun »*ein Wesen im Kindesalter, mit mattfarbenem Gewand*«, das wie ein Kleid aus ungebleichtem Leinenstoff erscheinen mag, also keine besondere Eigenfarbe hat. Wenn wir bedenken, daß die häufig beschriebenen Gewandfarben bei Hildegard jeweils Einstellung, Wesensart und Rang der betreffenden Person ausdrücken, so wird dieses mattfarbene Kleid die selbstlose, bescheiden zurückhaltende Art dieses Mädchens charakterisieren.

Jedoch trägt das Mädchen weiße Schuhe! Kinder tragen oft weiße Schuhe und lieben sie ganz besonders. Weiß ist die Farbe der Anfänge, der Geburt und der Wiedergeburt, die Farbe des Taufkleides, der Initiationsgewänder, die Färbung des ungebrochenen Lichtes.[6] Kindlich arglos steht das Mädchen vor dem faszinierend unheimlichen Augenwesen, steht fest da in seinen weißen Schuhen. Es hat Schuhe, also einen Standpunkt und Standort auf der Erde, aber einen staunend vertrauenden. Ungebrochen offen gibt es sich den Wundern hin, die es schaut. Angesichts dieses Mädchens in den weißen Schuhen mag einem das Jesus-Wort in den Sinn kommen: »Wenn ihr nicht werdet wie die Kinder, werdet ihr nicht in das Reich Gottes kommen« (Mt. 18,3).

Gerade diese offene, selbstvergessene Einstellung macht das Kind offenbar fähig, das Licht zu empfangen. Denn über das Haupt dieses

Kindes nun, so heißt es weiter, »*ergoß sich von dem, der auf dem Berge saß, solchen Lichtes Fülle, daß ich des Mägdleins Antlitz nicht zu schauen vermochte*«. Hier erfahren wir eindeutig, daß dieses »Wesen in kindlichem Alter« ein weibliches ist. Zugleich ist sein Antlitz so in Licht getaucht, daß die Seherin davon geblendet ist.

Das Mädchen ist völlig und ganz unmittelbar mit dem Lichtherrlichen verbunden. Dieses Kind ist es, das den überwältigenden Glanz des Lichtherrlichen ganz aufzunehmen vermag – wie er ihm wohl auch durch das Wesen, das ganz Auge ist, weitergegeben wird.

Beide Gestalten, das Augenwesen und das Mädchen, werden »*mit sanftem Glühen lieblich umflogen*« – hier werden die beiden also ganz zusammengeschaut. Was sie verbindet, sind die »*vielen lebendigen Funken*«, die »*von dem, der auf dem Berge saß*«, ausgehen.

Wer ist also dieses Kind, das hier vom Licht überströmt dasteht wie Goldmarie unter dem Torbogen? Ist es wohl auch das Mädchen, das Hildegard selbst einmal war, das von Kindesbeinen an mit der Fähigkeit zur Schau begnadet war? (»*In meinem dritten Lebensjahr sah ich ein so großes Licht, daß meine Seele darob erbebte…*«[7]) Dann wäre es auch das Mädchen, das von seinem achten Lebensjahr an von den Eltern weg zu der Klausnerin Jutta kam, in den Bannkreis spirituellen Lebens. Gewiß spielt Lebensgeschichtliches hier mit in die Bilderfolge hinein, die aus dem Unbewußten auftaucht, wie es in Träumen und Imaginationen auch geschieht.

Es ist die immer wiederkehrende Kernerfahrung Hildegards in all ihren Lebensphasen: daß das göttliche Licht sie überkommt, das sie in jedem dieser Augenblicke nur so aufnehmen kann, wie ein Kind es tut. Darin sehe ich zugleich die Pointe dieses Bildes vom Kind, das doch auch ein Symbol ist: Es ist »das Kind in ihr«, es ist die Werdende, die in die Zukunft hinein offen ist und erwartungsvoll staunend immer wieder auf dieses Licht zugeht, das ihr geschenkt wird und dem sie sich ganz verdankt.

Ein überraschendes, befremdendes Bild taucht ganz zuletzt noch auf. Es ist, als blicke die Seherin noch einmal auf den Berg, diesen Sockel des Glanzes, und nimmt nun auf einmal in ihm »*sehr viele kleine Fenster*« wahr, in denen Menschengesichter sichtbar werden, die teils blaß, teils strahlend hell erscheinen. Im Bergthron des Strahlenden also sitzen viele Menschen – beschützt, gefangen, als Erblaßte oder auch als Leuchtende? Das Bild könnte an das Wort erinnern: »Im Hause meines Vaters sind viele Wohnungen« (Joh. 14,2).

Sind es Lebende, die im Blick auf ihre Art und Weise, im Hause des Lichtherrlichen zu wohnen, dargestellt sind, die einen relativ matt und ohne Glanz, wenig freudig und vielleicht nicht einmal ganz freiwillig, fast wie Gefangene, die anderen um so leuchtender in begeisterter Intensität? Oder sind es verstorbene Seelen, die ebenfalls in einer mehr verschattet-blassen oder eher strahlenden Art ihre Jenseitswohnung im Gottesberg bezogen haben?

Wie dem auch sei: Auch wenn sie gewiß an diesen beiden Menschengruppen, die Gottes eisernen Berg bewohnen, die unterschiedlichen Möglichkeiten anderer sieht, sich auf Gott zu beziehen, so sind darunter doch zugleich – subjektstufig betrachtet – eigene Wesensanteile von Hildegard zu verstehen, die bereits in Gottes Berg wohnen, zuweilen verschattet-blaß, zuweilen wieder leuchtend-intensiv.

Es ist ein Bild, das nach der überwältigenden Schau des Lichtherrlichen, der das Augenwesen und das Kind gänzlich überströmt, doch auch noch Anlaß zu Gewissensprüfung und Selbstkritik bietet, wie man einem solchen Lichtgeschenk auf die Dauer seines Lebens gerecht werden könne. Auch zu dieser Prüfung gehört das Eiserne, das Harte, das sich in der Farbe und der Substanz des Berges mitteilt. Auch dies gehört zu Hildegard.

Wenn wir nun auch das Wesen, das ganz Auge ist, als einen Anteil Hildegards selbst zu verstehen suchen, so kann es nur der Anteil in ihr sein, der schaut, dieses ganz Wache, ganz Präsente, um sich selber Wissende in ihr, selbstkritisch und doch ganz erfüllt von Licht: Hildegard als die Seherin, schon verwandt mit der Gestalt eines Engels, Hildegard in ihrem innersten Selbst.

Die ihr nächste Gestalt, ihr alter ego, ist dieses Mädchen: und in diesem Mädchen symbolisiert sich die Hauptaussage der Schau. Das Kind in ihr vermag die Lichtfülle des Leuchtenden, Gottes, am vollkommensten aufzunehmen; vermittelt durch das Wesen in ihr, das ganz Auge, das die Schauende ist. Es ist die bildhafte Vergegenwärtigung der Erfahrung, daß Hildegard als Seherin diesem Licht wirklich begegnet ist. Die Gesichter im Berg, teils strahlend hell, teils blaß, sie sind Bilder der beiden Seiten, zwischen denen sie, wie wir alle, pendelt.

Noch ist Hildegards Gottesbild sehr licht, besteht gänzlich aus Licht und ist mit »dem Lichtherrlichen« männlich akzentuiert. In dem Berg allerdings, der zuletzt als bewohnter Leib erscheint, schwingt weibliche Symbolik mit. Wir werden in einer späteren Vision, die im Buch Scivias aufgezeichnet ist, auch im Bild des Berges eine andere, weiblich symbolisierte Gestalt finden.

Nachdem ich bisher der Symbolsprache des Geschauten unmittelbar gefolgt bin, will ich nun doch noch vergleichen, wie Hildegard selbst ihre Schau kommentiert.

In ihrer Sicht tut sie es gar nicht selbst, sondern eine »Stimme«, die sie vernimmt. Auf ihre Vision folgt unmittelbar eine ebenso eingegebene Audition:

»Und siehe, der auf dem Berge saß, rief mit starker, durchdringender Stimme und sprach: ›Gebrechlicher Mensch, Staub vom Staub der Erde, Asche von Asche.

Rufe und sage, wie man in die Erlösung, die alles wiederherstellt, eingeht, damit die unterrichtet werden, die, obgleich sie den innersten Gehalt der Schriften kennen, ihn dennoch nicht aussprechen oder verkünden wollen. Ihnen tue die verschlossenen Geheimnisse kund, die sie furchtsam im verborgenen Acker fruchtlos vergraben. Ergieße dich wie ein überreicher Quell und ströme geheimnisvolle Lehre aus, damit durch die Flut deiner Wasser die aufgerüttelt werden, die um der Sünden Evas willen dich (als Frau) für verächtlich halten. Denn du empfängst diese (Geistes-)Schärfe und Tiefe nicht von einem Menschen.‹«[8]

Hier wird die Seherin, gerade indem sie der Schau gewürdigt wird, von der himmlischen Stimme auf ihr menschliches Maß zurückgeholt. Zugleich wird sie hier als Frau – unstudiert wie sie ist und unter damaligen Verhältnissen als theologische Lehrerin nicht legitimiert – in die höchste Autorität eingesetzt, durch die göttliche Stimme selbst, gott-unmittelbar durch die Gabe ihrer Schau und Audition. Wenn es ihr gelingt, die kirchliche Öffentlichkeit ihrer Zeit von der Echtheit ihrer Schau und ihrer Auditionen zu überzeugen – die man als Sonderweg für möglich hielt, doch nur nach strenger »Unterscheidung der Geister« –, dann würde sie sich Gehör verschaffen können. Andernfalls würde sie als Verführte irgendwelcher »Luftgeister« in die Nähe der Ketzerei geraten! Um nichts Geringeres ging es, und das war auch zum Fürchten!

Bei allen Interpretationen, die Hildegard selbst ihren Audiovisionen beigibt, ist zu bedenken, daß sie die Niederschrift wirklich für die Öffentlichkeit unternahm und sich dem Urteil der Kirche aussetzte. So fließt bei ihren Kommentaren, die sich stilistisch, aber auch sachlich durchaus von der Bildgestalt und dem Bildgehalt ihrer Visionen abheben, Hildegards eigene theologische Reflexion, die die herrschende theologische Lehrmeinung durchaus berücksichtigt, in die Interpretation ein – auch wenn sie die Auslegung guten Glaubens ebenfalls als Werk ihrer inneren Stimme versteht.

Nach ihren eigenen Worten hat sie die Visionen oft erst viele Jahre bis Jahrzehnte, nachdem sie erfolgt sind, niedergeschrieben; und trotz besten Gedächtnisses für den Bildgehalt dürften ihre weitschweifigen Auslegungen doch nicht unmittelbar mit der Vision, sondern wohl erst während der Niederschrift entstanden sein.

Die Kommentare heben sich nach ihrem ganzen Sprach- und Denktypus enorm von der elementaren Bilderfolge der Schau ab, die Hildegard nun, Zeile für Zeile erklärend, geradezu didaktisch ausdeutet, im Stile der Zeit nach dem vierfachen Schriftsinn fragend, allegorisierend und oft auch moralisierend. In ihrem relativ kurzen Kommentar zur ersten Vision kommt zwar Hildegards feines Gespür für Bildsymbole zur Geltung – die Interpretationen decken sich im wesentlichen mit dem, was sich auch aus der unmittelbaren Betrachtung des Bildgehaltes erschließen ließ –, doch wird sie auch hier schon durch allegorisierende Gedankengänge überlagert und damit rationalisiert. Hildegard löst sich jeweils vom unmittelbaren Bildgehalt und überträgt ihn ins Ethische und Theologische:

»Der große eisenfarbene Berg bedeutet die Kraft und Ständigkeit des ewigen Reiches Gottes, das durch keinen Angriff hinfälliger Veränderlichkeit zerlöst werden kann.«[9]

Sie nimmt das anschauliche Phänomen des Berges, vor allem seine Qualitäten der Kraft und Beständigkeit auf und überträgt sie auf den theologischen Begriff des Reiches Gottes, der allerdings nur in bezug auf »Kraft und Beständigkeit« mit dem Bild des Berges in Übereinstimmung zu bringen ist. Ein Reich ist ja kein Berg!

»Der auf dem Berge in so hellem Licht thront, daß die Herrlichkeit deine Augen blendet, sinnbildet im Reiche der Seligkeit den Beherrscher des ganzen Erdkreises im Blitzesleuchten unvergänglichen Lichtes, in göttlicher Hoheit. Unfaßbar ist er dem menschlichen Geist.«[10]

Es ist keine Frage, daß »der Lichtherrliche« eine Erscheinungsweise Gottes selber ist, eine unfaßliche Theophanie, die erst durch die Flügel und deren matten Schatten gemildert und faßbar wird:

»Das ist der treu hegende, milde Schutz, der in Ermahnung und Züchtigung die Geschöpfe beseligend umschirmt und die unaussprechliche Gerechtigkeit im endlichen Sieg ausgleichender Weisheit gerecht und gütig offenbart.«[11]

Der »milde Schutz«, der im Bildgehalt der Flügel enthalten ist, wird hier gänzlich ins Ethisch-Theologische übertragen. Immerhin wird er hier mit der Weisheit in Verbindung gebracht.

Das geheimnisvoll unheimliche Augenwesen wiederum deutet Hildegard eher eindimensional auf »die Furcht des Herrn«, die vor Gott stehe:

»In Demut schaut sie auf das Reich Gottes, ganz eingehüllt in die durchdringende Schau guter und gerechter Zielstrebigkeit.«[12]

Die »Furcht des Herrn« – ein Ausdruck, in dem sich seit jeher Furcht und Ehrfurcht mischen – nimmt wohl die wachsende Vieläugigkeit und die Kontrollfunktion des Augenwesens auf, das Sehen und Gesehenwerden unter den Augen Gottes – nicht aber die engelartige Vieläugigkeit, das Urbild der Seherin, das sich in ihm verbirgt und sich aus dem Bildgehalt zwingend ergibt.

Das Mädchen mit dem mattfarbenen Gewand und den weißen Schuhen, das vor dem Augenwesen steht, deutet Hildegard so:

»Wenn nämlich die Furcht des Herrn vorangeht, folgen ihr die Armen im Geiste.«[13]

Das Mädchen stellt also vor allem eine Gestalt der »Armut im Geiste« dar, die folgendermaßen ausgemalt wird:

»Nicht auf Prahlerei und Herzenshochmut sinnt sie, sondern liebt Einfalt und Nüchternheit des Geistes. Sie schreibt nicht sich, sondern Gott ihre guten Werke zu – darauf deutet ihr mattfarbenes Gewand – und folgt getreulich – mit weißen Schuhen – den lichten Spuren des Gottessohnes.«[14]

Die Einfalt und Bescheidenheit, die alles Gott zuschreibt, ist gewiß in dem mattfarbenen Gewand enthalten, doch geht der Bildgehalt der Mädchengestalt selbst, das Werdende, Sich-Entwickelnde in ihr, und der der weißen Schuhe weitgehend verloren, wenn Hildegard in ihrer Auslegung nur die Analogie zwischen der Lichtfarbe Weiß und den »lichten Spuren« des Gottessohnes aufnimmt.

Die Menschenhäupter im Berg, teils matt, teils strahlend, *»tragen das Zeugnis ihrer Lauheit und Reinheit in sich selbst. Manchmal ermatten nämlich die Menschen in ihren Herzen und Taten – überlassen sich schmachvollem Schlafe. Manchmal sind sie angeregt und wachen in Ehre...«*[15]

Es wird nicht darüber reflektiert, warum diese Häupter im Berg Gottes wohnen. Sie gelten hier einfach als Beispiele für »*das Streben menschlicher Handlungen*«, das Gott nicht verborgen bleiben könne. Im Zusammenhang mit dem besonderen Auftrag an Hildegard, das Buch Scivias an diejenigen zu richten, die die Geheimnisse Gottes, wie zu Anfang vernommen, *»furchtsam im verborgenen Acker fruchtlos vergraben«*, findet das Bild von den matten Häuptern einen aktuellen Bezug und Adressaten: nämlich die gelehrten Theologen und die Führer der Kirche.

Hildegards Buchmalerin schließlich – es ist erstaunlich, daß sie eine so kongeniale Meisterin fand! – hat zu dieser wie zu jeder Vision des Scivias-Buches ein Bild gemalt (Farbtafel V), das unmittelbar mit dem Text verflochten ist und oft dessen Bildgehalt stärker aufgreift, als Hildegards eigene theologische Kommentare es tun, die ihn mit gedanklichem Material überwuchern.

In schmalem, steilem Hochformat ist das Bild zur ersten Vision gestaltet, von einem relativ breiten Rahmen eingefaßt, dessen wellenförmiges Lebensmotiv an den beiden Längsseiten ganz in Grün – es ist Hildegards heiliges Grün! – und an den Schmalseiten in komplementärem Rot – ihrer Farbe für brennende Liebe! – gefaßt ist: Gleichnis für die Einfassung des Irdischen durch Grünkraft und kosmische Liebe. Allein die zart-blauvioletten Flügel des »Lichtherrlichen« durchbrechen diesen Rahmen, ragen ein Stück weit in den freien Raum hinaus – Zeichen dafür, daß dieser Lichtherrliche den irdischen Rahmen transzendiert. Er selbst, über dem Berge thronend, ist gänzlich in Gold gestaltet – ihn charakterisiert keine Farbe, nur der Lichtschimmer selbst! –, und ein breiter goldener Lichtstrom flutet herab bis auf die Basislinie des Bildes, wo das Mädchen in seinem mattfarbenen Gewande steht. Sein Gesicht, das die Seherin vor lauter Licht nicht zu erkennen vermochte, ist hier auch wirklich nicht sichtbar gemacht, sondern von dem Lichtstrom, der es überflutet, verdeckt. Das Mädchen hat keinen eigenen Kopf, sondern ist selbstvergessen dem Licht hingegeben, das gestaltet die Buchmalerin hier so überzeugend wie originell.

Das Mädchen steht zur Rechten des Augenwesens mit betendsegnend erhobenen Händen in Oranten-Geste. Zu seiner Linken erhebt sich das Augenwesen, in zartem Blau verhüllt, doch über und über mit Lichtaugen in Gold überdeckt. Durch das Gold sind diese Augen auf den Lichtherrlichen bezogen, sie bestehen also aus der gleichen Substanz wie er selbst, es sind gewissermaßen seine Augen.

Beide, das Mädchen und das Augenwesen, befinden sich in einem tiefdunklen kosmischen Raum, dicht durchstrahlt von Sternen. Das dunkle Blauviolett hat die gleiche Tönung, wie die Flügel des Lichtherrlichen sie haben, und ist dadurch symbolisch auf ihn bezogen.

Wie die goldenen Augen auf sein Gold bezogen sind, so das blauviolette Gewand auf seine Flügel. Die beiden Gestalten, das Mädchen und das Augenwesen, stehen im gleichen kosmisch-überzeitlichen Raum wie der Lichtherrliche. Das Augenwesen und das Mädchen sind durch breite Bänder mit goldenen Punkten mit dem Berg verbunden, aus dessen Fenstern jeweils ein Menschenpaar blickt: manchmal beide matt gewandet, manchmal der eine Mensch blaß, der andere leuchtend rot. Rot ist bei Hildegard die Farbe brennender Liebe. Der Berg schwebt im kosmischen Raum. So geht es doch wohl bei den Menschen, die in ihm wohnen, auch um deren überzeitlich-ewiges Schicksal, Konsequenz ihrer existentiellen Entscheidung in diesem Leben.

Bemerkenswert ist noch, daß der Nimbus des Lichtherrlichen, der in konzentrischen Kreisen gestaltet ist, nach einem schwarzen, mit Gold durchsetzten Außenkreis im folgenden konzentrischen Kreis das matte Braun des Mädchengewandes aufweist, die Erdfarbe also, die damit samt dem Schwarz des Berges in den Heiligenschein des Lichtherrlichen hinaufgehoben ist: Eigentümlichkeiten, in denen die Buchmalerin zugleich eigenwillige theologische Akzente setzt, die aber hier, wie häufig, die verborgenen Kühnheiten von Hildegards Schau ins rechte Licht heben. Der Lichtherrliche selbst ist hier eindeutig männlich, gemäß dem Typus des lehrenden Christus gestaltet, gänzlich in Gold, der Farbe höchsten, königlichen Glanzes, nur der Nimbus trägt die Farbe der dunklen Erde. Es ist dies eine Darstellung von erheblichem theologischem Gewicht – männliches Goldlicht, von weiblichem Erddunkel umstrahlt –, das wir aber erst später, im Zusammenhang mit dem folgenden Bild, näher bedenken können.

Im zweiten Buch des Scivias, in der fünften Vision, begegnet uns ein ganz anderes Bild des Berges. Wie schon gesagt, ist der Berg, als Leib aufgefaßt und nicht so sehr als Gipfel, von jeher stärker weiblich akzentuiert. In dem gemalten Bild zur zweiten Vision des fünften Buches ist der gesamte Berg zum Körper einer gewaltigen Frauengestalt geworden (Farbtafel VI). Aus silbernen Berggipfeln geht sie hervor und wandelt sich von der Mitte des Körpers an in Gold.

Im weiten Gewand mit ausgebreiteten Armen und aufgehobenen Händen steht sie da, in der Geste der Betend-Segnenden, der Orante. Auf ihrer Brust entspringt ein goldener Blütenkelch, der sich in Blütenblättern öffnet, die Flügeln gleichen, so daß die Frauengestalt wie geflügelt erscheint. In der Mitte des Blütenkelches, direkt auf der Brust dieser bergeshohen Frau, erscheint nun eine kleine Frauengestalt, rotgewandet, ebenfalls die Arme und Hände zur Gebets- und Segensgeste erhoben, so wie die große Frau. Hinter ihr, tiefer im Blütenkelch verborgen, der ihre Füße verdeckt, werden noch weitere acht Gestalten sichtbar: eine Dreiergruppe auf der linken, eine Fünfergruppe auf der rechten Bildseite.

Das Haupt der hohen Frau, wieder in Silber wie die Berggipfel, ist mit einer Krone geschmückt, deren Gold sich zur Rechten und zur Linken des Gesichtes ergießt. Majestätisch, wissend, vorausschauend geht ihr Blick über alles hin und in die Ferne. Diese Gestalt ist mit allen Attributen einer Göttin ausgestattet, ihr Erscheinen bedeutet eine Theophanie. Wenn das Silber, wie Schipflinger vorschlägt[16], die rein geistige, vorzeitliche Form dieser Gestalt bedeutet, das Gold mehr ihre Verdichtung, Materialisierung und Erfüllung in Raum und Zeit, so hieße das, daß sie sich in der Schöpfung, wofür der goldene Blütenkelch steht, inkarniert und erfüllt, zugleich aber auch in der kleinen Orante – ist es Maria, ist es Richardis, ist es Hildegard? –, die nahe an ihrem Herzen steht, und auch in denen, die zu ihr gehören, in den acht Menschen im Blütenkelch.

Silber als der Glanz des Mondlichtes ist traditionell auch mit dem Weiblichen, mit der Qualität der Seele, verbunden, so daß diese machtvolle Frauengestalt auch farblich in den weiblichen Bereich gehört; Gold wiederum als der Glanz der Sonne wird mehr mit dem Männlich-Geistigen in Beziehung gebracht. Die aus dem Berg erwachsene hohe Frau verbindet also männliche mit weiblichen Qualitäten, ist aber doch eindeutig ein weibliches Wesen. Das Bild ist rechts und links der Berge absichtlich nicht ganz zu Ende gestaltet, läßt etwas offen, ganz in Analogie zu Hildegards Schau, in der diese Gestalt nicht ganz vollendet ist.

Maura Böckeler, die Übersetzerin des Scivias, schreibt zu diesem Bild: »Bei den Ärmeln und Händen der Gestalt fehlen die Konturen mit der Zeichnung des Faltenwurfs. Zwei leere Pergamentstreifen ziehen sich längs des unteren Teils der Gestalt hinauf. Köpfe und Gewandungen der Jungfrauen, Pallium und Mitren der Bischöfe sind nur teilweise gezeichnet und gemalt, das Haar des auf der Brust der Gestalt stehenden Mädchens müßte schwarz, der breite Gürtel purpurn und hyazinthfarbig sein.«[17]

Ehe ich mich an die Deutung dieser Gestalt wage und bevor ich das entsprechende Bild von Hildegards Buchmalerin mit jenem zur ersten Vision von dem Lichtherrlichen vergleiche, möchte ich wieder Hildegards eigene Niederschrift zur fünften Vision des zweiten Buches und ihre dazugehörige eigene Auslegung vergleichen:

»Danach sah ich, wie schneeweißer, kristallklarer Glanz das Weib vom Scheitel bis zur Kehle umleuchtete. Ein anderer, rötlich schimmernder Glanz umfloß seine Gestalt von der Kehle bis zum Schoße. Bis zur Brust herab glühte dieses Licht wie Morgenrot. Nach unten zu spielte es in der Farbe des Purpurs und des Hyazinths. Von dorther, wo das Morgenrot leuchtet, ergoß die Gestalt ihre Herrlichkeit hinauf in das Innerste des Himmels.«[18]

Die Farbabstufung verläuft also in der Vision etwas anders als im Bilde der Buchmalerin, da dominieren nicht Silber und Gold, sondern Schneeweiß, schimmerndes Morgenrot und schließlich Purpur und Hyazinth, als würde sich die Farbe nach unten hin immer mehr vertiefen, immer glutvoller werden, je tiefer sie zur Erde kommt, wie dem Wege einer Inkarnation folgend. Zugleich wird eine Bewegung von unten nach oben sichtbar:

»Von dorther, wo das Morgenrot leuchtet, ergoß die Gestalt ihre Herrlichkeit hinauf in das Innerste des Himmels.«[19]

Das Rot aber ist bei Hildegard die Farbe flammender Liebe, als Morgenrot zugleich die Farbe der heraufdämmernden Erlösung in der Fülle der Zeit. Die Gestalt der hohen Frau wächst über der Farbstrahlung dieser flammenden Liebe bis hinauf in das Innerste des Himmels. Daß sowohl dem kristallklaren Schneeweiß ein Glanz anhaftet als auch dem Rot, mag dazu geführt haben, daß die Malerin zu Silber als dem Glanz des Weiß und zu Gold als dem Glanz der roten Farbe gegriffen hat. Ein ungeheures Leuchten also geht von dieser Frauengestalt aus. Nun fährt die Seherin fort:

»Da erschien inmitten dieser Lichtbahn ein holdes Mägdlein. Sein Haupt war unbedeckt; dunkel, fast schwarz sein Haar. Eine rote, faltenreiche Tunika fiel ihm herab bis auf die Füße. Und ich hörte, wie eine Stimme vom Himmel sprach: ›Dies ist die Blüte des himmlischen Sion, Mutter wird sie sein, und doch eine Rosenblüte und eine Lilie der Täler. O Blüte, du wirst dem mächtigsten König vermählt, und wenn du erstrahlt bist, wenn deine Zeit gekommen ist, wirst du dem erlauchtesten Kinde Mutter sein.‹«[20]

Wieder erscheint »ein Mägdlein«, wie in der Eingangsvision des ersten Buches. Diesmal ist sein Gewand nicht mehr farblos, nicht mehr ohne Eigenfarbe, sondern sie erscheint in Rot, in der Farbe brennender Liebe. *»Das ist die lichteste Jungfräulichkeit…«*[21] schreibt Hildegard angesichts dieser Erscheinung. Das Haupt ist diesmal nicht völlig von der Lichtbahn, die vom Lichtherrlichen ausgeht, überflutet, sondern sehr wohl sichtbar in seinem dunklen, fast schwarzen Haar. Hildegard kommentiert:

»Ihr Haupt ist unbedeckt, denn sie beugt ihr Haupt nicht unter die Fessel der Verderbtheit. Aber sie vermag sich in ihren Kindern, solange sie in dieser Welt sind, nicht ganz den Anfeindungen der Finsternis zu entziehen, obgleich sie männlich dagegen kämpft. Auf dieses Leiden deutet ihr dunkles, fast schwarzes Haar.«[22]

Was zu dem Mägdlein gesagt wird, kann sich in diesem Kontext eigentlich nur auf Maria beziehen: »*...Wenn deine Zeit gekommen ist, wirst du dem erlauchtesten Kinde Mutter sein.*« Zugleich paßt es aber doch auch auf Hildegard selbst und auf alle, die im Sinne ihrer Zeit wie sie die Jungfräulichkeit wählten, um sich symbolisch »*mit dem mächtigsten König*« zu vermählen und »*dem erlauchtesten Kinde*« – dem inneren Christus! – »*Mutter zu sein*«.

Wie schon erwähnt, bezog Hildegard die gleiche Schriftstelle auch auf Richardis von Stade, die geliebte und verehrte Mitschwester. In ihrem Brief an Bischof Hartwig von Bremen nach dem Tode der Richardis schrieb sie:

»Doch als sie noch im Leibe weilte, hörte ich in einer wahren Schau von ihr sagen: ›O Jungfräulichkeit, du stehst im königlichen Brautgemach!‹ Denn im jungfräulichen Reis ist sie eingereiht in die hochheilige Ständeordnung. Darüber freuen sich die Töchter Sions.‹«[23]

Primär bezieht sich die Stelle jedoch gewiß auf Maria, wie der Fortgang der Schau nahelegt, bei der sich die Menschen um diese Frauengestalt scharen:

»Und ringsum sah ich eine ungeheure Schar von Menschen. Sie umstanden das Mägdlein, leuchtender als die Sonne, wunderbar geschmückt mit Gold und Edelsteinen. Einige von ihnen waren verschleiert. Ein goldener Reif funkelte auf dem blendend weißen Schleier... Andere trugen Mitren auf ihrem Haupte...[24]

Es waren also Nonnen und Bischöfe unter diesen Menschen, die sich um Maria scharen, zentrale Vertreterinnen und Vertreter der christlichen Glaubensgemeinschaft. Und wiederum erscholl die Stimme aus der Höhe, und Hildegard hörte:

»Dies sind die Töchter Sions. Mit ihnen ist Zitherspiel und jeglicher Wohlklang, nie endender Jubel laut und Freude über Freude.«[25]

Gehören hier also auch die Bischöfe unter die »Töchter Sions«? Oder kann sich Hildegard bereits weibliche Bischöfe vorstellen?

Äbtissinnen sind ihr vertraut, die ebenfalls den geistlichen Hirtenstab führen.

Hildegard selbst, das ist keine Frage, deutet in ihrem Kommentar die gewaltige Gestalt der aus den Bergen erwachsenen Frau als die Mutter Kirche, die Ecclesia, Symbol einer mystischen Menschengemeinschaft.

Wenn wir auch hier wieder dem Bildgehalt von Hildegards Schau als der primären Botschaft Priorität vor ihrem Kommentar einräumen, so ließe sich wohl der Personenkreis, den die hohe Frau an ihre Brust gehoben hat, in ihrem Zentrum Maria, als Symbol der Ecclesia betrachten. Die gewaltige Frauengestalt selbst scheint mir aber darüber hinauszuweisen, da sie »*ihren Glanz bis in den innersten Himmel ergießt*«; sie scheint die göttliche Kraft oder die Kraft des Göttlichen selber darzustellen, die die Gemeinschaft der Gläubigen, die Kirche, trägt.

An dieser Stelle möchte ich mich Thomas Schipflinger[26] anschließen, für den es – nach überzeugenden Argumenten – keine Frage ist, daß es sich hier um eine Epiphanie der geheimnisvollen Sophia-Gestalt handelt, die zum Beispiel auf den Ikonen der Ostkirche, wie hier, immer mit Flügeln dargestellt wird. Es gibt nur eine Gestalt in der jüdisch-christlichen Überlieferung, der derart göttliche Attribute zugeschrieben werden könnten, eben die Sophia, die nach den Weisheitsbüchern des Alten Testaments und der Apokryphen Mittlerin der Schöpfung, kreative Gespielin und Geliebte Jahwes ist (Amon Jahwe). Auch zu Hildegard ist offenbar die sophianische Strömung gelangt, die über die Ostkirche zu der Zeit ins Abendland vordrang und von Hildegard, die sie selbständig aus ihrer Schau neu schöpfte, mit eigenen Akzenten versehen wurde.

An der Brust der Sophia erscheint hier zum Beispiel die menschliche Inkarnation der überpersönlichen Sophia als Maria, Sophia-Maria, Urbild und Vorbild aller Sophia-Verehrenden und damit auch Hildegards selbst. Sophia ist hier die göttlich-weibliche Urgestalt, an deren Brust auch die Kirche heranwächst. Doch ist Sophia weit umfassender als die Kirche, die nur eine ihrer Ausprägungen und irdischen Verleiblichungen darstellt. Was die Kirche ist, ist sie durch die sie umgreifende Sophia. Ich werde im nächsten Kapitel ausführlich auf Hildegards Sophia-Visionen und die sich daraus ergebenden theologischen Vorstellungen eingehen.

Doch zunächst möchte ich nun die beiden gemalten Bilder zu Visio I,1 und zu Visio II,5 miteinander vergleichen.

1. Der Berg: Der schwarzgraue Berg von Visio I,1 hat sich in dem Bild zu Visio II,5 in Silber verwandelt, ist also nach Auffassung der Malerin edler geworden, steht im Glanz eines überzeitlichen Lichtes. Silber als Glanz des Mondlichtes symbolisiert meist das Weibliche, während die Eisenfarbe des Berges der ersten Vision dem Marsisch-Männlichen zuzuordnen war. Auch der Berg in Visio II,5 besteht aus mehreren Erhebungen, ist in sich gegliedert, doch hier sind diese Hügel unbewohnt, bilden dafür selbst einen Teil des Leibes, nämlich den unteren Teil mit Sonnengeflecht und Sexualzone der erhabenen Frauengestalt. Überhaupt wächst diese aus dem Basisteil des Bildes, aus der Erde, empor, während der Berg aus Visio I,1 wie über einem sternübersäten Himmelsteil schwebt.

Das Bild zu Visio I,1 hat etwas Schwebendes, entsprechend den Flügeln des Lichtherrlichen, gleichsam alles emporhebend, das Bild zu II,5 dagegen hat etwas Ruhendes, Gegründetes, Geerdetes, auch wenn sich der goldene Blütenkelch auf der Brust der Frauengestalt gleichzeitig wie zu Flügeln öffnet und ihre Arme zu Gebet und Segen weit ausgespannt sind. In Visio II,5 öffnet sich etwas von der Erde zum Himmel hin, während in Visio I,1 etwas Himmlisches der Erde begegnet und sie erhebt, sie selber zum Schweben bringt.

Visio I,1 beschreibt dementsprechend eine Erscheinungsweise des Göttlichen, die sich vom Himmel auf die Erde zubewegt, eine eher männliche Epiphanie; Visio II,5 schildert eine Epiphanie, die aus dem Gebirge wie aus einem Leib emporwächst, segnend, fürbittend über der ganzen Schöpfung stehend, eine weibliche Symbolisierung des Göttlichen, mütterlich. Das Format des Bildes zu Visio II,5 ist zwar auch ein stehendes Rechteck, doch ist es wesentlich breiter hingelagert als das schmale, steile Hochformat des Bildes zu Visio I,1. Es gehört zu den Bildern, die eine ganze Seite des Originals füllen, während das Bild zu I,1 nur die Hälfte der Seite einnimmt, genausoviel wie die Textkolumne zu seiner Linken.

2. Der Rahmen: Der Rahmen des Bildes zu Visio II,5, das selber fast ganz aus Silber- und Goldglanz besteht, ist in eindeutigen Erdfarben gehalten: ein dunkles Ackerbraun an den Längsseiten, ein rötlich aufgelichtetes Braun an den Schmalseiten, um beide herum ein olivgrünes Farbband. Auch dieser Rahmen bezeugt, daß diese hohe Frauengestalt, die das Bild darstellt, zur Erde gehört, sie erfüllt. Dem gegenüber steht der Rahmen aus frischem Grün und flammendem Rot, der die Vision des »Lichtherrlichen« umgibt.

3. Die Menschen sind im Bild zu Visio I,1 im Berg Gottes einbeschlossen, vielleicht auch eingeschlossen, sind blaß oder leuchtend; in dem Bild zu Visio II,5 sind sie an der Brust der mütterlichen Gestalt, die aus den Bergen hervorwächst. Zweifellos sind sie hier liebevoller angenommen und geborgen. Beim Vergleich der beiden Bilder scheint es so, als seien die Menschen aus dem einschließenden Berg des mehr männlich vorgestellten Gottes an die Brust der weiblich vorgestellten Göttin emporgehoben worden – in eine neue Freiheit.

In Visio I,1 sieht man nur ihre Gesichter, jeweils im Profil. In Visio II,5 erscheinen sie bis zu den Knien in ihrer Gestalt und jeweils mit ihrem ganzen Gesicht, im Halbprofil. Sie haben, bezogen auf diese Frauengestalt, mehr Eigenleben und Eigenwirklichkeit als die Menschen im Gottesberg des »Lichtherrlichen«.

4. Die kleine Frauengestalt, die im Bild zu Visio I,1 in der rechten unteren Ecke erscheint, ganz »in die Ecke gestellt«, steht in II,5 hoch aufgerichtet, direkt über dem Herzen der mütterlichen Frauengestalt, zwischen deren Brüsten. Sie steht in freier Haltung da, die Hände zu Segen und Gebet weit ausgebreitet und erhoben – wie die große Muttergestalt auch –, während sie im Bild zu I,1 die Hände noch eng vor der Brust hält. Ihr Kopf ist im Bild zu II,5 frei erhoben, sie hat sogar eine eigene Blickrichtung, leicht nach rechts gewendet im Vergleich zu dem frontalen Blick der großen Frauengestalt, während in dem Bild zu I,1 das eigene Antlitz des Mädchens ganz ausgelöscht ist unter dem Licht, das es überströmt.

In tiefem Rot erglüht das Gewand der kleinen Frauengestalt im Bild zu II,5, während im anderen Bild das mattfarbene Gewand betont wird. Sie selber ist in II,5 von Liebe erfüllt, so sagt das rote Gewand, sie partizipiert nicht mehr nur an der Liebe des »Lichtherrlichen«, wie es das Bild zu I,1 noch darstellt. Auffällig ist nur, daß die Farbe der Demut, der Humilitas, als Erdverbundenheit verstanden, an der höchsten Stelle dieses Bildes zu Visio I,1 im Nimbus des ›Lichtherrlichen‹ wiederkehrt, als habe er »die Niedrigkeit seiner Magd angesehen« (Magnifikat: Lk. 1,46f) und zur höchsten Ehre erhoben. In II,5 jedoch steht die kleine Frauengestalt über dem Herzen der großen Mutter, als wäre sie hier zu Hause.

5. Das gekrönte Antlitz der großen Frauengestalt, in dem, von Gold umströmt, das Silber der Berge wieder auftaucht, ist viel näher an den Betrachter herangerückt als das des »Lichtherrlichen« in dem anderen Bild. Es ist unter sämtlichen gemalten Bildern des Scivias-Buches das am größten dargestellte und am nächsten an den Betrachter herangerückte Gesicht. So war es zumindest für Hildegards Buchmalerin dasjenige, das ihr am nächsten kam und sie am stärksten berührte. Das Antlitz des »Lichtherrlichen« ist demgegenüber streng entrückt.

Wenn wir zusammenfassend noch einmal das Bild des »Lichtherrlichen« mit dem der hohen Frau vom Berge vergleichen, so fällt auf, daß der »Lichtherrliche« über einem mütterlichen Bergleib thront, unterhalb dessen erst die beiden weiblich gestalteten Personen auftreten: das Mägdlein und das Augenwesen. Es ist schon so, daß die männliche Gestalt des »Lichtherrlichen« hier die ganze weibliche Welt des mütterlichen Berges und der weiblich-visionären Geisteskraft dominiert, während sie in Visio II,5 selbst zur Theophanie wird, zur Göttlichkeit emporwächst.

Dies ist der Schritt, der innerhalb des Scivias-Buches, an dem Hildegard zehn Jahre lang schrieb, erkennbar wird. Die Vision von der Frauengestalt war eine von denen, die Hildegard ganz außergewöhnlich bewegt haben, weil sie offensichtlich unerhört Neues, das Bisherige Erschütterndes, enthielt. Hildegard, die wachen Sinnes und mit offenen Augen ihre Visionen empfing, wie sie immer wieder betont, schreibt dazu:

»Bei diesem Anblick befiel mich ein solches Zittern, daß mir die Kräfte schwanden. Ich sank zu Boden und war nicht imstande, zu reden. Dann nahte sich ein hell leuchtender Glanz, berührte mich wie eine Hand, und so kam ich zu Kräften und fand die Sprache wieder.«[27]

6. Der Weisheit grüner Mantel

Gesichter der Sophia

Hat Hildegard in ihrer Eingangsvision im ersten Buch Scivias die Gottesgestalt als einen »Lichtherrlichen« gesehen, die sich über einen Berg erhebt und diesen zugleich mit Flügeln überschattet, so sieht sie die Theophanie in der fünften Vision des zweiten Buches als eine gewaltige Frauengestalt, deren Leib zugleich der Berg ist und deren in Licht getauchte Hände in Oranten-Geste über die ganze Welt ausgebreitet sind. Wer ist diese Gestalt, wohin verlagert sich der Akzent in Hildegards Gotteserfahrung und Gottesvorstellung?

Indem ich mich diesem Fragenkreis in einem ersten Zugang anzunähern suchte, möchte ich nun weitere Beobachtungen an einigen Bildern vor allem aus Hildegards letztem großen Werk, dem Liber divinorum operum, der Kosmos-Schrift, anschließen.

Umfängt in der zweiten Vision der Kosmos-Schrift die Gestalt der göttlichen Liebe, deren Gesicht weibliche Züge trägt, das riesige kosmische Weltenrad wie ihren eigenen Leib, so füllt nun in der zehnten Vision der gleichen Schrift die Gestalt der Sophia, in heiliges Grün gekleidet, dieses ganze göttlich-kosmische Rad von innen.

In einen fließenden grünen Seidenmantel gehüllt, so stellt eine der Buchmalerinnen (im Codex Latinus 1942 der Bibliothek von Lucca) die Sophia dar (Farbtafel VII). Diese Tunika umgibt sie bis zu den Füßen, wo die Spitzen der roten Schuhe eben noch hervorschauen. In tiefem Rot, Hildegards Farbe der göttlichen Liebe, erglüht das Antlitz der Sophia, ebenso die Edelsteine auf der breiten Goldborte ihres

Gewandes, die mit blauen wechseln. Aus den weiten Ärmeln erheben sich die Arme und Hände der Sophia zu der eindrucksvollen Geste der Lehrenden. Dazu trägt sie zwei neue Tafeln – Gesetzestafeln? – in der linken Hand, auf denen noch kein Text, sondern nur eine zartgrüne Tönung zu erkennen ist. Die linke Seite ist die des Herzens; Grün die Farbe des Herzchakras. Gibt sich die Gestalt hier als Lehrmeisterin eines neuen (Lebens-)Gesetzes zu erkennen, das aus der »Herzkraft« des Grün erwächst? Wird sie wie ein neuer Mose, eine weibliche Gesetzgeberin geschildert? Sie hat nichts von der herben Strenge eines Mose an sich, sondern erstrahlt in besonderer weiblicher Schönheit. An den Armen der machtvollen Frauengestalt werden zugleich die Ärmel des lichtgelben Seidenkleides erkennbar, das sie unter dem grünen Mantel trägt und das auch ihre Knöchel und Füße umfließt. Als Zeichen ihrer Schönheit und Würde dient ihr auch der vierfache goldene Anhänger, der ihre Brust schmückt.

In der zugehörigen Vision (Visio 10) ist die kosmische Frauengestalt eindeutig benannt als Verkörperung der göttlichen Liebe, die aber zugleich die Züge der Weisheit trägt. Sollte sich die Gestalt der Liebe und die der Weisheit bei Hildegard letztlich als die gleiche erweisen?

Könnte es sich schließlich überall, wo diese kosmisch-göttliche Frauengestalt erscheint, um Sophia handeln, also auch bei der hohen Frau vom Berge, vielleicht auch bei der Gestalt, die das Kosmos-Rad umfaßt oder in ihrem Leibe trägt? Sollte sich Hildegards Gottesvorstellung vielleicht in der Folge ihrer Visionen immer stärker auf die Sophia-Gestalt zubewegt haben, immer stärker von ihr her akzentuiert sein, auch wenn sie die traditionell-trinitarische Gottesvorstellung niemals preisgibt?

Zwei Studien zu Hildegards Weisheitsvorstellung liegen neuerdings vor, denen ich viele Anregungen verdanke: An erster Stelle nenne ich die Arbeit von Barbara Newman, »Sister of Wisdom«[1], an zweiter das Kapitel »Die heilige Weisheit bei Hildegard von Bingen« innerhalb der umfassenden Sophia-Studie von Thomas Schipflinger: »Sophia Maria«[2].

Schipflinger spricht von »Hildegards sophianischem Weltbild«, in dem sie »das Universum als einen Kosmos« sehe, »der von einer außerordentlich weisen Kraft beseelt ist und gesteuert wird«[3]. Hildegard habe die Sophia-Verehrung der Kirche des Ostens, die ihre Hauptkirche in Konstantinopel »Hagia Sophia« nannte und die in die Kirche des Westens ausstrahlte, »mit ihren sophianischen Visionen und Bildern verstärkt und vertieft in die großen theologischen und kosmologischen Zusammenhänge eingebaut«[4]. Lange vor Jakob Böhme und Vladimir Solowjew habe Hildegard das Mysterium der Weisheit in archetypischer Symbolik ausgelegt. Erst auf diesem sophianischen Hintergrund lassen sich nach Schipflinger ihre Visionen und die daraus entstandenen Bilder voll erschließen.

Ich ziehe für die folgenden Überlegungen die auf die Sophia beziehbaren Visionen und Buchmalereien heran, die sich in Hildegards beiden Hauptschriften finden, in »Scivias« – Wisse die Wege (1141 bis 1151) –, vor allem aber im »Liber divinorum operum«, dem Buch der Werke Gottes, in der deutschen Übersetzung »Welt und Mensch« (1163 – 1173) betitelt. In einigen dieser Visionen bzw. Bilder erscheint Sophia mehr aus der Sicht des Alten Testamentes als »Chokma Jahwe«, das heißt als die Weisheit Gottes, als Mitwirkerin bei der Schöpfung, als Mutter und Seele der Welt; bei anderen mehr aus der Perspektive des Neuen Testamentes, als Sophia-Maria, das heißt als Braut Christi und Mutter der Kirche, während einige der Visionen und Bilder beide Aspekte eigentümlich verbinden. Maria und Ecclesia werden dabei als weitere Gesichter der Weisheit sichtbar.

Doch muß ich zunächst weiter ausholen und zugleich zurückblenden. Wie kam es eigentlich – längst vor Hildegard und ihrer Zeit – zu der Vorstellung einer personifizierten Gestalt der Weisheit, der Sophia?

Schon diejenigen, die in den Jahrhunderten vor Christus nach den Geheimnissen der Natur forschten, haben die Weisheit, die allem Lebendigen innewohnt, als eine einheitliche, wenn auch hochdifferenzierte Kraft, als ein göttliches Prinzip erkannt und ihr einen Namen gegeben: hebräisch »Chokma« oder auch »Schechina«: die Präsenz Gottes, griechisch »Sophia«, lateinisch »Sapientia«. Man hat sie sich als weiblich-göttliche Gestalt vorgestellt, eine Person, die man anschauen und anreden kann.

Die Schriften im Umfeld der alttestamentlichen Tradition, die von ihr handeln, sind das »Buch der Sprüche«, das »Buch der Prediger«, die »Weisheit Salomos« und das Buch »Jesus Sirach«. Die Weisheit, von der sie handeln, gilt als geheimnisvoll, verborgen, sie gehört zum »verborgenen ökologischen Kern der Religionen« (Mynarek[5]) und wird nur von wenigen erkannt. Doch sucht sie sich allezeit den Menschen zu offenbaren; in der Spätantike ergab sich innerhalb des theologischen Denkens eine ausgesprochen sophianische Strömung.

Die Sophia-Gestalt wirkt nicht nur in die jüdische Mystik hinein bis zum Chassidismus – noch das zeitgenössische Werk Chagalls speist sich aus dem Geist der Sophia[6] –, sondern auch in die Schriften des frühen Christentums, ja in die Evangelien selbst. Die neutestamentliche Forschung der letzten Jahrzehnte[7] findet ihre Spuren in der urchristlichen Vorstellung, daß mit Jesus oder gar in ihm die Sophia wiedergekehrt sei. Beispielsweise ist das Jesus-Wort »Kommet her zu mir alle, die ihr mühselig und beladen seid, ich will euch erquicken« (Matth. 11,28) zugleich als Sophia-Wort überliefert. Es ist nur eines unter vielen, die sowohl aus dem Munde Jesu wie aus dem der Sophia bekannt sind. Sie sprach und wirkte durch ihn, so glaubte man. Selbst der Wunsch der Sophia, ihre Wohnung im Himmel zugunsten der Menschen zu verlassen, hat ihre Analogie in der theologischen Vorstellung von der Menschwerdung, der Inkarnation Christi um der Menschen willen.[8]

In der byzantinischen Kirche, wie gesagt, wirkte die Sophia-Tradition am spürbarsten weiter, doch finden sich seit dem 12. Jahrhundert, dem Jahrhundert Hildegards, sophianische Strömungen auch im Westen. In visionärer Weise, wie von Hildegard, wurde sie einige Jahrhunderte später von Niklaus von Flüe[9] in seiner Sapientia-Vision erschaut.

Sophia ist bei der Suche nach einer weiblich-göttlichen Gestalt, die in der westlich-christlichen Tradition beheimatet ist, bedeutsam. Durch die feministische Forschung ist sie am eifrigsten aus ihrer Verborgenheit geholt worden. »Auf den Spuren der Weisheit« nennt sich eine Sammlung von Studien namhafter Theologinnen.[10] Nicht minder wichtig ist die Sophia-Vorstellung jedoch bei der Suche nach einer neuen Theologie der Natur und des Kosmos.[11]

Sophia hat immer die Seite Gottes dargestellt, die dem Kosmos, die unserem Planeten Bewegungsgesetze einstiftete, energetische Regelkreise, morphogenetische Felder, Öko-Symbiose. Sie stellt die Weisheit dar, die dem Lebendigen und allen Lebewesen selbst innewohnt. Auf die Sophia bezogenes Denken führt weit über das bisher meist anthropozentrische Weltbild einer Theologie hinaus, »die immer nur um die Beziehung Gott – Mensch zu kreisen schien und dabei das Wohl der Erde, der Pflanzen, der Tiere und alles dessen, was dazugehört, nicht nur vernachlässigte, sondern oft genug mit Verachtung strafte«[12].

Sophia als Mitschöpferin, die von Anfang an mit Gott kooperiert, läßt sich im Buch der Sprüche in eigener Person und Sache vernehmen:

»Von Ewigkeit her bin ich gebildet, von Anbeginn,
vor dem Ursprung der Welt.
Noch ehe die Meere waren, ward ich geboren,
noch vor den Quellen, reich an Wasser.
Bevor die Berge eingesenkt wurden,
vor den Hügeln ward ich geboren,
ehe die Erde gemacht und die Fluren
und die ersten Schollen des Erdreichs.
Als er den Himmel machte, war ich dabei,
als er die Gewölbe absteckte über der Urflut,
als er die Wolken droben befestigte
und die Quellen der Urflut stark machte,
als er dem Meer seine Schranken setzte,
daß die Wasser seinem Befehle gehorchten,
als er die Grundfesten der Erde legte,
da war ich als Liebling ihm zur Seite,
war lauter Entzücken Tag für Tag
und spielte vor ihm allezeit,
spielte auf seinem Erdenrund
und hatte mein Ergötzen an den Menschenkindern.«
(Sprüche 8,22–31.)

Hier liegt quasi ein neuer Schöpfungsbericht vor, in dem das erste Geschöpf ein göttliches Mädchen war, vielmehr eine junge Frau, die Gottes Liebling, Geliebte wurde (»Amun Jahwe«) – seine Shakti, wie ein Hindugläubiger sagen würde.

In Hiob 28,23 ff heißt es darüber hinaus, der Schöpfer habe die Sophia liebend erkannt und aus diesem Erkennen heraus das Erdenrund erschaffen, auf dem Sophia kreativ zu »spielen« vermag, in urverbundener »Öko-Symbiose« zwischen Natur, Mensch und Gott.

Sophia ist in besonderem Sinn Herrin der Zeit und der Gezeiten, aber auch der Pflanzen und Tiere in ihrem Werden und Wachsen, der Triebe, der Emotionen und Gedanken, der Natur außerhalb und der Natur innerhalb des Menschen, seines Körpers und seiner Seele.

Im Buch der Weisheit Salomos spricht der Verfasser, offensichtlich ein Schüler der Chokma, rühmend von dem, was er ihr verdankt:

»Anfang, Ende und Mitte der Zeiten,
den Wechsel der Sonnenwenden
und den Wandel der Jahreszeiten,
den Kreislauf der Jahre und die Stellungen der Gestirne,
die Natur der Lebewesen und die Triebe der wilden Tiere,
die Macht der Geister und die Gedanken der Menschen,
die Unterschiede der Pflanzen und die Kräfte der Wurzeln,
alles, was es nur Verborgenes und Sichtbares gibt,
erkannte ich,
denn die Werkmeisterin aller Dinge, die Weisheit,
lehrte es mich« (Weisheit Salomos 7).

Wie die große Göttin auch sonst im Vorderen Orient im Symbol des Früchtebaumes verehrt wird, so wird sie auch in der Gestalt der Sophia als aufsprießender Baum geschildert: Jesus Sirach hört die Weisheit mit eigener Stimme sprechen:

»Ich schlug Wurzel in dem gepriesenen Volke,
im Erbteil des Herrn, inmitten seines Eigentums,
wie eine Zeder auf dem Libanon wuchs ich in die Höhe,
wie eine Zypresse auf den Bergen des Hermon;
wie eine Palme zu Engedi schoß ich auf
und wie Rosenbüsche zu Jericho...« (Jesus Sirach 24).

Der gleiche Text des Buches Jesus Sirach beschreibt weitere Bäume und Kräuter – das ganze Land wird in einen blühenden, fruchtbaren Garten verwandelt – und mitten unter ihnen wächst der Baum, aus dem die Sophia selber spricht:

»Ich bin die Mutter der edlen Liebe,
die Frucht der Erkenntnis und der heiligen Hoffnung...
kommt her zu mir, die ihr meiner begehrt,
und sättigt euch an meinen Früchten« (Jesus Sirach 24).

Wenn Sophia hier als die Kraft geschildert wird, die aus der Wüste einen heiligen Garten zu machen versteht, so wird sie hier sehr ähnlich beschrieben, wie Hildegard die Grünkraft beschreibt – und Grün ist auch die bevorzugte Gewandfarbe der Sophia-Gestalt, die Hildegard in ihren Visionen schaut und die von ihrer Buchmalerin zu Bildern gestaltet wird.

In einen grünen, königlich-seidenen Mantel ist bei Hildegard die Sophia-Gestalt gekleidet, die den gesamten kosmischen Kreis füllt. Sie ist es, die den Kosmos von innen regiert. Sophia ist nach ihrer Vorstellung die lebendige Vermittlerin, Sachwalterin der sancta viriditas, des heiligen Grün.

Sophia ist lehrende Meisterin und Gesetzgeberin in einem, wie es die Gebotstafeln, die sie in ihrer linken Hand erhebt, veranschaulichen. Sie gleichen der in der christlichen Ikonographie üblichen Darstellung der Gesetzestafeln des Moses und sollen somit auf ein der Sophia anvertrautes, ein von der Sophia gegebenes »neues Gebot« hinweisen, über das sie wacht, das sie lehrt. Das Gesetz der Sophia widerspricht den Zehn Geboten nicht, sondern es umfaßt sie, schließt die Ordnung für die Menschen, die die Zehn Gebote des Moses benennen, in eine größere ein, die den ganzen Kosmos umfaßt.

Der Prophet Baruch bestätigt, daß die Thora, das Gesetz, nichts anderes als die Weisheit selbst sei: »Sie (die Weisheit, I.R.) ist das Buch der Gebote Gottes, die Thora, die ewig besteht. Alle, die an ihr festhalten, finden das Leben, die sie verlassen, verfallen dem Tod« (Baruch 4,1).

Diese Sicht der Weisheit als Thora, wie wir sie bei Hildegard finden, wird von Alttestamentlern wie H.H. Schmid bestätigt: »Die Weisheit ist die Naturordnung in der Schöpfung. Sie konkretisiert sich im Gewicht des Windes, im Maß des Wassers, im Gesetz des Regens, im Weg der Gewitterwolken (Hiob 28,23–27). Diese Weisheit wird bei Jesus Sirach ausdrücklich als die Thora bezeichnet.«[13] Als Weisheit ist die Thora nicht von Menschenhand geschriebenes Gesetz, sondern die Entelechie der Natur, die Naturordnung selber.

An der von der Buchmalerin des Codex von Lucca dargestellten Gestalt der Weisheit fallen die großen Augen auf, das übergroße Ohr. Als Schauende und Horchende wird sie vor allem anderen dargestellt. Sie ist ganz Auge, ganz Ohr: Hierdurch erschaut, erlauscht sie die geheime Schöpfungsordnung, die Beziehungen aller Dinge und Wesen zueinander, die Kräftefelder, die Vernetzungen. In der Linken trägt sie die Gesetzestafeln – die Gesetzmäßigkeiten der Lebensvorgänge – mit der Rechten, die sie nach oben geöffnet hat, empfängt sie, gibt sie lehrend weiter. Das königliche grüne Kleid unterstreicht ihren Rang: Das Grün gibt sie auch als Hoffnungsträgerin für das Leben auf der Erde zu erkennen. Die Gewandfalten, die in der mittelalterlichen Buchmalerei immer eine Bewegungsdynamik ausdrücken, kommen steil von der linken Schulter herab, die das Gesetz trägt, aber auch von der rechten, von der die offene Hand ausgeht, um sich im Schoß der Sophia, in drei parallelen Wellen, zu sammeln und, gewendet durch die Spiralwirbel um die Knie, wieder teils steil, teils in dynamischen Diagonalen in die Tiefe weiterzufallen – zur Menschenwelt hin oder, noch tiefer, in die Welt der Elemente.

Die große Gestalt der Weisheit ist von einem Kreis umgeben, den sie ausfüllt und »erfüllt«. Der Kreis, das runde Ganze, bedeutet Gesamtheit des Seins, des Göttlichen wie des Geschöpflichen.

Hildegard sah in ihrer Schau die obere Hälfte des Kreises in drei Felder aufgeteilt, die von der Malerin mit Gelb, Rot und Weiß gefüllt wurden. Für Hildegard symbolisieren sie das trinitarische Prinzip der Gottheit. Mit Rot könnte die Christus-Sphäre als die der Liebe dargestellt sein; mit Gelb, der Farbe des Heiligen Geistes, dessen Energie, die Erkenntnis und Erleuchtung bewirkt; mit Weiß die Sphäre Gottvaters als derjenigen des ungeteilten Lichtes. Die untere Hälfte des Kreises gibt die irdische Schöpfung wieder, wobei das linke Viertel mit den vier kleineren Zonen die vier Elemente symbolisiert, das Wasser zuoberst durch die blauen Wellenlinien dargestellt, das Feuer durch die rote Farbe, die Erde durch die beige und die Luft schließlich durch die tiefblaue Tönung.

Sophia ist das Zentrum des gesamten Kreises mit allen seinen Vierteln. Der obere Teil ihres Körpers mit Kopf und Händen ist ganz umgeben von den Farbsphären des dreieinigen Gottes. Vor diesem Hintergrund empfängt ihr Haupt den Geist, bekommt ihre geöffnete und gebende Hand die Tafeln mit dem uralt-neuen Lebensgesetz. Zugleich wird für die Betrachter des Bildes nur durch sie hindurch, als ihr Background gleichsam, die Dreieinigkeit, oder besser: das trinitarische Prinzip, deutlich. Hildegard liest dieses Dreiheitsprinzip ja immer wieder an den Dingen der Natur ab. Am Stein zum Beispiel Feuchtigkeit, Festigkeit und Feuer; an der Flamme Licht, Purpurhauch und Glut; am menschlichen Wort Hauch, Schall und Sinn; am Geschlechtsakt Libido, Potenz und Vereinigung – überall findet sie das trinitarische Prinzip.[14]

Der untere Teil des Sophia-Körpers ist in die Sphäre der Schöpfung mit ihren vier Elementen eingelassen: Sophia ist als Basis, mütterlicher Schoß und Mittelachse der gesamten Schöpfung erkennbar.

Es ist Hildegards gewaltigste Schau der Sophia, in der diese Gestalt fraglos göttliche Dimensionen annimmt. Hildegard schildert sie mit den folgenden Worten:

»Und siehe da: Mitten in diesem Rade erblickte ich auf der beschriebenen Linie abermals die Gestalt, die mir eingangs als die ›Liebe‹ genannt worden. Ich sah sie jetzt aber in einem anderen Schmuck, als sie mir früher erschienen war. Ihr Gesicht leuchtete wie die Sonne, ihre Kleider glänzten wie Purpur; um den Hals geschlungen trug sie ein goldenes Band, mit köstlichen Edelsteinen geschmückt. Sie hatte Schuhe an, die Blitzesleuchten ausstrahlten.«[15]

In der Weisheit erscheint Gott, die Gottheit zugleich in ihrer höchsten Schönheit. Von einer Frau geschaut, setzt dieses Bild der Weisheit auch die Schönheit wieder in ihren göttlichen Rang ein. Schönheit ist hier – vielleicht noch anschaulicher als in der mittelalterlichen Theologie überhaupt – eine Qualität des Göttlichen, ist Stimmigkeit, Glanz, Strahlung.

»Vor dem Antlitz der Gestalt erschien eine Tafel, die wie Kristall leuchtete. Und auf ihr stand geschrieben: ›Ich werde mich in schöner Gestalt zeigen, glänzend wie Silber; denn die Gottheit, die ohne Anbeginn ist, strahlt in großer Herrlichkeit. Jedes Ding aber, das einen Anfang hat, ist widersprüchlich in seinem schrecklichen Dasein; die Geheimnisse Gottes kann es nicht in vollem Erkennen begreifen.‹ Die Gestalt schaute auf die erwähnte Tafel und alsbald geriet die Linie, auf der sie saß, in Bewegung.«[16]

Wir müssen uns also von nun an diesen Kreis als Rad, also rotierend, vorstellen, so daß die untere Hälfte, symbolisch die Schöpfung, nach oben, sowie die obere Hälfte, symbolisch die Gottheit, nach unten bewegt wird. Eine Umkehrung der Werte setzt ein. Die Schöpfung kommt in den Zenit der Werte, die Gottheit in die Tiefe, wird gleichsam aus dem Unbewußten wirkend erfahren. Hier ahnen wir schon, daß diese Schau Hildegards weit über ihr individuelles Leben und Denken hinausweist, daß sich hier aus dem kollektiven Unbewußten der Menschheit Bilder formen, die in die Zukunft zielen und die erst unsere Generation heute zu realisieren beginnt. Auch die Widersprüchlichkeit alles Kreatürlichen, *»das einen Anfang hat«*, ist Hildegard wohl bewußt, es hat nämlich auch ein Ende. Doch Anfang und Ende, die Widersprüche des Daseins, schließt eine rotierende Radgestalt zu einer verbindenden Bewegung zusammen.

Das Rad selber und vor allem die Gewandfarbe der Sophia, Purpur, wird von Hildegard etwas anders gesehen, als es die Malerin dann gestaltet hat. Für Hildegard zeigt es sich so:

»Ein Rad von wunderbarem Umfang, das einer blendend weißen Wolke glich; nach Osten hin sah ich auf der linken Seite eine dunkle

Linie wie den Atem eines Menschen sich quer nach rechts hin erstrecken. Auf des Rades Mitte, oberhalb dieser Linie, erschien eine weitere Linie, schimmernd wie die Morgenröte, die von der Höhe des Rades bis auf die Mitte der ersten Linie herabkam.

Der obere Teil der Radhälfte sandte von der linken Seite aus bis zur Mitte einen grünen Glanz aus, während von der rechten Seite bis zur Mitte hin ein rötliches Scheinen erglänzte, und zwar so, daß diese beiden Farben den gleichen Raum innehatten. Die Hälfte des Rades aber, die quer unterhalb der Linie lag, zeigte eine weißliche, mit Schwärze vermischte Farbe.«[17]

Es ist äußerst bemerkenswert, daß die Schau damit beginnt, dieses Rad, »*das einer blendend weißen Wolke glich*«, mit einer dunklen Querlinie zu versehen, die sich von links nach rechts erstreckt, also eine Trennung vorzunehmen, eine Unterscheidung zwischen oben und unten. Die obere Radhälfte gehört den beiden Erscheinungsformen der göttlichen Lebenskraft, dem heiligen Grün und dem flammenden Rot des liebenden Feueratems je zu einem Viertel; die untere Radhälfte dem Weiß, das eigentümlich mit Schwarz vermischt ist: dem Helldunkel der geschaffenen Welt.

Die vier Farben, welche die Buchmalerin dem linken unteren Viertel zuordnet, entstehen in Hildegards Vision erst, als das Rad in Bewegung kommt:

»*Und da, wo diese Linie* (die schwarze Querlinie, I.R.) *in dem Rad mit seiner linken Seite verbunden war, wurde sogleich der äußere Teil des Rades... etwas wässerig und dann... rötlich und schließlich rein und leuchtend, dann aber wieder getrübt und stürmisch...*«[18]

Zu dieser abstrakten Figur des Rades, das Hildegard in staunenswerter Präzision erblickt, hört sie nun wieder »*eine Stimme vom Himmel*«, die es ihr erläutert:

»*Das Rad weist auf Gott, der ohne Anfang und Ende ist, hin. Die dunkle Linie kündet von Gottes Willen, das Zeitliche vom Ewigen zu trennen.*«[19]

Also geht es hier wirklich um die Unterscheidung der göttlichen Ewigkeitsdimension, um die Entstehung der Zeit. Die schwarze Linie ist bei Hildegard immer auch eine leidvolle, schmerzhafte Linie, die sich auch auf die wechselvolle menschliche Geschichte bezieht. Doch zugleich bezieht sich das göttliche Grün aus der oberen Hälfte wieder auf die irdischen Wesen:

»*Die grüne Linie meint das schöpferische Verhalten der Kreatur, das aus der grünen Lebensfrische menschlichen Wollens kommt.*«[20]

Farbtafel III: Das Weltall.

Farbtafel IV: Vom Urquell des Lebens.

Hildegard bezieht das Rad, das auf Gott hinweist, einerseits auf die Ganzheit des Kosmos und andererseits auf die Ganzheit der Seele. Ihre Bilder meinen immer Kosmisches, Physisches und Psychisches zugleich. Im Blick auf den Kosmos bedeutet es:

»*Wie nun die Ewigkeit vor Anbeginn der Welt keinerlei Ursprung hatte, so wird sie auch nach dem Ende der Welt ohne Ende sein: Anfang und Ende der Welt werden gleichsam in einen einzigen Kreislauf des Verstehens geschlossen.*«[21]

Sie kennt also Anfang, Ende und ein übergreifendes Prinzip. Im Blick auf die Seele erläutert sie:

»*Der ganze Kreis kann nun auf eine andere Weise auch auf das Heil der menschlichen Seelen hin ausgedeutet werden. Er bedeutet dann das Schicksal der Seele, die vorbereitet wird zur ewigen Beseligung.*«[22]

Das Sein im Kosmos hat für die Menschen zugleich eine Entwicklungsaufgabe und einen Entwicklungssinn: die Entfaltung ihrer Seele. Zu der Gestalt der Weisheit selber sagt die Stimme vom Himmel:

»*Daß du aber inmitten des Rades... wiederum die Gestalt siehst, die dir vorher als die Liebe genannt worden war, und diesmal mit einem anderen Schmuck als vordem angetan, das bedeutet: in jener Vollendung... ist dem Willen Gottes die Liebe gleichsam ruhend verbunden; denn die Liebe erfüllt jeden Willen Gottes. Die Liebe ist bald mit diesem, bald mit jenem Gewande geschmückt. Ihr Antlitz leuchtet wie die Sonne und mahnt daran, daß der Mensch jede Absicht seines Herzens auf die wahre Sonne richten soll. Ihr Gewand strahlt in Purpur, auf daß der Mensch, indem er sich aus dem Herzen der Barmherzigkeit ein Kleid macht, einem jeden Bittsteller so weit entgegenkomme, wie er vermag... Mit Schuhen, die wie Blitze ihre Schönheit ausstrahlen, ist sie angezogen, auf daß alle Wege des Menschen im Licht der Wahrheit lägen...*«[23]

Die Gestalt der Liebe bzw. der Sophia wird von der deutenden Stimme unmittelbar auf die ethischen Kräfte des Menschen bezogen: An ihrer Ausstrahlung kann er ablesen, was Weisheit bzw. Liebe heißt, und an beiden Anteil bekommen, an ihrem heiligen Grün als »*der Herzkraft himmlischer Geheimnisse*«.[24]

Ihre von Schönheit blitzenden Schuhe – für Hildegard sind Schuhe Ausdruck ihrer Träger – erweisen die Sophia als eine Kraft, die in Schönheit den Boden der Wirklichkeit berührt und die alle, die in ihre Fußstapfen treten, einen Weg in Schönheit, Wahrheit und Begeisterung – blitzendes Leuchten! – finden läßt.

Ist sie nun letztlich eine Gestalt der Liebe oder eine der Weisheit? Eine Gestalt der Liebe ist sie auf alle Fälle, so wird sie ja von Hildegard selbst ausdrücklich bezeichnet. Inwiefern verkörpert sie nun zugleich die Weisheit? Aufschluß gibt die neunte Vision (IX, 1[25]), die der bisher betrachteten (Visio X) vorangeht. Hier erkennt Hildegard in der ersten der beiden Gestalten, die ihr erscheinen, ausdrücklich »die Weisheit« (Farbtafel VIII). Die von ihr selbst diktierte Niederschrift ihrer Vision lautet:

»Darauf sah ich eine Gestalt, gegen Osten gewandt, deren Gesicht und Füße von einem solchen Glanz erstrahlten, daß dieser Glanz meine Augen blendete. Sie trug ein Kleid aus weißer Seide, darüber einen Mantel aus grüner Farbe. Dieser war mit den verschiedensten Edelsteinen reich geschmückt. An den Ohren trug sie ein Gehänge, auf die Brust fiel ein Halsband, an den Armen hatte sie Ringe, und alles war aus purem Gold und mit edlem Gestein verziert.«[26]

Zu dieser wunderschönen Erscheinung nun, die sich mit der Gestalt aus der schon beschriebenen Visio X in allem deckt, sagt die deutende Stimme, diese Gestalt zeige *»die Weisheit, deren Anfang und Ende die menschliche Vernunft übersteigt«.*[27]

Hier wird die Weisheit also ausdrücklich eingeführt und vorgestellt. Die Stimme erläutert weiter, vor allem im Blick auf die Bedeutung, die die besondere Kleidung der Weisheit in sich schließt:

»Das Seidenkleid weist hin auf die jungfräuliche Geburt des Gottessohnes, der grüne Mantel auf die Kreatur mit den ihr zugeordneten Menschen.«[28]

Das weiße Seidenkleid, das sie direkt auf dem Leib trägt, verbindet die Sophia unmittelbar mit »*der Geburt des Gottessohnes*«, wie es hier heißt. Mit dieser Geburt bekleidet und schmückt sie sich wie mit einem Gewand. Christus also ist ihr Kleid, genauer noch, da es um dessen »jungfräuliche Geburt« geht, Maria, die Mutter Jesu. Wer also auf dieses weiße, innerste Kleid blickt – Weiß ist die Farbe der unangetasteten Integrität und zugleich die der begnadeten Fülle[29] –, der wird zugleich auf Maria hingewiesen, der erahnt aber, unter diesem Kleid verhüllt, den lebendigen Körper der Sophia. Anders gesagt: Die Sophia verkörpert sich in Maria und durch Maria wiederum auch in Christus. So erkennt Hildegard in ihrer Schau die innige Verbundenheit zwischen Maria, Jesus und der Sophia, wenn man so will die Menschwerdung der Sophia in Maria bzw. in der Geburt des Christus. Dadurch haben Maria und vor allem auch Christus teil am Geist der Sophia.

Nun trägt die Weisheit über dem Kleid aus weißer Seide noch den Mantel in heiligem Grün, der mit vielfältigen Edelsteinen geschmückt, also sehr kostbar ist. Wir kennen diesen Mantel bereits aus dem Bild zu Visio X. Hier vernimmt nun Hildegard darüber hinaus noch die deutende Stimme, die ihr die Symbolik des grünen Mantels erläutert als Hinweis auf die Schöpfung mit den ihr zugeordneten Menschen. Der Schmuck sei ein Zeichen für die dem Menschen anvertraute Schöpfung.[30]

In dieser Erläuterung steckt der Keim für Hildegards Entwurf einer kosmischen Theologie: Die Schöpfung wird als der Mantel der Weisheit verstanden; durch ihren grünen, edelsteingeschmückten Mantel hindurch sehen wir also die Weisheit selbst. Für Hildegard sind Edelsteine erheblich mehr als Schmuck: Sie strahlen klärende und heilende Energien aus.[31] Dies tut auch die Weisheit durch die Steine dieses Mantels hindurch. Sie zeigt sich, offenbart und inkarniert sich in der ganzen Schöpfung, so gut wie in den Geschöpfen Maria und Jesus. Hören wir hierzu Hildegards eigene Erklärung:

»Daher war die Schöpfung gleichsam das Gewand der Weisheit, da sie ihr Werk bedeckt, wie auch der Mensch spürt, daß er ein Kleid anhat... Gott kann nicht geschaut werden, sondern wird durch die Schöpfung erkannt, so wie auch der Leib des Menschen seiner Kleider wegen nicht gesehen werden kann. Und wie der innere Glanz der Sonne nicht erblickt wird, so kann Gott von der sterblichen Kreatur nicht gesehen werden. Doch wird er durch den Glauben erkannt, wie auch der äußere Kreis der Sonne vom wachsamen Auge wahrgenommen wird.«[32]

Wenige Zeilen später hebt Hildegard zu einem richtigen Preislied der Weisheit an:

»Alle Ordnung der Weisheit ist sanft und milde..., daher muß die Weisheit mehr als alle Schönheit der Schöpfung geliebt werden und wird von allen heiligen Seelen als liebenswert erkannt, da sie sich nimmer an ihrem liebenden Anblick ersättigen können.«[33]

Der Schmuck, den die Weisheit trägt, ist also ein Zeichen für den Menschen, dem die ganze Schöpfung zugeordnet ist, der in Verantwortung für sie steht – er ist also die schönste Zier der Sophia, hebt deren Schönheit hervor, so wie der Schmuck die Schönheit einer Frau unterstreicht. Und wie der Mensch das kostbarste und schönste Schmuckstück in der Kleidung der Weisheit ist, so ist sie diejenige, die ihn trägt, die hinter ihm steht, zu deren Ehre er dient. Er ist engstens auf sie bezogen, ihr zugehörig: und zwar nicht als

Selbstzweck, sondern gemeinsam mit ihr als Vertreter der gesamten Schöpfung.

»Wie eine Person, die ein Kleid trägt, die Herrin, ja die Seele dieses Kleides ist, so ist die Sophia die Herrin, ja die Seele der Schöpfung, die ihr Mantel ist... Der Schmuck, den eine Frau trägt, unterstreicht und vollendet ihre Schönheit... Aber auch die Trägerin eines Schmuckes gibt diesem erst den richtigen Glanz, verhilft ihm zur vollen Wirkung. So ist die Sophia auch der innerste Glanz des Menschen, verhilft sie ihm erst zur vollen Wirkung, Strahlkraft und Würde.«[34]

Auch die Farben, die Sophias Kleid enthält, sind höchst bedeutsam: Es sind dies das Weiß des seidenen Kleides, das Grün des Mantels und das Gold des Schmuckes. Weiß ist die Farbe des ungebrochenen Lichtes, die Farbe der Integrität, der Anfänge – ein Mädchen mit weißen Schuhen empfängt in Visio I,1 des Scivias die Initialvision von dem Lichtherrlichen. Grün[35], als Farbe der Vegetation, ist die Farbe des Wachstums und des Lebens selbst, die Farbe der Hoffnung und bei Hildegard speziell die Viriditas der Natur und des Menschen. Gold[36] schließlich, mehr reiner Glanz als Farbe, Schimmer des edelsten Metalls, dem Strahlen der Sonne verwandt, vermag allem, an dem es aufleuchtet, etwas von höchster Kostbarkeit zu verleihen. Es weist die Sophia als solche, die Goldschmuck trägt, in ihrer hohen Würde aus, aber auch den Menschen, der als Sophias Schmuck charakterisiert ist. Daß die Weisheit hier überhaupt so schön gekleidet und geschmückt ist, entspricht einmal Hildegards weiblichem Empfinden, die sogar ihre Mitschwestern an hohen Festtagen als die Bräute Christi sich schön in lange farbige Seidenschleier kleiden und mit goldenen Reifen im Haar und Ringen schmücken ließ[37], entspringt aber auch einer alten Tradition von der Schönheit der Weisheit: »Die Weisheit ist schöner als die Sonne, sie ist strahlender als das Licht« (Weisheit 7,29).

Aus dieser Vision der Sophia gehen die beiden grundlegenden Erkenntnisse Hildegards über die Bedeutung der Weisheit hervor: Über das Verhältnis der Weisheit zur Schöpfung, die von ihr getragen wird wie ein Mantel und wie kostbarer Schmuck, während sie selbst die Trägerin und die Seele der Schöpfung ist (Farbtafel IX); aber auch über ihr Verhältnis zu Christus und vor allem zu Maria, in denen sie sich zeigt wie in einem weißen Seidenkleid, direkt auf dem Leib getragen, und in denen sie in persona erscheint. Also auch Sophia-Maria und Christus-Sophia bilden Erscheinungsweisen der Sophia.

Nun bedarf die anfangs erwähnte zweite Gestalt, die in der neunten Vision erscheint und der Sophia so nahe beigeordnet ist, der Erläuterung: Vor Hildegards Augen hat sie sich in folgender Gestalt gezeigt:

»In der Mitte der nördlichen Region sah ich eine weitere Gestalt, aufrecht stand sie da – eine wunderbare Erscheinung: Oben an ihres Hauptes Stelle erglänzte sie in solcher Herrlichkeit, daß dieser Glanz meinen Blick blendete. Mitten auf ihrem Bauch sah man das Haupt eines Menschen mit grauen Haaren und einem Barte; die Füße aber glichen den Klauen eines Löwen. Sechs Flügel hatte sie, von denen zwei von den Schultern aufwärts stiegen, indem sie sich, wieder rückwärts schwingend, vereinigten, und die genannte Herrlichkeit bedeckten. Zwei weitere Flügel erstreckten sich von der Schulter auf den Nacken des erwähnten Hauptes; die beiden letzten schließlich fielen von den Hüften dieser Gestalt bis zur Fußsohle nieder. Sie erhoben sich bisweilen, als ob sie sich zum Fliegen ausspannen wollten. Der übrige Körper aber war ganz und gar bedeckt von den Schuppen eines Fisches und nicht den Flügeln (bzw. Federn, I.R.) *eines Vogels.«*[38]

Diese Gestalt ist von eindrucksvoller, faszinierender Fremdartigkeit. Auf den ersten Blick erscheint sie wie ein Engel im Fischschuppenkleid, sechsflügelig und mit Löwenfüßen. In der Mitte ihres Leibes, im Umfeld des Sonnengeflechts, erscheint außerdem das Haupt eines bärtigen, alten Mannes. Schwebend, in Oranten-Stellung, nach rechts gewandt, erscheint dieses fremdartige Wesen. Das Geflügeltsein weist auf seine Zugehörigkeit zur Höhe, zur Luft- und Geistregion, auf seine Vogel-, ja Engelnatur hin, das Schuppenkleid wiederum auf die Zugehörigkeit zur Tiefe, zur Wasser- und Seelenregion, der Region des Unbewußten, auf seine Fisch-, ja Nixennatur. Dieses Wesen ist also, amphibiengleich, zugleich in der Höhe wie in der Tiefe zu Hause. Seine Löwenfüße weisen wohl auf die besondere Kraft hin, mit der es zugleich auf der Erde zu stehen und sich zu bewegen vermag. Zu den Füßen des Löwen, der, seiner Kraft und des Strahlenkranzes seiner Mähne wegen, als Sonnentier gilt, stimmt auch das Haupt dieses Wesens, das laut Hildegard in Visio IX eine solche Strahlkraft entfaltet[39], daß es den Blick blendet. Vielleicht ist dieses Bild, das dem der Weisheit so nahe zugeordnet ist, so etwas wie eine interpretierende Begleitfigur für diese selbst[40], ist sie doch von der frontal dargestellten Weisheit abgewandt und bewegt sich statt dessen auf die als winzige Miniatur in der unteren Ecke des Bildes erscheinende, schauende und schreibende Hildegard zu.

Dieses Wesen steht zwischen den beiden Frauengestalten, der überpersönlichen göttlichen Weisheit und der menschlichen Person Hildegards, einer »Schwester der Weisheit«[41], wie eine Mittlerin. Wenn nun auch dieses sechsflügelige Engelwesen möglicherweise eine Hypostase, eine Schwestergestalt der Weisheit wäre, das deren weitere Eigenschaften auffaltet, so bedeutete dies, daß die Weisheit auch die Fähigkeit hätte, Höhe und Tiefe, Fisch- und Vogelwelt, Geist, Seele und Leib zu verbinden, so daß ihr zugleich die Kraft und der Glanz einer Löwin innewohnte, jenes königlichen Sonnentieres, das die Sonne, die die Weisheit selber ist, verkörpert: »Sie, die Weisheit, ist des ewigen Lichtes Sonne, Abglanz, der Gotteskraft makelloser Spiegel« (Weisheit 7,26). In diesem Zusammenhang erläutert Hildegard mit den Schwingen dieses Wesens auch seine Vogel- und Geistnatur, gemäß derer das Schwingen der Flügel in die Höhe und Breite und Tiefe zeige, daß Gott alle himmlischen Geheimnisse recht und in Wahrheit geordnet habe. Das untere Flügelpaar versinnbildliche hingegen das jetzige und das zukünftige Zeitalter und damit das Schicksal der Welt.[42]

An diesen Deutungen Hildegards sehen wir, wie sie, dem Stil ihrer Zeit entsprechend, weit über den evidenten Bildgehalt ihrer Vision hinausgehend, reflektiert und allegorisierend interpretiert.

Der Fischleib wiederum weist nach Schipflinger auf die verborgene Natur der Fische hin, *»von denen man nicht weiß, woher sie stammen, wie sie wachsen und welchen Weg sie durch das Gewässer nehmen... Nach diesem Gleichnis ist auch das Ruhen Gottes auf verborgene Weise in die Welt gekommen und hat sich mitten in der Nacht enthüllt«*[43].

Tiefenpsychologisch bedeutet die Symbolik des Fischwesens, daß es als Wesen der Wassertiefe auch Tiefenerfahrungen wie Traum, Imagination und Intuition heraufbringt. Es liegt also nahe, mit Schipflinger »diese seraphische Geistgestalt als Symbol der Sophia selbst«[44] zu sehen, auch ihre Flügel selbst könnten auf die Sophia hinweisen, die auf ostkirchlichen Ikonen, wie gesagt, immer geflügelt dargestellt wird. Sie zeigen überdies deren Beweglichkeit, Mobilität und tänzerische Freiheit an. Das Fischschuppenkleid weist ebenfalls auf Geschmeidigkeit, nixenhaftes Kundigsein im Bereich des Wassers, der unbewußten Seelentiefe hin. Das Wasser ist ein altes Symbol des Lebens und der Weisheit. Spricht das Neue Testament nicht von einer »Wiedergeburt aus Wasser und Geist«? Die Sophia verbindet mit beiden Elementen; umfaßt in diesem

Fisch-Engel-Wesen beide Sphären, die der Lufthöhen und die der Wassertiefen, Spiritualität und unbewußte Seelentiefe, aus der die Träume aufsteigen, die Intuitionen, die Visionen – als Boten der Weisheit.

Das Greisenhaupt schließlich im Sonnengeflecht dieses Wesens will ihm wohl Reife, Fülle und erworbene Weisheit zuordnen, mag auch besagen, daß es das ältere Gottesbild des Vaters tief in sich aufgenommen hat, daß es »aus seinem Bauche« spricht. Hildegard selbst deutet das Greisenhaupt im Leib des Wesens auch als Rückbezug auf den Schöpfergott und dessen »ewigen Ratschluß«:

»*Das bedeutet, daß in der Durchführung der Werke Gottes der uralte Ratschluß der Erlösung des Menschen gelegen war, der eine hohe Würde der Geradheit (rectitudo) offenbart...*«[45]

Schließlich läßt sich die Engelgestalt dieses Wesens nicht übersehen und damit auch seine wichtigste Bedeutung: »Die geöffneten Arme lassen die Gestalt als Orante erscheinen, als ›betender Schutzengel der Welt‹.«[46] Die fünf Spiegel in den Flügeln der Orante schließlich weisen auf die »natürliche Ganzheit«[47] des Weiblichen hin, ist die Fünf doch auch die Symbolzahl der Ischthar, deren Symboltier wiederum ein geflügeltes Wesen, die Taube, war. Das Symboltier einerseits des Geistes und andererseits der Liebesgöttin, zudem die Fünfzahl des Weiblichen, lassen sich mit den fünf Spiegeln zu diesem seraphischen Flügelwesen assoziieren. Die Spiegel auf den Flügeln tragen Inschriften[48], die das Geheimnis dieses Wesens noch weiter ausdeuten. So lautet die eine »Weg und Wahrheit«, die andere »Ich bin die Pforte aller Geheimnisse Gottes« oder »Ich weise hin auf alles Gute« – lauter Worte, die, der Weisheit in den Mund gelegt, diese noch weiter ausdeuten. Wenn dieses Wesen bei Hildegard selbst auch als eine Gestalt der göttlichen Allmacht[49] benannt wird, so läßt sich hier die Allmacht auch als eine Qualität der Sophia verstehen: »Dieses außerordentlich aussageintensive Weisheitssymbol neben der figürlich dargestellten Weisheit will uns auch das Wesen, die Funktionen und die Eigenschaften der Sophia erklären, was sich in einem figürlichen Menschenbild nicht ausdrücken läßt.«[50]

Zusammenfassend läßt sich sagen, daß sich in diesem Fisch-Vogel-Wesen, Fisch-Engel-Wesen in Hildegards Schau die beiden Bereiche verbinden, die das Menschliche überschreiten und – tiefenpsychologisch gesehen – doch zu ihm gehören: das Geflügelt-Engelgleiche als sein Bezug zur Transzendenz und Spiritualität, das

Schuppig-Fischgleiche als sein Bezug zur unbewußten, nixengleichen Tiefenpsyche, der Körperseele: mit beidem verbindet ihn die Weisheit.

In einer viel früheren Vision Hildegards, noch aus dem Scivias-Buch (Visio III,9), ist die Weisheit-Sophia in ihrer ethischen Relevanz, als Königin der Gotteskräfte dargestellt. In Oranten-Geste steht sie über ihrem »Haus mit den sieben Säulen«, das seit einem Bildwort im Buch der Sprüche (Sprüche 9) zur wichtigsten Weisheitstradition gehört, und trägt durch ihr Gebet dazu bei, daß der bedrängte Turm, der schon in gefährlich schiefer Lage steht, nicht gänzlich stürze. Der von Feinden bedrängte Turm ist hier die Christenheit, die Kirche, wie Hildegard ausführt. Das Haus der Weisheit, von ihr selbst bewohnt und gekrönt, stellt das stärkste Gegengewicht zu dem wankenden Turm der Kirche dar.

Die Figuren zur Rechten und zur Linken der Sophia personifizieren ethische Kräfte, sind interpretierende Begleitfiguren ihrer selbst: zum Beispiel die große Frau mit dem Schriftband, die an der Spitze aller anderen steht und sich dem stürzenden Turm entgegenstellt: Sie ist »die Gerechtigkeit«, die neue Ordnung und Frieden mit sich bringt. Der erste Mann in Ritterrüstung in der Gruppe links von der Sophia steht für die Stärke, die das Ungute niederzuringen vermag, die dreiköpfige Gestalt hinter ihm für die Heiligkeit, in der sich Wahrhaftigkeit und Güte verbinden. Das »Haus mit den sieben Säulen« nun, das die Sophia selber erbaut, gilt in der Weisheitsliteratur als das vollkommene Haus, der Tempel Gottes, von der Weisheit bewohnt und von ihr erfüllt:

»Die Weisheit hat ihr Haus gebaut, hat ihre sieben Säulen aufgestellt, ihr Vieh geschlachtet, ihren Wein gemischt, auch hat sie ihre Tafel schon gedeckt. Sie sandte ihre Mägde aus und ruft am Vorsprung bei der hohen Burg der Stadt: ›Wer ungelehrt ist, biege hierher ein, und wem die Einsicht fehlt, dem will ich künden: Kommt her, genießt von meinem Brot und trinkt vom Wein, den ich gemischt! Gebt Torheit auf, damit ihr lebt, und schreitet auf der Einsicht Pfad!‹« (Sprüche 9,1–6).

Herzlich und dringlich werden alle Ungelehrten, alle »Toren« eingeladen, an dem Festmahl teilzunehmen, das die Weisheit ihnen bereitet hat. Dieses Haus ist in Hildegards Schau dem wankenden Turm der zeitgenössischen Kirche gegenübergestellt, an deren Weisheitsdefizit sie bitter leidet. An einer Stelle nennt sie übrigens auch ein menschliches »Haus der Weisheit«: die Frau. Die Frau als

»Haus der Weisheit« – das wäre eine Verheißung für jede Frau, die sich künftig auf die Sophia zu beziehen beginnt, als »Schwester der Weisheit«, wie sie bei Hildegard grundsätzlich genannt wird. Dies wäre eine Vision für die Frau schlechthin.

Sowohl den Turm als auch das Weisheits-Haus sieht Hildegard sehr plastisch, ja originell im Vergleich zur Tradition:

»Danach sah ich... einen Turm in hell leuchtendem Glanze. Der Turm war in seinem Aufbau noch unvollendet, doch schafften sehr viele Arbeiter mit großer Geschicklichkeit und Schnelligkeit eifrig daran... und schon krönten ihn in der höchsten Höhe ringsum sieben wunderbar stark gebaute Brustwehren. Eine Leiter führt vom Inneren des Gebäudes bis zu seiner Spitze hinauf. Auf ihren Stufen sah ich von unten bis oben eine Schar von Menschen stehen, feurigen Antlitzes, in weißen Kleidern und schwarzen Schuhen. Einige unter ihnen hatten zwar das gleiche Aussehen wie die übrigen, übertrafen sie aber an Größe und Glanz. Sie blickten mit liebender Aufmerksamkeit auf den Turm...«[51]

Sehr anschaulich sind hier die verschiedenen Menschen, die im Turm und dem dazugehörigen Gebäude aus- und eingehen, beschrieben, auch in ihrem Umgang mit dem Lichtgewand, das sie wie alle diejenigen bekommen haben, die in das Gebäude eintreten. Schwarze Schuhe tragen sie wohl noch, weil sie von draußen, aus dem Schatten und von dunklen Wegen kommen. Auch hier spüren wir wieder Hildegards Art und Weise, die Einstellung eines Wesens durch die Farbigkeit seiner Kleider und Schuhe wahrzunehmen. Plastisch schildert sie die Gegner:

»Weiter sah ich einige voll Schmutz und ganz schwarz, wie von Wahnsinn getrieben, von Nordosten kommen und in das Gebäude einbrechen. Rasend tobten sie gegen den Turm und zischten wie Schlangen gegen ihn. Doch ließen andere von dieser Torheit ab und wurden rein. Andere dagegen beharrten in ihrem Frevel und Schmutz...«[52]

Von einem Turm, der das Anwesen des Weinbergbesitzers, Gottes, schützt, spricht eines der Weinberggleichnisse im Neuen Testament. Auch der Turm in Hildegards Schau hat siebenfache Brustwehr, wie das Weisheits-Haus sieben Säulen. Durch diese Siebenzahl werden die beiden Gebäude noch enger aufeinander bezogen. Durch die Sieben, die Zahl der Weisheit, hat die Ecclesia an der Weisheit teil. Der Beschreibung des Turmes folgt unmittelbar die Schilderung der sieben Säulen der Weisheit:

»Nun erblickte ich... dem Turm gegenüber sieben weiße, wunderbar gerundete Marmorsäulen... Sie waren sieben Ellen hoch und trugen oben einen eisernen runden Sockel, der sich anmutig ein wenig emporwölbte. Auf der Höhe des Sockels stand eine überaus schöne Gestalt. Sie schaute in die Welt, zu den Menschen hinab. Ihr Haupt strahlte wie der Blitz in solch blendendem Glanze, daß ich es nicht in voller Klarheit schauen konnte. Ihre Hände legte sie ehrfürchtig an die Brust. Ihre Füße waren meinem Blick durch den Sockel entzogen. Ein funkelnder Lichtreif krönte ihr Haupt. Mit einer goldenen Tunika war sie bekleidet, und in dieser lief ein Band von der Brust herab bis zu den Füßen, geschmückt mit kostbaren Gemmen in grüner, weißer, roter und goldener, von Purpurlicht durchschimmerter Farbe. Und sie rief den Menschen, die in der Welt waren, zu: ›Ihr Säumigen, warum kommet ihr nicht? Würde euch nicht Hilfe zuteil, wenn ihr hinzutreten wolltet? Kaum fanget ihr an, den Weg Gottes zu laufen, da schreckt euch das Brummen von Mücken und Fliegen zurück. Ergreifet doch den Fächer der Eingebung des Heiligen Geistes, und vertreibet sie so rasch wie möglich von euch...‹«[53]

In eine originelle Ermahnung und Ermunterung – Hildegard ist insektenkundig – münden die Worte der Weisheit hier ein.

Diesmal ist die Weisheit mit funkelndem Lichtreif und goldener Tunika bekleidet – also in der Farbe des Lichtes und des edelsten Metalls selber. Die Farben, die wir aus der zuerst beschriebenen Vision, der Sophia im kosmischen Rad, kennen – Grün, Weiß, Rot und Gold – finden sich hier in den Edelsteinen, die ihr Brustband schmücken. Hildegard schreibt zu diesen Farben im Blick auf das heilsgeschichtliche Wirken der Weisheit:

»Häufig offenbart sich das Wirken der Weisheit wie der Glanz reinsten Goldes. Von Weltenbeginn an, da sie zuerst offen in Erscheinung trat, zielte sie auf das Ende der Zeit hin. Sie wandelte gleichsam eine einzige Bahn...: in der ersten Pflanzung sprossenden Grüns, den Patriarchen und Propheten, die in Elend und Mühe nach dem Sohne Gottes seufzten und mit großer Inbrunst um seine Menschwerdung flehten; dann in der blendend weißen Jungfräulichkeit der Jungfrau Maria; später in dem starken rotfunkelnden Glauben der Märtyrer und endlich in der purpurn aufleuchtenden Liebe der Beschauung, die Gott und den Nächsten mit der Glut des Heiligen Geistes umfangen soll. Und so wird sie weiterschreiten bis zum Ende der Welt.«[54]

Hier sind die Farben – Hildegards Beitrag zu einer Farb-Theologie – also auch »heilsökonomisch« eingeordnet: vom Grün der hoffenden Propheten über das Weiß des Neubeginns in Maria und das Rot der leidenschaftlichen Blutzeugen bis hin zum Purpur des spirituellen Lebens in Weisheit und Nächstenliebe, wie es in Hildegards Gegenwart gesucht wird.

In der deutenden Beschreibung Hildegards zu ihrer Vision gibt sie noch einmal eine leuchtende Darstellung der Weisheit als Schöpfungsmittlerin und Königin aller Gotteskräfte:

»Daß du aber auf der Höhe dieses Sockels eine überaus schöne Gestalt erblickst, das bedeutet, daß diese Kraft vor jeglichem Geschöpf im höchsten Vater war. In seinem Ratschlusse schuf sie die Ordnung aller geschaffenen Gebilde im Himmel und auf Erden.«[55]

Doch die weitere Aussage führt noch darüber hinaus:

»Als herrlichster Schmuck leuchtet sie in Gott, als der vollendete Schritt im Reigen der übrigen Gotteskräfte, denn sie ist in innigster Umarmung Gott vereint im Dreierrhythmus der brennenden Liebe.«[56]

Drei bedeutende Aussagen über die Sophia vereint diese eine Textseite aus Hildegards Scivias: Sophia ist der Schmuck Gottes, so wie die Schöpfung der Schmuck der Weisheit ist. Gott als die innerste Gestalt umgibt sich mit Sophia; Sophia wiederum umgibt sich mit der Schöpfung. Gottes Schönheit also wird sichtbar durch Sophia hindurch, und sie wiederum ist getragen von Gott; sie ist der vollendete Tanzschritt im Reigen der Gotteskräfte: Als vollkommene Tänzerin wird sie hier gesehen. Das Spielerische, Künstlerische an der Weisheit, wie es schon in den Texten des Alten Testaments hervorleuchtet, tritt hier reizvoll in Erscheinung. Kann es einen bei dieser Weisheitsvorstellung Hildegards verwundern, daß sie ihre Mitschwestern möglicherweise lehrte, als Schwestern der Weisheit und im Geiste Sophias mit ihr zu musizieren und liturgische Tanzschritte zu vollziehen, auch für den Gottesdienst, selbst wenn dies kritisches Aufsehen in Nachbarklöstern erregte?[57]

Doch wird hier noch ein Höchstes und Letztes über die Weisheit gesagt: *»Sie ist in innigster Umarmung mit Gott vereint«*, so wie nach Hinduvorstellung die liebende Shakti mit ihrem Gott vereint ist. Die Weisheit ist Gottes Geliebte und Braut im *»Dreierrhythmus der brennenden Liebe«*. Reicht das nicht fast an die Aussage heran – oder weckt doch zumindest die Imagination –, daß die Weisheit mit dem trinitarischen Gott vereint sei und ihn um ein Viertes, um Bezogenheit, ergänzt, so daß sie zum Zentrum dieses göttlichen Dreiecks würde? Für Hildegard hatte sie jedenfalls göttliche Funktion:

»Sie schaut in die Welt, zu den Menschen herab, weil sie die, die ihr folgen wollen, immerdar unter ihrem Schutze leitet und bewahrt. Sie liebt sie mit großer Liebe, denn sie sind fest gegründet in ihr. Die Gestalt sinnbildet ›die Weisheit‹ Gottes‹.«[58]

Doch selbst in ihrer göttlichen Funktion wahrt sie ihre Verborgenheit und ihre Zurückhaltung, die sie zugleich unwiderstehlich machen:

»Denn die Weisheit hält gleichsam weise zurück mit ihrer Macht, indem sie jedes Werk so lenkt, daß niemand ihr auf irgendeinem Gebiete, weder durch Klugheit noch durch Macht, widerstehen kann.«[59]

In ethischer und ästhetischer Perspektive ist also dieses vierte Bild von der Weisheit als »Königin der Gotteskräfte« bedeutsam.

Abschließend möchte ich noch die achte Schau aus »Welt und Mensch« beschreiben, den »Brunnen des Lebens« beziehungsweise »der Weisheit« (Farbtafel XI). Im Lebensbrunnen des Geistes erscheinen drei Gestalten: die Liebe, die durch die Weisheit wirkt, die Demut und der Friede. Hildegard beschreibt ihre Vision:

»Ich schaute drei Gestalten. Zwei davon standen in einem ganz lauteren Brunnen, der rings umgeben und oben gekrönt war von einem runden, durchbrochenen Stein. Sie schienen gleichsam in ihm verwurzelt zu sein, so wie Bäume mitunter scheinbar im Wasser wachsen. Die eine Gestalt war umgeben von purpurnem Schimmer, die andere von blendend weißem Glanz, so sehr, daß ich sie nicht vollkommen anzuschauen vermochte. Die dritte Gestalt stand außerhalb des Brunnens über dem genannten Stein, angetan mit einem blendend weißen Gewand; ihr Antlitz strahlte von solcher Herrlichkeit, daß mein Gesicht davor zurückwich. Vor diesen Dreien erschienen gleich Wolken die seligen Stände der Heiligen, die sie aufmerksam anblickten.«[60]

Wir wollen uns auch diesmal zunächst in den Bildgehalt dieser Schau vertiefen: Da erscheinen die drei Gestalten in enger Verbindung mit einem Brunnen. Ein Brunnen, dazu ein ganz lauterer, reiner, das ist ein Wasserquell, gefaßt von Menschenhand, damit sich das Wasser sammle, sich nicht ziellos verlaufe; und damit auch verfügbar sei für Mensch und Tier. Wasser ist lebensnotwendig, kaum länger als drei Tage kann ein Mensch ohne Wasser überleben.

Hildegard kennt die Wichtigkeit guter Brunnen und Wasseranlagen aus eigener Anschauung. Beim Bau neuer Klöster – zwei Abteien wurden unter ihrer Regie errichtet – hatte sie sehr darauf zu achten. Ihre Klöster hatten aufgrund sorgsamer Brunnen- und Leitungsanlagen fließendes Wasser in allen Wirtschaftsräumen.[61] Ein Brunnen hat Tiefe, hat Sammlungsvolumen, was an Weibliches, an den fruchtbaren Leib der Frau erinnert, und meist einen stabilen, gut gemauerten Abschluß, den Brunnenrand, der ihn zugleich schützt und den Zugang zu ihm und zu seinen Wassern bildet. In diesem Fall ist es ein runder, durchbrochener Stein, der ihn rings umgibt und seinen krönenden Abschluß bildet. Für alles, was frisch aufquillt und so lebendig und lebensnotwendig ist wie Wasser, bildet der Brunnen ein Gefäß, einen schützenden, sammelnden Quellraum, für das lebendige Wasser also oder, symbolisch, für das Wasser des Lebens, die dynamischen Ressourcen der Seelentiefe, des Unbewußten.

An solch einem Brunnen nun erscheinen wie Quellnymphen – wie Parzen, Moiren, Nornen, die auch gerne zu dritt auftreten – drei Gestalten. Hildegard hat diese drei Personen als weibliche verstanden, wie es auch die Darstellung von Hildegards Buchmalerin nahelegt. In drei Gestalten erschien übrigens auch die griechische Göttin: als die reife Frau Demeter, der die jugendliche Persephone und die greise Hekate beigesellt waren, als Auffaltungen ihres Wesens und ihrer Wandlungen.[62] Wo diese drei auftreten, geht es um die Zeit, um das Zusammenspiel von Vergangenheit, Gegenwart und Zukunft.

Zwei von ihnen gründen so tief in dem Brunnen, daß sie der Seherin »gleichsam in ihm verwurzelt zu sein« scheinen, »so wie Bäume mitunter scheinbar im Wasser wachsen«.[63] Hier bringt Hildegards Schau gleichsam assoziativ auch noch das Bild von Bäumen mit ins Spiel, die tief mit dem Leben verbunden sind, so wie »der Baum gepflanzt an den Wasserbächen, der seine Frucht bringt zu seiner Zeit und seine Blätter verwelken nicht«, den der erste Psalm ausmalt. Das Baumbild und das Brunnenbild greifen hier ineinander über. Wie Bäume also wurzeln die beiden Gestalten im Brunnen, von denen die eine vom Purpurschimmer, die andere von blendend weißem Glanz erstrahlt. Purpur ist die Königsfarbe, die Farbe des Blutes, also der Liebe, des Leidens und der leidenschaftlichen Hingabe, auch an die Kontemplation[64], wie wir es in Hildegards Erläuterung zu dem letzten Bild sahen. Der blendend weiße Glanz meint Ungebrochenheit, Neuanfang, aber auch Vollendung. Vor allem aber zeugt er bei Hildegard immer wieder von einer solch überwältigenden Ausstrahlung der entsprechenden Gestalten, daß ihr Auge dem kaum standhalten kann. Es ist geblendet und kann sie nur annähernd wahrnehmen. Dieser überirdische Glanz erweist die begegnenden Gegenüber als Lichtgestalten, die der Sphäre der Transzendenz angehören.

Eine dritte Gestalt ist dem Brunnen offenbar entstiegen, steht oben auf dem krönenden Stein des Brunnens, auch sie lichtweiß gekleidet, während ihr Antlitz »*von solcher Herrlichkeit erstrahlt, daß mein Gesicht davor zurückwich*«.[65]

Zuletzt sieht die Seherin, daß Heilige »gleich Wolken« erscheinen, die sogenannte »Wolke der Zeugen«, wie das Neue Testament die Bekenner und Märtyrer der ganzen Glaubensgeschichte nennt, und daß sie alle, wie Hildegard selbst, aufmerksam und ergriffen auf die drei Gestalten beim Brunnen blicken. Hildegard hört sie selber sprechen:

»*Die erste Gestalt* (also die im Purpurschimmer, I.R.) *sprach: Ich, die lebendige Liebe, bin die Herrlichkeit des lebendigen Gottes. Die Weisheit hat mit mir ihr Werk gewirkt, und die Demut, die im lebendigen Quell verwurzelt ist, ist meine Gehilfin; ihr ist der Friede verbunden.*«[66]

Damit hat die erste Person, die Doppelerscheinung Liebe-Weisheit, bereits die anderen beiden Gestalten vorgestellt, die Demut und den Frieden. Eigentlich sind sie vier: Das würde der symbolischen Vierheit als Ganzheit des Weiblichen entsprechen. (Übrigens erscheinen im schon erwähnten Demeter-Mythos vier Töchter des Keleos am Brunnen, um die dort trauernde Demeter ins Leben zurückzuholen.[67]) Dann spricht die Doppelerscheinung, die Zwillingsperson Liebe-Weisheit ganz so, wie wir es von der Weisheit als Mitschöpferin kennengelernt haben:

»*Ich habe den Menschen entworfen, der in mir gleich wie ein Schatten seine Wurzeln findet, so wie man den Schatten eines jeden Dinges im Wasser erblickt. So bin ich ein lebendiger Brunnen, da alles Geschaffene wie ein Schatten in mir ist.*«[68]

Mit diesen »Schatten«, die sich im Wasser spiegeln und zugleich aus ihm emportauchen, meint sie wohl im platonischen Sinn die Urbilder aller Dinge und Wesen, die bei ihr jedoch nicht aus dem Himmel herab-, sondern aus der Tiefe des Brunnens emporsteigen, um sich zu realisieren. Zugleich setzt sie diesen unerschöpflich-schöpferischen Brunnen mit dem Schöpfergeist Gottes gleich (der damit auch aus dem kollektiven Unbewußten schöpft):

»*Der lebendige Brunnen aber ist der Geist Gottes; ihn hat Gott in all seine Werke aufgeteilt. Aus diesem Quell leben sie, von ihm haben sie das lebendige Leben, wie auch der Schatten aller Dinge im Wasser* erscheint, und es gibt kein Ding, das ganz und gar erkennen könnte, wodurch es lebendig sei; es spürt vielmehr nur dunkel, wodurch es bewegt wird.«[69]

Nach dieser Deutung des Brunnens als Geist Gottes heißt es von der Seele des Menschen:

»*Und wie das Wasser alles, was in ihm ist, fließend macht, so ist auch die Seele ein lebendiger Geisthauch (vivens spiraculum), der immerfort im Menschen west und ihn durch Wissen, Sprechen, Denken und Wirken gleichsam fließen macht.*«[70]

Die Seele des Menschen entspringt also direkt diesem Geistbrunnen Gottes und gleicht dem lebendigen Wasser. Nun spricht Hildegard im Zusammenhang mit diesem Brunnen direkt vom Wirken der Weisheit:

»*In diesem Schatten verteilt die Weisheit alles in gleichem Maße, damit nichts in seinem Gewicht ein anderes überschreitet und nichts von einem anderen in sein Gegenteil bewegt werden könne. Aus ihrem eigenen Wesen und durch sich selbst bildete sie alles voll Liebe und Zartheit...*«[71]

Wieder wird von ihr gesprochen wie von einer Göttin, der ersten und der letzten, die alles aus ihrem eigenen Wesen bildete.

Eine besondere Gabe der Weisheit ist der Sinn für das Maß und das Maßhalten, der Weisheit geht Gerechtigkeit über alles. Für Hildegard verkörpert sie in besonderem Maße die Gabe der discretio[72], der Unterscheidungsfähigkeit, die zugleich dafür einsteht, daß nichts das rechte Maß, und vor allem nicht die Grenze des anderen, überschreite. Das gilt bei ihr für menschliche Beziehungen ebenso wie für die Elemente und Gestirne.

Auch sich selbst und ihr Wirken und Schreiben sieht Hildegard hier ausdrücklich als ein Werk der Weisheit an, sieht sich unter dem Blick der Weisheit:

»*Sie selbst (die Weisheit, I.R.) betrachtet ihr Werk, das sie im Schatten des lebendigen Wassers zur rechten Bestimmung geordnet hat, indem sie etwa durch die genannte ungelehrte Frau (Hildegard, I.R.) gewisse ›natürliche Kräfte verschiedener Dinge‹, ferner Schriften über ›das verdienstliche Leben‹ und gewisse andere tiefe Geheimnisse offenbar machte, die diese Frau in wahrer Vision erschaute, wodurch sie sehr geschwächt wurde.*«[73]

Diese Stelle spielt auf Hildegards naturkundlich-medizinische Schriften sowie auf das »Buch der Lebensverdienste«, ihre Ethik, an. Alles, was sie schaut und von daher niederschreibt, wird von Hildegard also als das Werk der Weisheit, die durch sie hindurch wirkt, angesehen. Wenige Absätze zuvor hatte sie im Zusammenhang mit *»dem Schatten aller Dinge im Brunnen«* auch schon ihr Buch Scivias erwähnt:

»Aus diesem Schatten ist auch die Schrift Scivias hervorgegangen, gestaltet von einer Frau, die gleichsam nur ein Schatten von Kraft und Gesundheit war...«[74]

So versteht sich Hildegard in all ihrem besonderen Sein und Tun als Tochter und Freundin der Weisheit. Auch an dieser Stelle sieht sie das Wirken der Weisheit nicht nur auf die Schöpfung, sondern auch auf die Heilsgeschichte bezogen, wie wir es bei der Auslegung ihrer früheren Visionen schon beobachtet haben:

»Die Weisheit hatte vor allem auch die Worte der Propheten und anderer Weisen, wie auch der Evangelisten aus dem lebendigen Quell geschöpft, und sie hatte diese Worte den Jüngern des Gottessohnes überliefert, damit durch sie die Flüsse des lebendigen Wassers über die ganze Welt hin ausgegossen würden, durch die dann die Menschen, wie Fische im Netz gefangen, zum Heil zurückgeführt werden können.«[75]

Die Bibel also, Altes und Neues Testament, ist für sie eine »Schöpfung der Weisheit«, und sie nimmt vorweg, was neutestamentliche Forscher[76] heute wieder belegen: daß die neutestamentlichen Schriftsteller, die Evangelisten, überlieferte Worte der Weisheit Jesus in den Mund legten, um ihn als menschgewordene, verkörperte Weisheit zu verstehen und zu verkünden.

Zuletzt hebt Hildegard noch einmal zu einem Lobpreis des Lebensbrunnens und der in ihm wurzelnden Liebe und Weisheit an:

»Der springende Quell des lebendigen Gottes ist Lauterkeit, in ihr spiegelt sich seine Herrlichkeit! In diesem Glanz hat Gott mit großer Liebe alle Dinge umschlossen, deren Schatten im springenden Quell erschienen sind, bevor Gott sie in ihrer Gestaltung hervorgehen ließ. In mir, der Liebe, spiegelt sich alles Sein.«[77]

Die drei Gestalten versinnbildlichen diese Gotteskräfte:

»Die Liebe ist Gott, der in Demut Mensch ward. Von oben brachte er den Frieden, der allerdings in der Verwirrung der schwankenden Welt hart umkämpft werden muß und nur schwer gehalten werden kann...«[78]

Da die Weisheit, wie wir uns verdeutlicht haben, die rechte Ordnung in der Natur und im Kosmos verkörpert, erwirkt sie auch unter den Menschen Frieden und Gerechtigkeit.

Zur zehnten Schau in »Welt und Mensch« gehört auch eine Vision des kommenden Friedensreiches, die von Vorstellungen aus der Johannes-Offenbarung inspiriert sein mag:

»In diesen Tagen werden liebliche Wolken und zarte Luft die Erde berühren und sie von Grünkraft und Fruchtbarkeit überquellen lassen.«[79]

Hildegard setzt voraus, daß die Grünkraft frei quellen kann, wenn die Menschen sich wieder rückbesinnen auf den Brunnen der Weisheit und der Gerechtigkeit. Denn es war der für die Erde verantwortliche Mensch, der die Grünkraft verdorren ließ, indem er sich selbst von ihrer Quelle, dem Brunnen des Lebens, abschnitt. Nun aber, zur Zeit dieses Friedensreiches, wird sie wieder strömen:

»Denn die Menschen werden sich alsdann ganz auf die Gerechtigkeit vorbereiten, die in dem erwähnten Zeitalter weibischer Schwäche der Erde gefehlt hat, da die Elemente, verletzt durch die Sünden des Menschen, damals in all ihren Diensten in Unordnung geraten waren.«[80]

Die Gerechtigkeit wird der Natur wie dem Menschen den rechten Weg bereiten:

»Die Fürsten und das ganze übrige Volk werden Gottes Satzungen richtig anordnen. Alle Waffen, die zum Morden der Menschen angefertigt wurden, werden sie verbieten und nur solche Eisengeräte noch zulassen, die zur Kultur des Ackers gebraucht werden und überhaupt für den Nutzen des Menschen Verwendung finden... Und wie dann die Wolken einen milden und rechten Regen für die Fruchtbarkeit des rechten Keimens entsenden, so wird auch der Heilige Geist den Tau seiner Gnade mit Weissagung, Weisheit und Heiligkeit in das Volk gießen, so daß es, wie umgekehrt, einen anderen guten Lebenswandel führt... In diesen Tagen wird aus Gotteskraft heraus der wahre Sommer herrschen, weil dann alle in Wahrheit fest dastehen: Priester und Mönche, Jungfrauen und die sonst Enthaltsamkeit üben, wie auch die übrigen Stände werden in ihrer Rechtschaffenheit dastehen, indem sie gerecht und gut leben und alle Üppigkeit und den Überfluß an Reichtümern abschütteln.«[81]

Zum gerechten Ausgleich gehört das Ablegen des Überflusses, was auch wieder eine Auswirkung auf das Klima der Natur haben wird:

»Denn wie durch den Ausgleich der Wolken und der Lüfte die Lebensbedingungen für die Fruchtbarkeit alsdann eben geschaffen werden, so wird auch der Keim des geistlichen Lebens dann eben durch Gottes Gnade aufsprießen. Die Weissagung wird offenkundig sein,

die Weisheit zart und kräftig, und alle Gläubigen werden sie darin wie in einem Spiegel betrachten... Die wahren Engel werden dann den Menschen vertraulich anhangen, da sie bei ihnen den neuen und heiligen Wandel sehen...«[82]

Das Klima also kann sich ausgleichen – da nicht mehr ständig durch ausbeuterische Menschen irritiert – und auch das geistig-spirituelle Klima wird sich erneuern. Die Gabe der Weissagung – ein prophetisches Wissen um das, was die Stunde schlägt in Gegenwart und Zukunft – wird einen neuen Stellenwert bekommen samt Selbstreflexion und Selbstkritik im Spiegel der Weisheit.

Eigentümlich, daß auch von einer Wiederkehr der Engel die Rede ist, die dem weisheitlich orientierten Menschen von sich aus »*vertraulich anhangen*« werden. Trägt nicht unsere Zeit – trotz ihrer zerstörerischen Züge – auch einige Anzeichen dieser verheißenen Epoche: eine große Friedenssehnsucht und das erwachende Interesse vieler an Selbstreflexion, Spiritualität und Aktivität im Geiste der Weisheit und der Schöpfung?

Zum Frieden gehört bei Hildegard die Schwestergestalt der Demut, die wir hier nicht im Sinne der Selbstentwertung, sondern der humanitas, der Erdverbundenheit – humus, Erde, steckt im Begriff der humanitas – verstehen sollten. Die Demut, die sich – mit allen Wesen verschwistert – nicht über andere erhebt, sondern deren Grenzen – wie die eigenen – achtet, mit dem Augenmaß, das die discretio, die diskrete Unterscheidungsfähigkeit, Hildegards Kardinaltugend, verleiht. Sie ist friedenstiftend. Demut und Frieden jedenfalls sind Schwesterngestalten zu der im Brunnen am tiefsten wurzelnden Zwillingsperson der Liebe-Weisheit.

Darf man diese nun, abschließend gefragt, grundsätzlich bei Hildegard als Zwillingsperson ansehen, diese Liebe-Weisheit? Die theologische Spur, der ich hier folge, nämlich daß »die Hildegardsche Symbolgestalt der Liebe... eigentlich die Chokma-Sophia-Weisheit«[83] sei, verdanke ich Thomas Schipflinger. Es lassen sich hierfür unter anderem die folgenden Argumente anführen:

1. Belegstellen aus dem Kontext der Bibel, wo die Weisheit beispielsweise als »die Mutter der schönen Liebe« verstanden wird (Sirach 24,18), also engstens mit der Liebe als ihrer Tochter verbunden, aber doch ihr übergeordnet ist.

2. Rückschlüsse aus den biblischen Analogien zwischen der Weisheit und dem Heiligen Geist, dem Geist, der im Neuen Testament zugleich als »Geist der Liebe« verstanden wird, als fürbittender

Geist für die Schöpfung (Römer 8,26). Die Weisheit und der Geist der Liebe hängen also zusammen. In der Weisheitsliteratur wird die Weisheit selber als »ein Geist gar menschenfreundlich« bezeichnet (Weisheit 1,6; 7,23). Sophia wird hier »das Abbild der Güte Gottes« genannt (Weisheit 7,26). Die Weisheit und der Geist Gottes werden oft sinnanalog gebraucht, gemäß dem Gesetz der hebräischen Poesie und Psalmendichtung, die dem Parallelismus membrorum gehorcht, nach welchem die zweite Halbzeile eines Verses jeweils die erste inhaltlich wiederholt, allenfalls mit neuen Bildern und Attributen angereichert, wie zum Beispiel:

»Deinen Willen, wer hätte ihn je erkannt, wenn du ihm nicht die Weisheit gabst
und deinen heiligen Geist ihm sandtest aus der Höhe?«
(Weisheit 9,17; vgl. auch Weisheit 1,4–7; Weisheit 12,1.)

Weisheit und Geist werden auch zusammengenommen, wenn es in Weisheit 7,22b heißt:

»In der Weisheit ist ein Geist, verständig, heil.«

Die Weisheit und der Geist der Liebe sind also in der Weisheitsliteratur eng miteinander verbunden, worauf Hildegard sich bezieht.

3. Konsequenzen aus der Aussage, daß die Weisheit (Chokma-Sophia) diejenige sei, die Jahwe am meisten geliebt habe, die als »Amun Jahwe« der Liebling, die Geliebte Jahwes ist (Sprüche 8,30).

So läßt sich eine innige Verwandtschaft, wenn nicht gelegentlich Identität zwischen der Hildegardschen Gestalt der Weisheit und der Liebe feststellen, die sich in der letzten Vision, die wir betrachtet haben, zu einer Zwillingsperson ausfalten. Die Zusammengehörigkeit der Gestalt der Liebe mit der Weisheit, die bis zur Identität geht, wird vor allem bei der Interpretation einiger Kosmosbilder Hildegards noch überzeugender werden, die ich im folgenden Kapitel vorstellen möchte.

7. Im Rund eines kreisenden Rades

Hildegards Schau der Schöpfung

Die zweite Vision des ersten Buches von Hildegards Kosmos-Schrift Liber divinorum operum (»Welt und Mensch«)[1] ist eine so gewaltige Schau, daß man sich vorstellen kann, wie sehr sie die Seherin mitgenommen, geradezu umgeworfen haben mag. Wenn wir uns vorstellen, daß sie ihn wirklich gesehen hat, diesen das All durchragenden Menschen – wie gewaltig groß mag sie ihn gesehen haben! –, der das Kosmos-Rad vor, ja, in seinem Leibe trägt, so daß letztlich sein Leib der Kosmos ist! Betrachten wir zuerst das Bild, das eine geniale Buchmalerin von dem Kosmos-Menschen geschaffen hat – es ist eindeutiger! –, bevor wir uns auf die überwältigende, aber auch kompliziert genaue Niederschrift ihrer Schau einlassen (Farbtafel XII).

Das Bild ist nach der Art der Mappamondo-Darstellungen (nach Art einer »Weltkarte«, eines Weltmodells, das sich aus konzentrischen Sphären zusammensetzt) gestaltet, wie sie in vielen Beispielen, auch aus dem christlich-gnostischen Bereich überliefert sind; doch mag es sich dabei auch um eine archetypische Struktur aus dem Unbewußten handeln, die Mandala-Struktur, die nicht auf Überlieferungen, die die Seherin kennen müßte, beruht. Es ist zum Beispiel erstaunlich, daß aus dem tibetischen Raum, mit dem Hildegard gewiß keine Berührung hatte, seit dem 8. Jahrhundert ähnliche Bilder überliefert sind[2] (vgl. die Abbildung Bhavacakra, aus Tibet, S. 129).

Eine androgyn wirkende Gestalt, eher eine Frauengestalt – Hildegard benennt sie wieder als die der Liebe[3], die bei ihr immer weiblich aufgefaßt wird – hält in ihren Händen und in ihrem Schoß einen riesigen Kreis, der von ihrem Herzbereich abwärts bis zu den Knöcheln reicht. In dessen Mitte steht ein Mensch, nackt – ebenfalls androgyn gestaltet – in wunderbar freier, gelöster Haltung, aufrecht mit weit ausgebreiteten Armen und Händen. Die Gestalt der Liebe wird von einem Haupt über ihrem Haupt gekrönt, das wie aus dem ihren hervorwächst, oder aber umgekehrt, aus dem sie sich herleitet. Diese Gestalt, die den Kosmos-Kreis samt dem den Kosmos durchwirkenden Menschen in Händen hält, gemeinsam mit dem ganzen vernetzten Kraftfeld der kosmischen Energien, wie könnte sie, die Liebe, eine andere sein als zugleich Sophia, die in der Tradition, wie wir sahen, im Zusammenhang mit dem Kosmos immer als dessen Mitschöpferin betrachtet wird? Rotglühend in flammender Liebe wird sie mit ihren weit umfangenden Armen dargestellt, wahrscheinlich eine Frauengestalt, wenn nicht das eine Nagelmal am linken Fuß zugleich auf die Gestalt des Christus, der auf Erden gelitten hat, hinwiese. Christus-Sophia, die Liebe selbst, mag diese Gestalt in einem sein!

Das bärtige Haupt des weisen, alten Mannes (Gottvater?) wächst hier, wie die spontane Assoziation einer heutigen Frau dazu lautet, »endlich einmal aus dem Haupt einer Frau hervor« – oder schwebt es doch eher noch über ihr, über der Christus-Sophia als dem neuen Gottesbild, das aus dem älteren des Vatergottes hervorgeht? Das Haupt des außerweltlichen Gottes ist zugleich ein Darstellungstypus, wie wir ihn auch in der Mappamondo des Camposanto von Pisa (um 1350) finden.[4] Dieses Haupt des weisen alten Mannes bedeutet jedenfalls auch den seit Ewigkeit bestehenden »göttlichen Ratschluß« – so sieht sie es mit Rupert von Deutz, ihrem Zeitgenossen, Duns Scotus[5] und einigen wenigen Theologen, nach denen Gott von Anfang an seine Menschwerdung in Christus beschlossen hatte. Die Inkarnation ist also nicht nur, wie der Hauptstrom der Tradition behauptet, wegen der Schuld des Menschen nötig geworden, sondern entspricht einem freien Entschluß Gottes vom Ursprung her. Gott selbst wollte, so war es in seiner Weisheit beschlossen, Mensch werden: Aus diesem Grund schuf er den Menschen. Ihm, dem Menschen, galt von Anfang an seine Liebe vor allen anderen Geschöpfen, mehr noch als den Engeln.

So erscheint nun in Hildegards Schau in der Mitte der Schöpfung der Mensch in all seiner ursprünglichen und urbildlichen Vollkommenheit und Schönheit. Ist es Adam? Ist es Christus? Ist es eine androgyne Gestalt? Es ist der Archetyp des Menschen, möchte ich sagen, so wie er gemeint ist. In diesem Bild erscheint also eine neue Dreieinigkeit. Die Gestalt der Liebe bzw. der Weisheit bildet die tragende, umfassende Gestalt; über ihr ragt der »Alte Weise« auf, der väterliche Gott, und in ihr befindet sich Christus, als der Mensch bzw. das Urbild des Menschen. Die weibliche Gestalt der Liebe-Weisheit tritt in diesen Bildern an die klassische Stelle des Heiligen Geistes, der Vater und Sohn, aber auch Gott und Mensch verbindet und dessen höchster Ehrentitel »Geist der Liebe« heißt. Der Heilige Geist und die Weisheit gehen bei Hildegard immer wieder die engste Verbindung ein bzw. gehen ineinander über.

Die eben genannte Reihenfolge der neuen Trinität entspräche zudem exakt der Gruppierung, die auch in der ersten Schau der Kosmos-Schrift[6] geschildert wird, die wir gleich betrachten wollen:

Hier sind der Liebe-Weisheit, die im Zentrum steht, der Alte Weise, der sie krönt, und das Lamm in ihrem Schoß, also Christus, zugeordnet. Als die erste Schau in Hildegards Kosmos-Schrift »Welt und Mensch« geht sie der eben betrachteten zweiten Schau unmittelbar voraus.

Zunächst möchte ich mich aber dem gewaltigen Kosmos-Rad (Farbtafel XII), das die Gestalt der Liebe-Weisheit in Händen hält, näher zuwenden. Zahlreiche Bezüge und Vernetzungen sind innerhalb dieses Kreises zu erkennen, so daß er fast wie die Strukturzeichnung eines Horoskops aussieht. Seltsame Tierköpfe, die in den verschiedenen Zonen der konzentrischen Kreise beheimatet sind, stoßen ihren Atem aus, immer auf das Zentrum zu, und auch aus den Wolken des inneren Kreises sprühen Wetter und Wind. Die äußeren Regionen des Rades sind von Sternen übersät. Das Kosmos-Rad ist aus mehreren konzentrischen Kreisen aufgebaut, die man schon auf den ersten Blick erkennen kann. Sie gleichen in ihrer Anordnung und Reihenfolge denen von Hildegards erster Kosmos-Vision, die wir schon betrachtet haben. Unmittelbar auf den äußeren Feuerkreis aus hell-loderndem Rot, der von Sternen durchsetzt ist, folgt ein solcher aus schwarz-flackerndem Feuer. Auch in ihm sind Planeten und Tierköpfe beheimatet. Es folgt ein Kreis aus reinster Luft, Äther, in dem besonders viele Gestirne rötlich funkeln und von dem ebenfalls blasende Tierköpfe ihren Ausgang nehmen. Diesem wiederum schließt sich eine Zone des Wasserelements an, die keine Gestirne enthält, und nach einer weiteren, aus reinster, klarer Luft, folgt endlich unsere Erdatmosphäre mit ihren Wolken und Wettern. Das

Abb. 7: Liebe-Weisheit, Ausschnitt aus: Liebe-Weisheit, Schau I aus »Welt und Mensch« (Tafel II)

Zentrum des Rades bildet der braune Kern im Kreis, die Erde, deren Mittelpunkt sich in diesem Bild zugleich mit der Geschlechtsregion des Menschen trifft, der weit in den kosmischen Raum hineinragt.

Hier kreuzt auch die zentrale Energielinie das Zentrum, die den Kreis bzw. das Rad quer durchläuft und in eine obere und eine untere Hälfte teilt. Der Mensch im Kreis ist von mehreren solcher Energiespannungen, die in goldenen Linien eingezeichnet sind, umfaßt, die in der oberen Hälfte untereinander mehrere Dreiecke, in der unteren ein einziges, weites, stumpfwinkliges Dreieck bilden. Links unten im Gesamtbild, in der Ecke, in der oft die Inhalte des kollektiven Unbewußten erscheinen, ist in Miniatur die Seherin Hildegard eingezeichnet, die das, was ihre Augen sehen, direkt auf ihre niederschreibende Hand überträgt. Was sie sieht, dringt also, das mag diese Lokalisation andeuten, aus dem bisher Unbewußten ein, vermittelt aus dem kollektiven Unbewußten der Menschheit. Solche Botschaften gehen nicht nur den einzelnen an, der sie in Traum, Imagination oder Vision erschaut, sondern sie stellen Botschaften an die ganze Menschheit dar. Aus diesem Grunde interessieren wir uns achthundert Jahre nach Hildegard für diese komplexen Bilder.

Nun möchte ich wieder Hildegards eigene Niederschrift ihrer Schau mit dem Bild, das ihre Buchmalerin gestaltet hat, vergleichen. Hildegard führt in ihre Schau ein:

»*Alsdann erschien mitten in der Brust der erwähnten Gestalt, die ich inmitten der südlichen Luft erschaut hatte, ein Rad von wunderbarem Aussehen.*«[7]

Es ist also eindeutig ein Rad, also etwas Mehrdimensionales, das zugleich rotiert, kein Kreis! Hildegard fährt fort:

»*Es hatte Zeichen an sich, die es jenem Bilde ähnlich machten, das ich vor achtundzwanzig Jahren, damals in der Gestalt von einem Ei, gesehen hatte, so wie es in der 3. Vision des ersten Buches Scivias geschildert wurde.*«[8]

(Die Symbolgestalt des Eies, in dem ihr der Kosmos damals erschien, zeigt zugleich an, daß sie den Kosmos in Entwicklung begriffen sah, daß aber auch ihre Kosmos-Vorstellung noch eihaft, keimhaft war.)

Und nun beschreibt Hildegard das Rad, das »*mitten in der Brust*« jener Gestalt erschien, das diese also an ihr Herz gedrückt hielt, in seinem konzentrischen Aufbau:

»*An seinem obersten (äußersten) Teil erschien rings um die Rundung ein Kreis von hell-leuchtendem Feuer und unter diesem Kreis ein anderer von schwarzem Feuer. Der hellichte Kreis war zweimal so dick wie der schwarzfeurige. Und diese beiden Kreise verbanden sich so, als bildeten sie nur einen.«*[9]

Es enthält dies eine symbolisch und letztlich auch theologisch hoch bedeutsame Wahrnehmung: Wenn der hellichte Kreis das Feuer der göttlichen Liebe bedeutet, der alles umfaßt und ins Dasein ruft, so ist das schwarze Feuer nach Hildegards Farbsymbolik das Dunkle, das Böse, die verneinende Macht, auch Gottes auf sie reagierender »Zorn«. Die Sphäre dieser Macht folgt also unmittelbar auf die der Liebe, ist allerdings nur halb so stark wie diese. Bedeutsam scheint mir vor allem dies in Hildegards Schau, daß sich bei ihr diese beiden Kreise so verbinden, *»als bildeten sie nur einen«*. Die scharfe Trennung dieser beiden Sphären, die Hildegard noch in der entsprechenden Scivias-Vision (Visio I,3) festhielt, ist in radikalster Form typisch für gnostische Systeme, wie Leisegang[10] beschrieb. Sie ist hier überwunden. In der ersten Scivias-Vision hatte Hildegard den Wesenszug des gnostischen Weltbildes noch stärker beibehalten, der es von dem christlich-kirchlichen unterscheidet, nämlich: »Die Abriegelung der irdischen Welt nach oben durch den dunklen Feuerkreis, das Reich des gefallenen Luzifer, der sich als Gott dieser Welt ausgibt und das Werk der Erlösung dadurch zu vernichten droht, daß er den Menschen den Zugang zur überhimmlischen Welt, zum außerweltlichen Gott und seinem Sohn verwehrt.«[11]

Was dies im einzelnen an theologischen Konsequenzen enthält, werden wir noch bedenken. Doch so viel steht hier bereits fest: Hildegard schaut die Dunkelseite Gottes und der Welt mit hineingenommen in dieses Rad, das das Ganze umfaßt, ja, verbunden mit der Zone des göttlichen Feueratems, der primär Liebe meint. Das Dunkelfeuer steht also als Gottes Opposition in einem ähnlichen Zuordnungsverhältnis zum Ganzen, wie »Her Majesty's Opposition« im Rahmen der frühesten englischen Demokratie stand. Es hat eine prüfende, kritische, klärende Funktion für das Ganze, bleibt »Her Majesty«, also der Königin, der Weisheit, Gott zugeordnet. Eine schroffe Wahrnehmung der Gegensätze und doch ihre Zusammenschau in einem größeren Ganzen kennzeichnet diese Vision vom kosmischen Rad:

»Unter dem schwarzfeurigen Kreis erschien ein anderer aus reinem Äther, so dicht, wie die beiden anderen zusammen.«[12]

Auf den Kreis des schwarzen Feuers folgt der mit dem lichtesten Element, und er ist so umfangreich, daß seine Dichte die beiden äußeren umfaßt. Ebenfalls so dick wie die beiden äußeren zusammen sind auch die beiden folgenden Kreise:

»*Unter diesem Ätherkreis sah man einen Kreis wie von wasserhaltiger Luft, der in seinem Umfang die gleiche Dichte wie der lichthelle Feuerkreis hatte.*«[13]

Ein Wasserelement also, das sich nun mit einem weiteren Luftelement verbindet:

»*Unter diesem Kreis von wasserhaltiger Luft erschien ein anderer von starker, weißer, klarer Luft, der in seiner Härte wie eine Sehne im menschlichen Körper aussah. Er hatte dieselbe Dichte wie der Kreis von schwarzem Feuer. Auch diese beiden Kreise verbanden sich so, daß sie eins zu sein schienen.*«[14]

Also wasserhaltige und sehnenharte, trockene Luft – ob die eiskalte Luft großer Höhen gemeint ist, die sich zu Eiskristallen verdichtet? – verbinden sich hier miteinander, starke Gegensätze, wie sich die beiden äußeren Kreise, aus Feuer- und Wasserelement, direkt begegnen. Erst jetzt kommen wir in den Bereich unserer erdnahen Atmosphäre:

»*Unter dieser starken, weißen Klarluft zeigte sich schließlich noch eine andere dünne Luftschicht, die zuweilen hohe, lichte, und dann wieder tief hängende, dunkle Wolken in die Höhe zu tragen und sich über diesen ganzen Kreis hin auszudehnen schien. Alle diese sechs Kreise waren ohne einen weiteren Zwischenraum miteinander verbunden. Der oberste Kreis durchströmte mit seinem Licht die übrigen Sphären, mit der wasserhaltigen Luft aber benetzte er alle anderen mit seiner Feuchtigkeit.*«[15]

Alle Elemente sind in einem Rad enthalten, zum Teil noch differenziert in hell leuchtendes und dunkles Feuer, in mehrerlei Aggregatzustände der Luft. Die Erde wird ausdrücklich eingeführt:

»*Außerdem war mitten in der Sphäre mit der dünnen Luft eine Kugel zu sehen...*«[16]

Das Rad kann also zugleich dreidimensional gesehen werden. Da hier von einer Kugel als Zentrum die Rede ist, faßt sie den ganzen Kosmos als kugelgestaltig auf.

Hildegard kommt zu der genauen Schilderung des Menschen, der die Mitte des Rades erfüllt:

»*Inmitten dieses Riesenrades erschien die Gestalt eines Menschen. Sein Scheitel ragte nach oben, die Fußsohlen reichten nach unten, bis zur Sphäre der starken, weißen und leuchtenden Luft. Rechts waren die Fingerspitzen der rechten Hand, links die der linken Hand nach beiden Seiten in Kreuzform zu der Kreisrundung hin ausgestreckt. Genauso hielt die Gestalt die Arme ausgebreitet.«*[17]

Soll mit dieser besonderen Betonung der kreuzförmig ausgebreiteten Arme dieser Mensch zugleich als Hinweis auf Christus, als Prototyp des Menschen, verstanden werden? Wir haben gehört, daß Gott – nach Hildegard – die Welt schuf, um sich letztlich in ihr zu inkarnieren. Hierzu ist allerdings zu bedenken, daß das Kreuzsymbol, längst ehe es mit Christus verbunden wurde, ein kosmisches Orientierungszeichen war, das die vier Himmelsrichtungen markierte, nach denen der Mensch sich richten, sich ausrichten konnte. Auch ist das Kreuz dem Körperbau des Menschen eingeschrieben, ist Symbol für »Mensch«. Doch wie kann Hildegard den Menschen im Verhältnis zum Erdball so riesenhaft zeichnen? Ist er als der Anthropos[18], der die ganze Menschheit in sich schließt, zu begreifen, oder will sie hierdurch seine geistige Ausstrahlung, seinen Einfluß auf den Kosmos, zugleich mit seiner Mitverantwortung für ihn, ausdrücken?

In Hildegards Kosmos erscheinen außerdem eigentümliche Tierhäupter – vielleicht den Bildern des Tierkreises nachempfunden, aber doch ganz eigenständig; es sind andere Tiere als die des Tierkreises, auch haben sie ganz andere Funktionen als die Sternbilder im Rahmen der Astrologie:

»In Richtung dieser Seiten erschienen vier Köpfe: der Kopf eines Leoparden, eines Wolfes, eines Löwen und eines Bären. Über dem Scheitel der Gestalt, in der Sphäre des reinen Äthers, sah ich am Haupte des Leoparden, wie dieser aus seinem Munde einen Hauch ausblies.«[19]

Aus diesem Hauch entstehen wie nebenbei noch ein Krebskopf und ein Hirschkopf; auch eine Schlange und ein Lamm kommen hinzu:

»Alle diese Köpfe hauchten in dem beschriebenen Rad auf die Gestalt des Menschen zu.«[20]

Die Tierköpfe haben mit den Tierkreiszeichen der klassischen Astrologie andererseits doch dies gemein, daß sie durch ihren Anhauch die Menschen positiv oder negativ beeinflussen; sie sind in der Tat auch hier auf das engste mit den Planeten und übrigen Gestirnen verbunden:

»Oberhalb des Hauptes dieser Menschengestalt waren die sieben Planeten nach oben gegeneinander abgezeichnet: drei im Kreise des leuchtenden Feuers, einer in der darunterliegenden Sphäre des

schwarzen Feuers, drei nochmals darunter in dem Kreis des reinen Äthers... Alle Planeten sandten ihre Strahlen in Richtung auf die Tierköpfe, wie auch auf die Gestalt des Menschen.[21]

Von den sechzehn Hauptsternen senden acht ihre Strahlen auf die dünne Luftschicht der irdischen Atmosphäre zu, acht von ihnen aber schicken die ihren zu dem schwarzen Feuerkreis. Und nun faßt Hildegard zusammen, als wie weise geordnet sie das Zusammenspiel zwischen dem Menschen und den kosmischen Kräften und Energieverhältnissen erschaut:

»*Auf solche Weise war die Gestalt mit diesen Zeichen verflochten und von ihnen rings umgeben. Ich sah auch, daß aus dem Hauche jener Gestalt, in deren Brust sich das Rad zeigte, ein Licht mit lauter Strahlen und heller als der klarste Tag ausging. In diesen Strahlen wurden die Zeichen der Kreise und die Zeichen der übrigen Figuren, die an diesem Rad zu unterscheiden waren, aber auch die einzelnen Zeichen der Gliederung der Menschengestalt – jenes Bild, das mitten im Weltenrad stand – in rechtem und genauestem Maßstab gemessen.*«[22]

Hildegard sind diese genau aufeinander abgestimmten Maße und Entsprechungen in der Menschengestalt und in der Schöpfung sehr wichtig. Immer wieder schaut sie sie, weist auf sie hin, sie sind ihr ein nicht endender Grund zum Staunen, auch ihr Heilwissen[23] beruht nicht zuletzt auf ihrem Wissen um diese Entsprechungen.

Die Bezogenheit der Natur auf den Menschen und des Menschen auf die Natur ist ihr, wie wir schon sahen, ein besonderes Anliegen. Sie erläutert es anhand ihrer Kosmos-Vision zugleich als ein Anliegen des Schöpfers selbst:

»*Auf dieser Welt hat er (Gott, I.R.) den Menschen mit allem umgeben und gestärkt und hat ihn mit gar großer Kraft rundum durchströmt, damit ihm die ganze Schöpfung in allen Dingen beistünde. Die ganze Natur sollte dem Menschen zur Verfügung stehen, auf daß er mit ihr wirke, weil ja der Mensch ohne sie weder leben noch bestehen kann. Das wird dir in dieser Schau gezeigt.*«[24]

Hildegard führt ihre Schau des Zusammenwirkens von Mensch und Kosmos weiter aus:

»*Mitten im Weltenbau steht der Mensch. Denn er ist bedeutender als alle übrigen Geschöpfe, die abhängig von jener Weltstruktur bleiben. An Statur ist er zwar klein, an Kraft seiner Seele jedoch gewaltig. Sein Haupt nach aufwärts gerichtet, die Füße auf festem Grund, vermag er sowohl die oberen als auch die unteren Dinge in Bewe-*

gung zu versetzen. Was er mit seinem Werk in rechter oder linker Hand bewirkt, das durchdringt das All, weil er in der Kraft seines inneren Menschen die Möglichkeit hat, solches ins Werk zu setzen. Wie nämlich der Leib des Menschen das Herz an Größe übertrifft, so sind auch die Kräfte der Seele gewaltiger als die des Körpers, und wie das Herz des Menschen im Körper verborgen ruht, so ist auch der Körper von den Kräften der Seele umgeben, da diese sich über den gesamten Erdkreis hin erstrecken.«[25]

Aus diesem gewaltigen seelisch-geistigen Potential, das ihm gegeben ist, nicht nur auf dem Erdkreis, sondern bis ins All hinein, erwächst dem Menschen eine entsprechend große Verantwortung. Der Mensch ist ein Entscheidungsfeld, an einen Kreuzweg zwischen den kosmischen Kräften gestellt. In diesem Zusammenhang sieht Hildegard die Tierköpfe und die von ihnen ausgehenden vier Weltwinde, die wir uns als kosmische Energieströme, ungleich gewaltiger als unsere irdischen Winde, vorstellen müssen:

»Die Winde haben keineswegs die genannten (Tier-)Gestalten, sie gleichen nur in ihren Kräften der Natur der angeführten Tiere.«[26]

Hildegard ist sich also der Symbolik ihrer Bilder sehr wohl bewußt. So fürchtet sich der Mensch zum Beispiel im Zeichen des Löwen und dessen Aushauchungen *»vor dem Gerichte Gottes«*, während er im Zeichen des Bären *»bei Heimsuchungen des Körpers von einer Unzahl anstürmender Bedrängnisse erschüttert«* wird.[27] (Gerne wüßte ich ein wenig mehr darüber, wie Hildegard die Tier-Kräfte in ihrem Kosmos-Bild versteht. Ihre eigenen Ausführungen dazu bleiben knapp. Dabei ist unübersehbar, daß der Bär – der Große Bär des Sternbildes, das wichtigste Krafttier im germanischen Raum? – im Zenit steht.) So spinnen die Anhauchungen der Tierköpfe ein kosmisches Kräftenetz durch das Weltenrad, das zugleich ein ethisches Bezugsnetz bildet:

»Sind diese Winde es doch, die in ihrem Brausen das Weltall im Gleichgewicht halten.«[28]

Die kosmischen Winde also, nicht die vergleichsweise geringen Luftbewegungen der irdischen Atmosphäre samt ihren Orkanen, wirken auf den Menschen ein:

»Wenn er, der Mensch, dessen natürliche Qualität jenem kosmischen Wehen entspricht, die solcherart gewandelte Luft in sich einzieht und wieder ausstößt, so daß die Seele sie aufnehmen kann, um sie ins Innere des Körpers weiterzuleiten, dann ändern sich auch die Säfte in seinem Organismus und bringen ihm Krankheit oder Ge-

sundheit. Das geschieht, wenn jener Mensch, dessen guter Wille mit jenem Anhauch übereinstimmt, seine Sehnsucht vom Bösen loslöst und sich damit auseinandersetzt. Und weil die Seele dieses sehr geheimnisvoll in sich austrägt, bringen die Stürme der Gedanken in seinem Inneren Überschwemmungen und Umwandlungen, so daß sie ihm bald Glück, bald Widerwärtigkeit verheißen.«[29]

Hier dienen Hildegard die Tiere in ihrer Symbolik zur Erläuterung auch des »Spiels der Säfte im Organismus«[30]!

»Die Säfte erheben sich zuweilen im Menschen wild wie ein Leopard, dann mäßigen sie sich wieder, so wie der Krebs bald vorwärts, bald rückwärts geht. Und sie weisen so auf vielfache Veränderungen hin. Auch zeigen sie ihre Widersprüche gleichsam im Springen und Stoßen des Hirsches.«[31]

Bedenken wir dabei, daß Krebs und Hirsch aus dem wilden Hauch des Leoparden hervorgingen, wobei nach Hildegard der Krebs für die Zuversicht, der Hirsch für den Glauben steht.[32]

Hildegard faßt ihre Gedanken zu dieser Schau, die auch sie selbst, wie sie sagt, nicht ausschöpfen kann, noch einmal zusammen, indem sie die tragende Gestalt der Liebe-Weisheit, die das Weltenrad an die Brust drückt, beschreibt:

»Aus dem Urgrund der wahren Liebe, in deren Wissen der Weltenlauf ruht, leuchtet ihre überaus feine Ordnung über alle Dinge hervor und kommt, alles haltend und alles hegend, immer wieder neu ans Licht. Mit diesen Lichtfäden werden die Zeichen der beschriebenen Sphären, die Zeichen der übrigen Gestalten, die im Weltenrad eingeboren sind, wie auch die Zeichen der menschlichen Organisation gemessen, und zwar in einem richtigen und ausgewogenen Maß. Die Liebe ist es, die dort die Kräfte der Elemente und des übrigen höheren Schmuckes, der zur Festigung und Schönheit der Welt Bezug hat, sowie alle Gliederung des Menschen, des Herren über diese Welt, angemessen unterscheidet und maßvoll anpaßt... Die Liebe zieht alle an sich, die Gutes wollen, und kommt mit diesem Zug entgegen...«[33]

Das Bild des Weltenrades, das letztlich dem kollektiven Unbewußten in Hildegard entsprungen ist und daher als ein Bild der Psyche betrachtet werden kann, zeigt in der Gestalt der Weisheit-Liebe, die das Weltenrad trägt, ein weibliches Selbst als überpersönlich-archetypische anima mundi, Seele der Welt, die den Vater-Archetyp, das Gottvater-Bild, noch immer über sich trägt wie einen zweiten Kopf, ja, wie einen Hut, unter dessen Behütung sie steht.

Den jungen, schöpferischen Animus aber, der sich ungeheuer frei fühlt, sich frei bewegt und handelt, trägt sie bereits im Leib bzw. im Herzen. Er bildet das Zentrum des Bildes auch dadurch, daß er auf der Bildachse steht. Gottvater und mit ihm die patriarchale Form des Christentums stellen nur noch den Rahmen ihres Denkens dar, gehören im Bild auch bereits dem Rahmen an. Dieses Bild Hildegards, das aus dem kollektiven Unbewußten, das ihr persönliches kategorial übersteigt, geschöpft ist, enthält auch eine Botschaft an das Kollektiv der Menschen, Jahrhunderte früher, als das Kollektiv sie wahrzunehmen und einzulösen vermag: Es rückt die weibliche bzw. androgyne Gestalt der anima mundi, der Weltseele, bzw. der Sophia ins Zentrum der Gottesvorstellung und tritt damit heraus aus dem Rahmen und der Hut des patriarchalen Gottesbildes. Dabei gebiert es zugleich das Bild eines jungen, freien, schöpferischen Animus, setzt das Bild eines mit dem ganzen Kosmos verschwisterten Menschen frei, der männlich-weibliche Züge trägt. Sie, die Sophia, bzw. die anima mundi hält die Arme umfangend weit geöffnet, während Gottvater in diesem Bild nur herabblickt. Ihr Schutz engt nicht ein. In ihr geborgen, vermag der Mensch vielmehr seine Arme weit zu öffnen. In den Kosmos, den die anima mundi umfaßt, ist bezeichnenderweise auch das Dunkle, auch das Dunkelfeuer einbezogen. Das Zentrum dieses Kosmos ist die Erde. Das weist zugleich auf die Leiblichkeit des Menschen hin, seine Bauch- und Geschlechtsregion, seine tiefe Emotionalität und Sexualität. Eben um eine solche Gottesvorstellung, ein solches Menschenbild ringen wir in diesen Jahrzehnten des 20. Jahrhunderts. Eine solche Schau vorauszunehmen, die das Menschheitsgedächtnis nicht vergessen kann, ehe sie denn eingelöst wird, das heißt Prophetengabe. Das ist die prophetische Gabe Hildegards, die man bei ihr niemals auf vereinzelte Voraussagen der Zukunft beschränken sollte, auch wenn sie gelegentlich solche gemacht hat.[34]

Hildegards Kosmos-Rad erinnert in seiner Grundform an das Bhavacakra, das Rad des Lebens, des Sterbens und Wiedergeborenwerdens, das auch der Buddhismus kennt, dort aber nach einer festen Ikonographie und einem festen Vorstellungskodex dargestellt wird. Die Abbildung, auf die ich mich beziehe[35], entstand um 1050 in Tibet, geht aber auf Vorlagen aus dem 8. Jahrhundert zurück; es gibt mehrere Varianten von ihr. Hier ist es ein furchtbares Ungeheuer, das die Welt in den Klauen hält und sie nicht nur mit den Händen, sondern auch mit Füßen und Zähnen umklammert: der tibetisch-

Farbtafel V: Der Lichtherrliche.

Farbtafel VI: Die Frau vom Berge.

Farbtafel VII: Die grüne Sophia.

Farbtafel VIII: Die Weisheit.

Farbtafel IX: Die Allmacht der Weisheit.

Farbtafel X: Die Königin der Gotteskräfte.

Farbtafel XI: Der Brunnen der Weisheit.

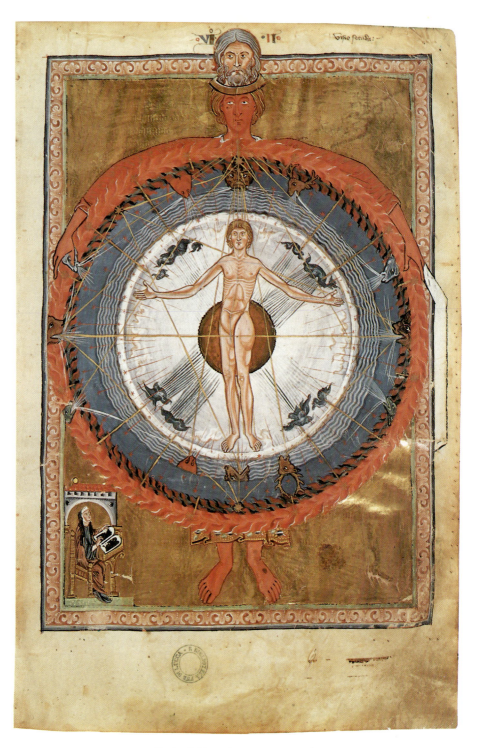

Farbtafel XII: Das Kosmos-Rad.

Farbtafel XIII: Liebe-Weisheit. Das Urlebendige.

Farbtafel XIV: Rad der Weltkräfte.

Farbtafel XV: Die Reinigung der Elemente.

Farbtafel XVI: Der Lebenskreis.

buddhistische Gott des Todes, Mara, der König des Samsara (der Wiedergeburt), der die ganze ihm gehörende Sinnenwelt umschlingt, eine Personifikation des Übels.

Abb. 8: Das Bhavacakra-Rad, Rad des Lebens und Sterbens (Tibet, 8.–11. Jh.)

Die zwölf miteinander verketteten Ursachen des Leidens, die Nidanas, sind in den äußeren Ringen des konzentrisch aufgebauten Rades eingezeichnet; ihnen kann nur entrinnen, wer die Lehre des Buddha kennt und ihr folgt. In der Nabe des Rades wiederum, um die sich alles dreht, haben sich ein Huhn, eine Schlange und ein Schwein ineinander verbissen, die drei Hauptlaster symbolisierend, die den Menschen immer wieder an das Rad des Daseins und das zugehörige Leiden fixieren: Gier, Haß und Unwissenheit.

Die sechs Felder zwischen den Speichen des Rades zeigen die sechs Existenzweisen aller Bewohner der Welt an: die Lebensweise der Götter, die der Titanen, der Menschen, der hungernden Geister und schließlich der Höllenbewohner. Dem Samsara, der Wiederkehr, enthoben und damit außerhalb des Rades, stehen zu dessen rechter und linker Seite zwei Buddhafiguren, die es in keiner Weise mitbewegen, die vielmehr gerade die einzigen darstellen, die sich dem Samsara zu entwinden vermochten. Dabei symbolisiert ihn die eine als den geistigen, jetzt im Gesetz verkörperten Buddha, während die andere ihn als ins Nirwana Eingegangenen zeigt. Doch nahm Buddha zugleich – in Gestalt eines inkarnierten Avalokiteshvara (eine Erlöserfigur, die um der Menschen willen ins irdische Leben zurückkehrt) – an allen Existenzsphären Anteil, um den leidenden Wesen in ihnen hilfreich beistehen zu können. So erscheint hier im Bhavacakra in einem jeden der sechs möglichen Existenzfelder auch eine Buddhagestalt. Nicht ohne Buddhas Erbarmen, aber doch gänzlich in der Hand des Todesgottes, ist die Welt hier dargestellt, nur dazu da, um überwunden zu werden.

Demgegenüber ist die Gestalt, die nach Hildegard das Weltenrad in Händen hält, in der ersten Vision der Kosmos-Schrift sogar noch stärker und liebevoller ausgestaltet als in der eben betrachteten zweiten (Farbtafel XIII), und sie beruft sich zu Beginn der zweiten Schau ausdrücklich auf die erste Vision, wie wir hörten.

»Und ich schaute... inmitten der südlichen Lüfte ein wunderschönes Bild. Es hatte die Gestalt eines Menschen. Sein Antlitz war von solcher Schönheit und Klarheit, daß ich leichter in die Sonne hätte blicken können als in dieses Gesicht. Ein weiter Reif aus Gold umgab ringsum sein Haupt... In diesem Reif erschien oberhalb des Hauptes ein zweites Gesicht, wie das eines älteren Mannes. Dessen Kinn und Bart rührte an den Scheitel des ersten Kopfes.«[36]

An diesem Doppelhaupt erkennen wir die Gestalt, die in der zweiten Vision das Weltenrad trägt, wieder. Doch heißt es hier ergänzend:

»Vom Hals der Gestalt ging beiderseits ein Flügel aus. Die Flügel erhoben sich über den erwähnten Reif und vereinigten sich oben... Von den Schultern dieser Gestalt ging ein Flügel aus bis zu den Knien. Sie war gewandet in ein Kleid, das der Sonne gleich erglänzte... In ihren Händen trug sie ein Lamm, das leuchtete wie ein lichtklarer Tag...«[37]

An den Flügeln erkennen wir endgültig die Gestalt der Sophia wieder, die auf den Ikonen der Ostkirche, wie wir hörten, immer mit Flügeln dargestellt ist.[38] Es ist Sophia bzw. die Gestalt der Liebe,

Christus gleich, aber doch nicht er selbst, der in Gestalt des Lammes erscheint.

Die Gestalt der Liebe-Sophia also ist es, die das Weltenrad in den Händen trägt: Wer sie wirklich ist, zeigt sie in den machtvollen Worten, die die Seherin hier vernimmt und die ich, wenn auch schon einmal erwähnt, hier erneut zitieren möchte:

»*Ich, die höchste und feurige Kraft, habe jedweden Funken von jedem entzündet, und nichts Tödliches sprühe ich aus. Ich entscheide über alle Wirklichkeit. Mit meinen höheren Flügeln umfliege ich den Erdkreis: Mit Weisheit habe ich das All recht geordnet. Ich, das feurige Leben göttlicher Wesenheit, zünde hin über die Schönheiten der Fluren, ich leuchte in den Gewässern und brenne in Sonne, Mond und Sternen. Mit jedem Lufthauch, wie mit unsichtbarem Leben, das alles erhält, erwecke ich alles zum Leben. Die Luft lebt im Grünen und Blühen. Die Wasser fließen, als ob sie lebten. Die Sonne lebt in ihrem Licht, und der Mond wird nach seinem Schwinden wieder vom Licht der Sonne entzündet, damit er gleichsam von neuem auflebe. Auch die Sterne geben aus ihrem Licht, wie wenn sie lebten, klaren Schein. Die Säulen, die das ganze Erdenrund tragen, habe ich aufgerichtet...*«[39]

Sie ist es, die Schöpfungsmittlerin, wie wir sie schon aus der Tradition kennenlernten. Doch in welch lebendiger, plastischer Sprache drückt sie sich hier aus!

Wenn Leisegang[40] im Gefolge der Liebeschützschen[41] gnostischen Hildegard-Interpretation gerade im Sprachgestus dieser Worte sowie auch darin, daß nach Hildegard nicht Gottvater selbst, sondern eine Mittlergestalt die Welt schuf, gnostisches Gedankengut bei ihr erkennen will, so möchte ich dem doch die ganz ungnostische Freude Hildegards an der Schöpfung entgegenhalten, die weit ab ist von der Weltverachtung oder doch Skepsis der Welt gegenüber, die die typische Gnosis kennt, da sie die Welt in den Händen eines Demiurgen oder gar dämonischen Archonten wähnt.

Wer bei Hildegard die Welt in Händen hält, ist nicht der Geist des Widerspruchs oder auch die Schlange[42], die hier der Gestalt der Weisheit allenfalls als Fußpodest dient, sondern eine Dreiheit aus Vatergott, Liebe-Weisheit und dem »Lamm Gottes«, Christus. Schipflinger sieht es so: »Der Kopf über der geflügelten Frauengestalt stellt ohne Zweifel Gottvater dar. Da in dem Lamm und dem Kreuz das wahre Lamm Gottes, Jesus Christus, der Mensch gewordene Logos, zu erkennen ist, müssen wir in analoger Auslegung annehmen, daß die Frau, die das Lamm in den Händen trägt, Sophia-Maria ist...«[43]

Unter den Füßen der Sophia-Maria-Gestalt liegt eine über die Maßen häßliche reptilienartige Menschengestalt, in die sich überdies eine Schlange verbissen hat, wie das Bild zu Hildegards Vision es darstellt. Das Ineinander-Verbissensein dieser beiden Wesen ist das einzige, das hier an die Darstellung der Laster im buddhistisch-tibetischen Bhavacakra-Rad erinnert, bilden sie dort aber die Mitte, um die sich alles dreht, sind sie hier grundsätzlich als überwunden, als überwachsen dargestellt.

Zwei weitere Rad-Darstellungen sind dem Buch »Welt und Mensch«, dem Liber divinorum operum, beigegeben, beide mehr aus menschlicher, nicht primär aus göttlicher Perspektive gesehen, wie das bisher gezeigte. Bei dem ersten dieser Räder sehen wir den Menschen als Zentrum des kosmischen Rades in Freiheit und Verantwortung stehen, mitten im Wirkungsfeld der kosmischen Kräfte und Mächte, seien sie pneumatischer oder siderischer Art (Farbtafel XIV). Alles ist ihm wie ein Netz in die Hand gelegt. Unsichtbar steht hier die Weisheit hinter allem, wirkt in allem mit.

Heinrich Schipperges erläutert das Bild dieses »Rades der Weltkräfte«[44], wie er es nennt, das zur dritten Schau von Hildegards Kosmos-Schrift »Welt und Mensch« gestaltet wurde, wie folgt: »Um den Kosmos-Menschen beginnt sich das Weltenrad und seine Windeskräfte zu drehen. Über diese Winde gelangen die kosmischen Kräfte in das Säftesystem des menschlichen Organismus und beeinflussen seine körperliche Verfassung, seine Gesundheit oder Krankheit. Auch im sittlichen Bereich wirkt der Mensch durch Tugenden oder Laster mit an seinem Heil oder Unheil. Das Weltrad zeigt, wie die ganze Schöpfung dem Menschen zur Verfügung steht und seinem Wohl wie seinem Heil zu dienen hat.«[45]

Auf den ersten Blick gleicht dieses Rad fast spiegelbildlich dem schon betrachteten Rad, das in der Hand der Liebe-Sophia liegt und in dessen Mitte sich der Kosmos-Mensch erhebt, nur daß – und dies ist von erheblichem Gewicht – die tragende Gestalt, die Liebe-Sophia, samt dem väterlichen Haupt, das sie krönt, hier weggelassen ist, unsichtbar bleibt. So scheint es, als drehe sich dieses Rad in sich selbst und der Mensch allein sei es, der die innerste Verantwortung dafür trage. Das Bild ist also vom Menschen her gestaltet, der in der gleichen Freiheit, mit kreuzförmig ausgebreiteten Armen, wie in dem früheren, auch hier im Zentrum steht. Erst bei genauerem Vergleich der beiden Bilder erweist sich, daß die Tierköpfe in den kosmischen Zonen – es sind die gleichen wie beim ersten Bild – nun nicht von außen nach innen, auf den Menschen zu, blasen, wie sie es dort tun, sondern von innen nach außen. Dies bedeutet nicht mehr und nicht weniger, als daß hier die Rückwirkungen menschlicher Gesinnung und menschlichen Tuns auf den ganzen Kosmos dargestellt sind. Was dabei ebenfalls nicht mehr dargestellt ist, weil es vermutlich nur im Zusammenhang mit der Gestalt der Weisheit-Liebe zu erkennen wäre, ist das Goldgeflecht der Bezugslinien, die das Kräftefeld des Kosmos als ein Netzwerk von Beziehungen erscheinen lassen. Auch die Gestirne stehen anders als auf dem ersten Bild, es ist, als habe das Firmament sich inzwischen bewegt. Es ist eine ungeheure Verantwortung, die dem Menschen hier zugemutet und zugetraut ist. Wieder hört Hildegard eine »Stimme vom Himmel«, die ihr diese dritte Schau wie folgt interpretiert:

»*Die gesamte Schöpfung, die Gott in der Höhe wie in den Tiefen gestaltet hat, lenkte Er zum Nutzen des Menschen hin. Mißbraucht der Mensch seine Stellung zu bösen Handlungen, so veranlaßt Gottes Gericht die Geschöpfe, ihn zu bestrafen...*«[46]

Bereits im Buch der Lebensverdienste (Liber vitae meritorum) beschrieb Hildegard, wie die Geschöpfe, zu denen auch Luft und Wasser gehören, schließlich eine leidenschaftliche Klage gegen den Menschen erheben, weil er sie in seiner eigenmächtigen Hybris aus der Bahn geworfen habe:

»*Wir können nicht mehr laufen und unsere natürliche Bahn vollenden, denn die Menschen kehren uns wie in einer Mühle um, von unterst zu oberst. Wir, die Elemente, die Lüfte, die Wasser, wir stinken schon wie die Pest, wir vergehen vor Hunger nach einem gerechten Ausgleich.*«[47]

Die Verschmutzung von Luft und Wasser, aus der Seuchen entspringen, sieht Hildegard bereits in diesem Zusammenhang:

»*Und ich sah, daß das obere Feuer des Firmaments ganze Regenschauer voll Schmutz und Unrat auf die Erde schüttete, die beim Menschen, aber auch bei Pflanze und Tier, schleichende Schwären und schwerste Geschwülste hervorrufen. Weiter sah ich, wie aus dem schwarzen Feuerkreis eine Art Dunst auf die Erde fiel, welcher das Grün auf der Erde ausdörrte und der Äcker Feuchte austrocknete...*«[48]

Es kommt in Hildegards Vision letztlich zu einer kosmischen Katastrophe, die zugleich reinigenden Charakter hat:

»*Und siehe, alle Elemente und jegliches Geschöpf wurden von einer alles durchdringenden Bewegung erschüttert. Feuer, Luft, Wasser brachen hervor und ließen die Erde ins Wanken geraten, Blitze und*

Donner krachten, Berge und Wälder stürzten... Und alle Elemente wurden gereinigt, aller Schmutz verschwand und ward nicht mehr gesehen...«[49]

Hat Hildegard hier (Farbtafel XV) etwas vorausgesehen, oder hat sie nicht vielmehr einen immer bestehenden Zusammenhang wahrgenommen zwischen dem möglicherweise desintegrierten Menschen und einer desintegrierten Welt in all ihren Elementen? Nach Hildegards Überzeugung hat der Mensch dennoch nicht die Macht, die Erde völlig zu zerstören: Das übergeordnete Kraftzentrum, das Sein selbst, sorgt für eine umstürzende Reinigung und Erneuerung, wenn die Zeit erfüllt ist, bzw. am Ende der Zeit:

»Wenn dies alles geschehen ist, dann werden die Elemente in höchster Herrlichkeit und Schönheit aufleuchten. Alle Hüllen der Schwärze und des Schmutzes sind von ihnen genommen. Das Feuer glänzt golden ohne Brunst in der Morgensonne, die Luft ist ganz rein und leuchtend ohne Verschmutzung, das Wasser steht durchsichtig und still da, ohne den so verheerend überströmenden Anschwall. Die Erde zeigt sich stark und ebenmäßig, ohne alle Gebrechlichkeit und Mißgestalt. Alles steht nun da: in einem höchsten Zustand von Ruhe und Schönheit. Auch Sonne, Mond und Sterne glänzen nun am Himmel in lichter Klarheit und in hellstem Glanz, wie kostbares Gestein auf goldenem Grund.«[50]

Am Ende der Tage also werden alle Elemente gereinigt werden, im Zusammenhang mit der großen Verwandlung der Welt. In ihrer Kosmos-Schrift »Welt und Mensch«, aus der die Darstellung dieses Weltenrades stammt, schildert Hildegard aufs Subtilste, wie die kosmischen Kräfte, vor allem durch die Winde vermittelt, auf das menschliche Säftesystem einwirken und es zu Gesundheit oder Krankheit lenken.[51] Andererseits wieder beschreibt sie die Rückwirkungen menschlicher Taten auf das Geschehen der Natur und im Ganzen des Kosmos.

Ein drittes Rad, das zur Veranschaulichung der vierten Vision in »Welt und Mensch« dargestellt ist, wird von Schipperges in seiner Bildbeschreibung als »Der Lebenskreis«[52] bezeichnet (Farbtafel XVI). Es zeigt im Bilderkreis der Monate vor allem die Entsprechungen zwischen Mensch und Umwelt, sein Eingebundensein in die Jahreszeiten, die Monate, die Hildegard zugleich als Seinszustände sieht, die den verschiedenen Altersstufen, aber auch dem Temperament und Charakter des jeweiligen Menschen entsprechen. Zugleich verbindet sie mit den Monaten, mit ihren Wettern und ihren

Fruchtbarkeitsgraden, auch noch ethische und spirituelle Äquivalenzen des Menschen, die in den Monaten vor allem angeregt oder auch behindert werden. Es geht hier um ein Weltbild, in dem es darauf ankommt, sich wieder einzustellen und einzulassen auf die jeweiligen jahreszeitlichen Gegebenheiten und Rhythmen, die uns jeweils etwas zu zeigen haben, die etwas Bestimmtes von uns wollen und es uns auch ermöglichen. Es kommt darauf an, wieder mitzuschwingen im Pulsschlag des Kosmos.

Es kann nicht darum gehen, bestimmte Lebensmöglichkeiten und Ergebnisse gewissermaßen quer zum gegebenen Rhythmus des Jahres und des Lebens ertrotzen zu wollen. In jedem der Schaubilder greifen für Hildegard physiologische, psychologische und kosmologische Sinnebene ineinander.

Das Bild (Farbtafel XVI, Der Lebenskreis) ist folgendermaßen aufgebaut: In der Mitte befindet sich wieder die Erdkugel, diesmal in vier Viertel aufgeteilt, die jeweils die besondere Färbung der Erde während der verschiedenen Jahreszeiten tragen: in den Frühjahrsmonaten maigrün, in den hochsommerlichen und Herbstmonaten satt- und braungrün, im Winter schließlich ein karges, dunkles Braun-Schwarz, wie die aufgerissenen Ackerschollen, und in den Vorfrühlingsmonaten wieder zu einem lichteren Braun übergehend, in dem schon die aufsteigende Sonne sichtbar wird. Um diesen Kreis herum lagern sich die Bilder der einzelnen Monate und die für sie typischen Lebensgestalten des Menschen. So erhebt er sich in den Frühlingsmonaten jugendlich und zu eifrigem Schaffen und welkt mit den Herbstmonaten dahin, bis er sich im Winter zur Erde niederlegt, um zu sterben. Innerhalb dieses Kreises sind auch die jeweiligen kosmischen Wechselwirkungen, die das Wetter der entsprechenden Monate ausbilden, eingezeichnet, Sonneneinstrahlung, Wind und Wetterschauer und schließlich das fallende Laub. Die weiteren Schichten des Kosmos, die wir aus den früheren Kosmos-Rädern schon kennen, sind analog eingezeichnet, wieder sprühen die Tierköpfe ihren Atem auf die menschliche Welt zu aus. Der äußere Kreis ist auch hier, wie nun schon bekannt, der rote Flammenkreis, der sich nach außen in hellem Feuer und nach innen in schwarzem Feuer ergießt.

Auf diesem Bild ist die Gestalt der Weisheit-Liebe, die dieses kosmische Rad in den Händen hält, nicht abgebildet, statt dessen reicht aus dem äußersten Flammenkreis heraus eine Hand das Schriftband, das sich auf Hildegard zubewegt, die hier, wie in allen vergleichba-

Abb. 9: Quer zur Schöpfung: der Mensch. Scivias, Schau I,2 (Tafel 3)

ren Bildern, als Miniatur hörend und schreibend in der linken unteren Ecke des Bildes erscheint. Das Schriftband war übrigens auch schon im »Rad der Weltkräfte«, das wir zuvor betrachtet haben, sichtbar. Es zeigt an, daß Worte und Weisungen auf Hildegard zuwehen, die sie – schriftlich – festhalten und zum bleibenden Leben unter den Menschen erwecken soll. Bemerkenswert an diesem Bild ist das schmale Band von »edelstem Grün«, das die Innenseite des Bildrahmens durchzieht. Ein grünes Band, auf dem Hildegard samt ihrer kleinen Schreibstube sitzt, das deren Basis bildet und sich ihrem Rücken entlang emporzieht, um schließlich in einem Schlangenkopf zu enden, der seine Energie in das kosmische Rad zurückbläst. Das soll wohl noch einmal unterstreichen, daß die gesamte Weltsicht Hildegards von diesem heiligen Grün gehalten und umrahmt ist.

Im Bild zuvor, im »Rad der Weltenkräfte«, war es allein Hildegards Schreibstube, die auf einem breiten Sockel dieses Grüns stand. Hildegard führt denn in dieser vierten Schau, die zur umfangreichsten der ganzen Kosmos-Schrift geworden ist, das Wirken dieser Grünkraft bis ins einzelne aus: Wie sie in der Gliederung des Leibes, seinem Stoffwechsel, seinen Krankheiten wirkt, und wie sie die Quelle seiner Gesundheit ist. Vor allem zeigt sie, wie die Konstellationen der Monate auf die Seele des Menschen einwirken.

Worauf es ihr ankommt, ist, daß der Mensch im Laufe des Jahres die gesamte Skala seelisch-körperlicher Möglichkeiten und seelisch-körperlicher Gefährdungen im Zusammenhang mit dem entsprechenden Naturgeschehen durchläuft. Es geht ihr darum, sich in jedem der Monate auf die naturgegebenen Kräfte weise einzustellen, die damit gegebenen Chancen zur spirituellen Weiterentwicklung zu ergreifen und das Unzuträgliche davon zu unterscheiden und meiden zu lernen.

Heinrich Schipperges kommentiert das Bild des Lebenskreises in folgenden Worten: »Mitten in der Schöpfung ruht die blühende Erde, die Heimat des Menschen und sein schöpferischer Lebenskreis. In seiner körperlichen Gliederung ist der Mikrokosmos ein getreues Bild der großen Welt, die der Mensch bewußt in sein geisterfülltes Werk, seinen Gottesdienst, hineinnimmt. So gestaltet der Mensch im Jahreslauf der Natur und durch den Reigen der Monate hindurch Tag für Tag seinen Lebenskreis.«[53]

Drei machtvolle Visionen Hildegards aus dem Liber divinorum operum haben wir betrachtet, die darin übereinstimmen, daß sie die geschauten Bilder und Vorgänge in Kreis- bzw. Kugelgestalt darstellen: Ganzheitsbilder also sind alle, die das Sein selbst als ein Ganzes, ein Umgreifendes darstellen, das auch die scheinbar widersprüchlichen Kräfte und Erscheinungen zusammenbindet. Als solche Ganzheitsbilder sind sie – nach C.G. Jung – letztlich immer auch Widerspiegelungen der Psyche in ihrer Totalität, in denen die Psyche ihre eigene potentielle Ganzheit, ihr Selbst, auf die Erde, ja, auf das All projiziert.

Ganzheitsbilder sind letztlich – auch darauf weist C.G. Jung hin – immer auch Gottessymbole[54], sofern die Vorstellung einer Gottheit immer zugleich das Ganze – Gott ist »Alles in Allem« – meint. Er ist, um mit Paul Tillichs schönem Ausdruck zu sprechen, der, der das Überpersönliche und das Persönliche der Gottheit zusammenbindet, »das Sein selbst«.[55]

Das erste, gewaltige Bild läßt die visionäre Einsicht erkennen, daß das ganze All samt all seinen widerstrebenden Kräften – das Dunkelfeuer, die gefährlichen Winde – in »den Händen« einer Feuerenergie, einer Liebesenergie ruht, von ihr umfaßt, in ihr geborgen – personifiziert in der geheimnisvollen, unergründlichen Gestalt der Liebe-Weisheit.

Das zweite Bild zeigt den Menschen selbst innerhalb seines riesigen Umfeldes, des Alls, das mit all den kosmischen Kräften und Bezugsnetzen auf ihn einwirkt, auf das er aber auch zurückzuwirken vermag mit seinem unerhörten geistig-seelischen Potential. Es ist das Ganzheitsbild des Menschen im Kosmos, des Menschen in Wechselwirkung mit dem Kosmos. Die Menschheit wird dabei als Gesamtheit in dem Einen zusammengeschaut, dem Kosmos-Menschen.[56]

Das dritte Kreisbild schließlich zeigt die Erde, in der die Geschlechtsregion des Kosmos-Menschen, sein Sakralzentrum, wurzelt wie sie in ihm. Dies ist allerdings bedeutsam genug.

Im dritten Bild erscheint die Erde im Vergleich zum vorigen wie vergrößert, sie wird erkennbar als viergeteilter Jahreszeitenkreis und zwölffach aufgefächerter Monatskreis. Auch wenn es solche Bilderzyklen des menschlichen Lebenskreises im Mittelalter in verschiedenen Formen gibt, ist dieses Bild doch etwas Besonderes, indem es die Lebensphasen des Menschen auf dem kugelförmigen Gebilde unseres Planeten anordnet und rund um die Kreisperipherie herum ausbreitet. Hier nun wird das Gegenüber von Mensch und Erde, mehr noch, die geschwisterliche Zugehörigkeit des Menschen zur Erde und ihren Lebewesen, ihren Jahreszeiten und Wettern, deutlich. Den Rhythmen der Erde ist der Mensch zugleich zugeordnet und unterstellt: Analog zu den Phasen des Jahres blüht der Mensch auf, altert und stirbt. Leben und Tod gehören beide zu seinem Lebenskreis. Hier überragt er die Erde nicht, sondern ist selbst ein Kind der Erde, das sein Leben nur führen kann in Korrespondenz mit den belebenden, heilenden Kräften der Erde – mit Getreide und Obst, mit der Nahrung, den Heilkräutern, kurz: dem heiligen Grün.

Hildegards visionärer Radius umfaßt einen ungeheuren Raum: den Menschen als Geschwisterkind der Erde und all ihrer Lebewesen; aber auch als Sohn und Tochter des Kosmos, den Lebenskreis von Pflanze und Tier weit überragend; als Kosmos-Menschen, dem ein ungeheurer Einblick in kosmische Zusammenhänge gewährt ist – woraus ihm zugleich eine fast übermenschliche Verantwortung für das Heil oder die Zerstörung des Lebens auf seinem Planeten zuwächst.

Der Seherin Hildegard wird Einblick gewährt in das größte Geheimnis des Kosmos, von dem er selbst getragen ist: daß die ganze Menschenwelt samt ihrer Größe und Gefährdung, samt Erdatmosphäre und planetenbesetzter Nacht des kosmischen Raumes, eingebunden und eingebettet ist in die schöpferische Energie des Feuers und der Liebe; daß sie umfaßt ist von der Gestalt der Liebe-Weisheit, die sie schützt und umfängt, als wäre sie ihr eigener Leib. Manche ihrer Bilder und Worte sprechen dafür, daß Hildegard es wirklich so gesehen hat: die Schöpfung als des Schöpfers und der Schöpferin, der Weisheit »schöner Leib«, der aufschimmert im Grün der Vegetation und im feurigen Rot des Sonnenlichts, in den Farben der Hoffnung und der Liebe.

Im Rückblick auf Hildegards visionäre Bilder des Kosmos, des Zusammenspiels all seiner Kräfte, könnten wir uns fragen, wie diese sich nun eigentlich zu heutigen Vorstellungen vom Kosmos verhalten – sind sie auf den ersten Blick nicht weltenweit von diesen entfernt? – und worauf, wenn sie sich so stark von den modernen unterscheiden, eigentlich die Faszination des Hildegardschen Weltbildes für viele von uns Heutige beruht?

Im Blick auf die Frage, wie sich Hildegards Weltbild von einem heute möglichen unterscheidet, ist als erstes festzustellen, daß das Ganze der Welt – das Universum als Natur und als Geschichte – dem modernen wissenschaftlichen Denken aus methodischen Gründen nicht mehr zugänglich ist. Sowohl die wissenschaftlichen Voraussetzungen und Forschungsmethoden der sogenannten exakten Naturwissenschaften als auch die philosophischen nach Kants Erkenntniskritik haben die prinzipiellen Voraussetzungen für ein geschlossenes Weltbild aus den Angeln gehoben. Empirische Einzelforschungen von bis dahin nie gekannter Exaktheit treten wachsend an die Stelle einer ganzheitlichen Weltanschauung.

Je weniger jedoch seitens der Wissenschaft eine Weltvorstellung geboten werden kann, desto mehr wächst ein existentielles Bedürfnis nach Orientierung im Ganzen des Kosmos, nach einer Gesamtvision, in der auch der Mensch seinen Ort und seine Aufgabe im Kosmos finden könnte. Ohne Anschauung, ohne Theorie über das Ganze der Welt vermag der Mensch seinen persönlichen Ort nicht zu finden; er tappt angstverloren im Dunkel, auch im Blick auf seine existentielle Ortung und seine ethische Verantwortung.

So ist seit geraumer Zeit eine geistige Gegenbewegung gegen die Auflösung der wissenschaftlichen Welterkenntnisse in lauter exakte Einzelforschungen zu beobachten, die vor allem von solchen Wissenschaften, die das symbolische Denken einbeziehen, ausgeht, wie der Tiefenpsychologie, der vergleichenden Religionswissenschaft, aber auch der Wissenschaftsgeschichte, die zum Beispiel faszinierende, jahrtausendealte Vorstellungen, wie die Mikrokosmos-Makrokosmos-Theorie (der Mensch als Mikrokosmos, der das Universum spiegelt) oder diejenige von der Welt als Organismus (seit Platons Timaios) wieder zutage fördert – Vorstellungen, die zum Teil von heutigen Naturwissenschaftlern intuitiv-visionär wieder aufgegriffen werden, so in der Gaia-Hypothese von James Lovelock[57], in der Vision eines zusammenwirkenden Ganzen aus lauter Interdependenzen von Fritjof Capra[58] oder in der neuen Chaos-Theorie, die das uralte mythische Wissen von der Schöpfung aus dem Chaos, von dem Chaos, das sich jeweils aus sich selber neu formiert, wieder aufgreift.

Aus der genannten Sehnsucht, dem Bedürfnis des modernen Menschen nach einer Ortung seiner Existenz im Ganzen des Universums – die ohne eine Theorie, eine Anschauung des Ganzen nicht möglich ist – versteht sich auch die Faszination, die Hildegards ganzheitliche Weltschau auf uns Heutige ausüben kann.

Auch Forscher und Forscherinnen wie Lovelock, Capra, Swimme[59], Ferguson[60] oder Sheldrake[61] haben – wie Hildegard – primär eine Vision, eine intuitive Schau des Ganzen, eine Theorie, die den exakten Beweisen an den Einzelphänomenen vorausgeht – auch wenn sie auf begründete Einzelergebnisse, die pars pro toto gewonnen wurden, beruhen (wie seinerzeit die Erkenntnisse am Mikrokosmos

Mensch auf den Makrokosmos des Universums übertragen wurden). Nach Thomas Kuhn[62] ist Paradigmenwechsel in der Wissenschaft grundsätzlich mehr eine Frage von intuitiv gewonnener Überzeugung als wissenschaftlich vollständiger Nachweise – die immer für die bisher geltenden Theorien vollständiger vorliegen als für die neuen. Wissenschaftliche Paradigmenwechsel gleichen nach Kuhn eher Bekehrungserlebnissen als Forschungsergebnissen, haben sie doch – tiefenpsychologisch betrachtet – mit dem kollektiven Unbewußten zu tun, mit neuen Konstellationen des kollektiven Unbewußten, das Einseitigkeiten der kollektiven Bewußtseinslage jeweils auszugleichen sucht. Paradigmenwechsel stellen also Selbstregulierungsprozesse der kollektiven Psyche dar, die sich zuerst der Psyche einzelner Forscher als unabweisbar aufdrängen.

Das Spezialistentum unserer Zeit, das Spezialergebnisse über einzelne Wirklichkeitsbereiche zutage zu fördern versteht, unterschätzt die Interdependenzen, durch die alle Wirklichkeitsbereiche untereinander zusammenhängen und zusammenwirken – eine Perspektive, die nun wiederum Hildegards Vision des Universums in unvergleichlicher Weise wahrnimmt.

Hildegards Vision eines bewegten kosmischen Rades – in Wirklichkeit ist es eine bewegte Kugel, da ja die mehrdimensionalen Sphären ineinandergreifen – gibt diesen durchgehenden Interdependenzen des Kosmos Raum und bringt sie plastisch zur Anschauung. Erscheinen ihr doch zum Beispiel die energetischen Felder, die die Planeten und Fixsternsysteme verbinden, wie ein energetisches Adernetz des Kosmos. Auch erscheint ihr der kosmische Raum in Analogie zum Mikrokosmos des menschlichen Organismus wie ein unermeßlicher Magen, der alle Kräfte und Substanzen auf ihre Zuträglichkeit hin unterscheidet, ausscheidet oder zu neuem Leben verwandelt.[63]

Hildegard findet ein Symbol – bzw. sie schaut ein Symbol – für das Weltganze, das die alles durchdringenden Interdependenzen umfaßt, sie in sich enthält und doch selbst von einem einzigen Umgreifenden umfangen ist. Wie könnte sie dafür ein anderes Symbol finden als das Rad, das von rotierenden, konzentrischen Kreisen durchdrungen ist – bzw. mehrdimensional gesehen, die Kugel, erfüllt von dynamischen, konzentrisch ineinander wirkenden Sphären?

Was Hildegard schaut und was uns heute hier angeht, ist nicht ein physikalisch exaktes, wohl aber ein symbolisches, ein Anschauungsbild des Zusammenwirkens aller Kräfte im All, für die sie auch in ihren Beschreibungen des Zusammenspiels zwischen Leib, Seele und Kosmos vielfältigen Ausdruck findet.

Eben dieses Zusammenspiel der Kräfte auf allen Ebenen, auch im Mikrokosmos des Menschen, seines Leibes und seiner Seele, beschreibt Hildegard als die Wirkung der Sophia, der kosmischen Weisheit, deren Wirken die Basis und der schöpferische Urgrund des Universums ist. Dieses Bild hat sie visionär empfangen.

Und wenn sie in ihrer symbolischen Weltschau die Erde mit dem Menschen im Mittelpunkt des Ganzen sieht, so kommt es ihr bei ihrer Auslegung dieses Bildes überhaupt nicht darauf an, im Sinne späterer astronomisch-weltanschaulicher Entdeckungen und Streitigkeiten, ob Erde, Sonne oder etwas ganz anderes als Mitte des Kosmos zu betrachten sei (wie sie Nikolaus von Cues und Kopernikus interessierten, die die Erde aus dem Zentrum rücken; oder auch Galilei, der Naturwissenschaft und Theologie trennt); sondern sie setzt den Menschen samt seiner Erde in die Mitte, weil sie das Ganze aus der Perspektive des Menschen und keiner anderen betrachtet und den Menschen in seinem ungeheuren geistigen Potential, seiner Bewußtheit des Kosmos und seiner daraus erwachsenden Verantwortung für den Kosmos sieht – überragt er doch, gemäß ihrer Schau, seinen kleinen Erdplaneten um ein Vielfaches und hält das Netzwerk der kosmischen Verflechtungen in spielerischer Freiheit in der Hand. In Hildegards symbolischer Weltschau ist der Mensch im Universum so geortet, daß er eine kosmische Verantwortung trägt. Er vermag die Elemente – Erde, Feuer, Luft und Wasser – aus ihren Bahnen, aus ihren Regelkreisen zu werfen, vermag Luft und Wasser zu verunreinigen und das Klima durcheinanderzubringen; doch er vermag auch Mitschöpfer zu sein, verbunden mit der kosmischen Weisheit, um die noch immer werdende Welt zu ihrer Vollendung zu bringen; vielleicht sogar einen werdenden Gott – denn der Mensch soll nach Hildegard mitgestalten *»an den Gliedern seines schönen Leibes«*, des Leibes Gottes.

Eines vermag der Mensch nicht, Hildegards Schau gemäß, nämlich: den Kosmos gänzlich zu zerstören. Er selbst ist umfaßt, samt dem gefährlichen, destruktiven Dunkelfeuer, das ihn in Versuchung führt, von den liebenden Armen der Weisheit, die ihn erschaffen hat und die um das Zusammenwirken aller Gesetze des Kosmos weiß.

Hildegards symbolische Schau vermittelt uns Heutigen eine Hoffnungsperspektive, eine Perspektive des Umfaßt- und Geborgenseins, die rational nicht mehr zu begründen ist, uns jedoch zugleich unseren Ort anweist, unsere Größe und auch unsere Grenze.

Sie stellt uns in geschwisterliche Beziehung zu allen Mitgeschöpfen – im Geben und Nehmen –, in große Verantwortung als das bewußteste aller Geschöpfe, in dem das Universum seiner selbst bewußt wird (so betont auch unter heutigen naturwissenschaftlichen Voraussetzungen der Physiker Bryan Swimme[64]) –, sie unterstellt uns einem transzendenten Bezug als unserer Grenze und unserem Schutz.

Nicht biologisch-physikalisch, eher schon anthropologisch-psychologisch, vor allem aber nicht in wissenschaftlicher, sondern in symbolischer Sprache, im symbolischen Bild ist dies alles bei Hildegard ausgedrückt, mehr noch: geschaut.

Darum ist Hildegard von keiner Wandlung unseres physikalischen Weltbildes überholbar. Sie ortet den Platz und die Aufgabe des Menschen im Ganzen des Universums. Wohl kennt auch sie noch weitere geistige Existenzen im All über den Menschen hinaus – die Engelmächte, über die sie visionäres Wissen hat[65] –, doch ändert dies nichts an der einzigartigen Verantwortung des Menschen an seinem Platz, einer Schaltstelle der kosmischen Kommunikation. Es geht bei Hildegards Kosmos-Schau um eine seelisch-symbolische Ortsbestimmung des Menschen im Universum. Hildegard geht es nicht um naturwissenschaftliche Beweise für ihr Welt- und Naturbild – zumal ihre Zeit keine Naturwissenschaft im heutigen Sinne kennt –, wohl aber um begründete, empirische Beobachtungen, aufgrund derer sie zu ihrer intuitiven Theorie gelangt, die sich bei ihr zur Vision verdichtet.

Ich fasse jedoch Hildegards wichtigste Vorstellungen von der Natur noch einmal zusammen, um auch gewisse Annäherungen zwischen der ihren und der heutigen Weltsicht nicht zu übergehen. Zu Hildegards Naturbeobachtungen, die sich zu einer intuitiven Theorie (Schau) verdichten, gehören die folgenden: Sie sieht den Kosmos sub specie aeternitatis, von der göttlichen Weisheit her, die ihn geschaffen hat, geordnet. Der Mensch als leib-seelischer Mikrokosmos, der alle Bausteine und Bauprinzipien des Makrokosmos in sich enthält, läßt deshalb rückschließen auf die weisheitlich geordnete Struktur und Dynamik des Kosmos selbst:

»Gott hat vielmehr die Gestalt des Menschen nach dem Bauwerk des Weltgefüges, nach dem ganzen Kosmos gebildet«.[66]

Es ist charakteristisch, daß Hildegard gleichsam von oben her, aus der Perspektive Gottes auf den Menschen rückzuschließen scheint.

Es tritt andererseits heute neu ins Bewußtsein, daß der Mensch als Gattungswesen sich nicht nur einer langen Evolution aus der Natur heraus verdankt, sondern daß er auch als Individuum aufgrund seiner Leiblichkeit in alle Naturprozesse eingebunden ist. Als geschwisterliches Mitgeschöpf ist er mitbeteiligt am Zusammenwirken aller Wesen und Kräfte, an ihrer Interdependenz:

»So ist jedes Geschöpf mit einem anderen verbunden, und jedes Wesen wird durch ein anderes gehalten«.[67]

Die ökologische Krise und die entsprechende Forschung hebt Luft, Wasser, Erde und Sonnenlicht samt ihren Regelkreisen als Lebenselemente des Menschen wieder ins Bewußtsein. Zugleich wird die gemeinschaftliche Bezogenheit aller Lebewesen aufeinander auch von der biologischen Forschung wieder hervorgehoben, nachdem Darwin vor allem den »Kampf ums Dasein« als Grundlage der Evolution beschrieben hatte. Für Hildegard jedoch stehen die Geschöpfe bereit, dem Menschen zu dienen, wie auch er eine Verantwortung für sie trägt. Der Grundgedanke einer »Kette des Seins«, einer Stufenfolge der Lebensformen, findet sich durch alle Paradigmenwechsel hindurch auch im 20. Jahrhundert wieder, von Max Scheler[68] an bis hin zu den modernen Evolutionstheorien. Auch ohne den mittelalterlichen Gedanken einer Teleologie festzuhalten, vermutet die moderne Biologie im Prozeß des Lebens doch eine Tendenz zum Aufbau immer komplexerer Formen, wobei deren Eigenschaften eben nicht nur aus den einfacheren ableitbar sind. In einer gewissen Korrespondenz mit Hildegards Mikrokosmosvorstellung steht unter den Voraussetzungen des 20. Jahrhunderts zum Beispiel die Idee von Werner Heisenberg[69], der Mensch sei »der Schnittpunkt der Ordnungen der Wirklichkeit«, zugleich auch der Koordinator der jeweiligen Ordnungen. Er kann die verschiedenen Beschreibungsweisen der Wirklichkeit zugleich an sich erfahren: Die mechanische, die quantenmechanische und die organische Beschreibung seiner Leiblichkeit stehen beispielsweise komplementär zueinander. Er nimmt an eigenen, nicht auf physikalische Beschreibungen reduzierbaren Ordnungen der Wirklichkeit teil – wie der Sprache, der Kunst, der Religion –, ist mit seiner Umwelt und den Menschengenerationen verflochten über Erbanlagen und als das geschichtliche Wesen, das die Geschichte vergangener Generationen austrägt und weiterträgt. Er überragt den Ort und die Zeit, in denen er jeweils lebt. Hildegard wiederum weiß, daß der Mensch als Mikrokosmos alle Elemente des Kosmos, auch alle Seinsstufen, in sich vereint, so daß er Sinnes- und Geisteswelt verbindet und in diesem Sinne als Mittelpunkt des Kosmos gelten kann. Alle seine Glieder und Handlungen stehen im Bezug zum ganzen Kosmos: Er konzentriert alle Seinsbezüge in sich und braucht andererseits die Energien des Makrokosmos zur Erhaltung seines physisch-psychischen Gleichgewichts. Sie halten, nach Hildegard, *»auch den Menschen zu seinem Wohle an, auf sie Rücksicht zu nehmen, weil er ihrer bedarf, um nicht dem Untergang zu verfallen«*.[70] Das Weltbild Hildegards ist auch deshalb nicht nur historisch interessant, weil es für das alltägliche Lebensgefühl nachvollziehbar ist, oft mehr als die nur abstrakt formulierbaren naturwissenschaftlichen Erkenntnisse. Nach alltäglichem Erleben und im Sprachgebrauch geht auch heute noch die Sonne auf und unter, und wir erleben den Rhythmus von Tag und Nacht, der unser Zeitgefühl und die biologischen Rhythmen unseres Körpers prägt. Auch das Gefühl für Jahreszeiten, Festzeiten usw. hängt mit diesem ursprünglichen Naturerleben zusammen. Naturerfahrung und mystische Erfahrung liegen nicht weit auseinander, was wir vielleicht spüren, wenn wir uns an das Naturerleben unserer Kindheit erinnern.

Hildegards Kosmos-Vorstellung ist vor allem gegen zweierlei Vorstellungen abzugrenzen: gegen den gnostischen Dualismus, der ein Gegenprinzip in der Schöpfung annimmt, wie er in Hildegards Zeit im Katharertum aktuell war, und andererseits gegen den Monismus oder Pantheismus, wie er wohl in den überlieferten Kosmos-Modellen der griechisch-orientalischen Naturphilosophie zu Hildegard gekommen sein mag. Bei Hildegard ist der Kosmos von einem göttlich-personalen Erosprinzip umfaßt und in ihm geborgen, ihre Schau ist pan-en-theistisch. Hildegards Kosmos-Vision ist von derjenigen, die in der Moderne dominiert, in einer zentralen Kategorie unterschieden, indem sie nämlich von einem zentralen und quasi personalen steuernden Prinzip des Kosmos ausgeht: dem Schöpfergeist, der kosmischen Weisheit, auf die alles bezogen bleibt und die alles durchwirken. Ist nun diese Perspektive der Moderne gänzlich verlorengegangen?

Der Biochemiker und Philosoph Rupert Sheldrake schreibt in seinem Buch »Die Wiedergeburt der Natur«: »Ein Naturbild ohne Gott muß demnach ein schöpferisches Einheitsprinzip benennen können, das sich auf den ganzen Kosmos erstreckt und außerdem alle Polaritäten und Dualitäten in der Natur vereinigt. Das, scheint mir, ist nicht sehr weit entfernt von einem Naturbild mit Gott.«[71] Das Schöpferische im Kosmos steht nach Sheldrake im Rahmen höherer Ordnungssysteme, die er wie folgt beschreibt: »Neue biologische Arten entwickeln sich in bestimmten Ökosystemen, neue Ökosysteme innerhalb von Gaia, Gaia im Sonnensystem, das Sonnensystem in der Galaxis, die Galaxis im expandierenden Kosmos. Jede Ebene der Organisation wird von der nächst höheren eingeschlossen. Ähnliches scheint... auch für die physikalischen Felder zu gelten, die nach der Auffassung vieler Physiker aus einem einheitlichen Urfeld hervorgehen; so könnten auch morphische Felder jeder Organisationsebene in Feldern höherer Ordnung entstehen oder aus ihnen hervorgehen. Kreativität ist, mit anderen Worten, nicht einfach eine Bewegung von unten nach oben, bei der neue, komplexere Formen in spontanen Sprüngen aus einfacheren hervorgehen; sie ist ebenfalls eine Abwärtsbewegung, das schöpferische Wirken von Feldern einer höheren Ordnung.«[72] Sheldrakes Überlegungen im Blick auf die Wiedergewinnung eines theologischen Aspektes in der modernen Kosmologie gehen noch weiter: Er postuliert für die Energie und die Felder des evolutionären Kosmos einen gemeinsamen Ursprung, eine Einheit. Und nicht nur eine Einheit, sondern eine Einheit mit Bewußtsein. Und nun kommt er zu der kühnen Folgerung: »Wenn die Felder und die Energie der Naturaspekte von Wort und Geist Gottes sind, muß Gott selbst einen evolutionären Aspekt haben und sich mit dem Kosmos, mit dem biologischen Leben und der Menschheit entwickeln. Gott ist der Natur nicht fern und fremd, sondern in ihr gegenwärtig, doch zugleich ist er die Einheit, welche die Natur transzendiert. Gott ist also weder einfach in der Natur, das wäre der Standpunkt des Pantheismus, noch ist er der Natur einfach nur transzendent, wie die deistischen Philosophen behaupten; er ist vielmehr sowohl immanent als auch transzendent, und dies ist die Auffassung des sogenannten Panentheismus. Nikolaus von Kues drückte das im 15. Jahrhundert so aus: ›Das Göttliche ist die Einfaltung und Entfaltung von allem Existierenden. Das Göttliche ist dergestalt in allen Dingen, daß alle Dinge in der Göttlichkeit sind.‹«[73]

Eigentlich hätte ich mich nach diesen Gedankenbogen Sheldrakes nicht mehr darüber zu wundern brauchen – ich staunte aber doch, als ich ihn noch auf der gleichen Seite die Sophia erwähnen und schließlich an anderer Stelle in seinem Buch Hildegard von Bingen zitieren sah:

»Du auch führest den Geist
der deine Lehre trinkt, ins Weite
wehest Weisheit in ihn
und mit der Weisheit die Freude.«[74]

Sheldrake schafft mit seinem ganzheitlichen Denkansatz wissenschaftliche Voraussetzungen dafür, bisher heillos getrennt verlaufende Forschungswege der verschiedenen Wissenschaften wieder zusammenzuführen.

Tatsächlich sind erst im 20. Jahrhundert Naturwissenschaft und Theologie, Heilkunde und Kunst völlig getrennte Zugangsweisen zur Wirklichkeit geworden: Für Hildegard von Bingen ergänzen sie einander noch als Erkenntniswege zu einer einheitlichen, von Gottes Weisheit erschaffenen Realität. Kosmologie, Heilkunde und vor allem die Musik, die sie täglich im Chorgesang praktizierte und darüber hinaus in kühner Weise neu erschuf und weiterentwickelte, führen nach Hildegard jeweils auf komplementären Wegen zu dem göttlich-weisheitlichen Ursprung zurück, mit dem der Mensch, der gesund und heil bleiben will, sich immer neu verbinden muß: »Naturkunde, Heilkunde und Musik dienen letztlich der Frage, wie der Mensch sich mit dem göttlichen Ursprung verbinden und darin auch seine Gestalt vollenden kann. Ein gestörtes Verhältnis zur Natur wie zur eigenen Leiblichkeit ist Symptom für eine Fehlhaltung gegenüber dem göttlichen Schöpfungsplan. Die Erforschung der Natur erhellt wiederum die Stellung des Menschen zum Weltganzen. Musik dient dazu, die Erinnerung an die tiefe Ordnung der Dinge zu erwecken und momenthaft den Einklang mit dem Ganzen zu erzeugen.«[75] Der Einstellung Hildegards zur Musik soll denn auch das nächste Kapitel gewidmet sein.

8. »Feuergeist und Tröster du«

Hildegard als Dichterin und Komponistin

Wie die Sophia Schöpferin ist, Werkmeisterin, Künstlerin – so ist es auch Hildegard, die Freundin der Weisheit. Hildegard war Sprachmeisterin und Klangmeisterin von Gottes Gnaden, um so mehr, als sie weder in der verbalen Sprache – schon gar nicht in der lateinischen – noch in der tonalen eine spezielle Ausbildung genossen hat, sondern »ungelehrt« (indocta) war, was sie so stark betonte, daß sie damit zweifellos etwas Besonderes ausdrücken wollte. Es kann das nichts anderes sein, als eben dies, daß sie diese Gaben der Sprache und der Musik »gnadenhaft« empfangen habe: vom Schöpfergeist, von der Weisheit selber. Darauf beruht ihre Autorität, nicht auf irgendeinem Gelehrten-Status. So sagt sie: »*Aber auch Gesang und Melodie habe ich zum Lobe Gottes und der Heiligen ohne Unterricht von seiten irgendeines Menschen hervorgebracht und gesungen, obwohl ich niemals eine Neume oder irgendwelchen Gesang erlernt hatte.*«[1]

Hildegard war seit ihrem achten Lebensjahr – seit sie schreiben und lesen lernte – eingebunden in die täglichen Lesungen der Schrift, in die mehrfachen täglichen Psalmgesänge und Stundengebete, in die Darbietung des Heiligen Offiziums. Am täglichen Gebrauch des Kirchenlateins erlernte sie die lateinische Sprache, wenn auch weder in den Feinheiten der Grammatik noch gar der Stilistik. Doch zeigt sich in ihrem späteren Werk, daß sie das Alte Testament, die Propheten, vor allem aber den Psalter und nicht zuletzt auch die Weisheitsbücher und das Hohe Lied eingehend gelesen hat und wohl durch den ständigen liturgischen Gebrauch die Texte zum Teil auswendig kannte. Man spürt es ihrem lateinischen Vokabular an, daß es aus diesen Quellen stammt – doch zeigt sich Hildegards schöpferische Begabung gerade darin, daß sie diesen Wortschatz sehr eigenwillig anwendet, manche Ausdrücke neu formt.

Auch wenn sie nie methodischen Musikunterricht genossen hat, wird sie innerhalb der geistlichen Musik schöpferisch tätig wie vor ihr keine andere Frau. Ihre Kompositionen, 77 Lieder, dazu das mystische Singspiel »Spiel der Kräfte«, Ordo virtutum, werden in den Vollzug des öffentlichen Gottesdienstes aufgenommen, so daß ihr letzter Sekretär Wibert von Gembloux über sie sagt: »Wer hat ähnliches je von einer Frau gehört.«[2] Er sagt dies vor allem im Blick auf die für die damalige Zeit unerhörte Tatsache, daß Hildegards Musik öffentlich im Gottesdienst dargeboten, das heißt im Chor gesungen wurde und nicht nur als klösterliche Hausmusik diente. Bereits im Jahre 1148 bekundet ein Pariser Magister Odo seinen Respekt vor der Qualität dieser Lieder.[3] Im 12. Jahrhundert liegt überhaupt nur ein einziges Werk liturgischer Kompositionen vor, das sich an Umfang mit dem Hildegardschen vergleichen läßt, das des Petrus Abälardus, das etwa 20 Jahre früher entstand.

Um die Mitte des 12. Jahrhunderts faßte Hildegard ihre Lieder ein erstes Mal zu einem Zyklus zusammen, den sie »Symphonia harmoniae caelestium revelationum« (»Symphonie von der Harmonie der himmlischen Offenbarungen«) nannte. »Hildegard wollte mit diesem Titel sowohl auf die darin enthaltene himmlische Eingebung verweisen, als auch darauf, daß Musik die höchste Form eines Lobgesanges der Geschöpfe ist, indem sie echohaft die Töne der himmlischen Sphären erklingen läßt.«[4] Die Loblieder auf die Gestalten der christlichen Glaubenswelt richten sich bei Hildegard überwiegend an weibliche Personen: Fünfzehn der Lieder preisen Maria, dreizehn die Heilige Ursula, beide für Hildegard Urbilder und Vorbilder der gott-unmittelbaren Frau.

Schon die Bezeichnungen und Gattungen der Lieder und Gesänge weisen auf den liturgischen Gebrauch hin: ein Kyrie, ein Alleluja beispielsweise sind darunter. »Symphonia« nennt Hildegard ihren Liederzyklus: Symphonia, ein Schlüsselbegriff, der bei ihr nicht nur die Harmonie im musikalischen Zusammenklang der Stimmen oder Instrumente meint, sondern auch die seelische Harmonie eines Menschen, dessen Seele »symphonialis« gestimmt ist, und darüber hinaus die Harmonie des Kosmos, ja des »Himmels«. Wie die symphonische Stimmung der Seele in ihrem Einklang mit dem Körper nirgendwo so schön wie beim Musizieren zum Ausdruck kommt, so entsteht der Einklang zwischen Irdischem und Himmlischem überhaupt, wenigstens auf Zeit, jene Konsonanz und »Stimmung«, die nach Hildegards Vorstellung vielleicht vor dem Sündenfall im Paradies herrschte und nach der Vollendung der Schöpfung wieder alle Sphären durchtönen wird. Musizieren als Zusammenführung von Geist und Stimme, Himmel und Erde, wird so zum Gottes-Dienst schlechthin, zum opus bonum, dem »Guten Werk«.[5]

Wie wurde das musikalische Schaffen einer Frau in dieser Zeit überhaupt möglich?

Neben dem Sprechfenster nach außen, der fenestra locutaria, durch das das volkstümliche Heilwissen bei Hildegard eingezogen sein wird, enthielt die Disibodenberger Klause, in der Hildegard seit ihrem achten Lebensjahr im ganzen zweiundvierzig Jahre lang lebte, ein zweites Fenster, gleichsam eines nach innen, ein Liturgiefenster: Es war dies ein abgeschlossenes Frauenchörchen, durch das die Klause mit der Klosterkirche der Disibodenberger Mönche verbunden war. Von hier aus feierte die Frauengemeinschaft die Messe mit, mit Ohr und Stimme, erlebte sie im Singen als symbolische Wiedergeburt des verbum dei.

Durch die raumakustische Kirchenarchitektur, die Resonanzräume zu formen verstand, verschmolzen die singenden und laut lesenden Stimmen zu einem Klangkörper besonderer Art. Es darf gemäß Wolfgang Scherers überzeugenden Argumenten angenommen werden[6], daß gerade die Frauen die Symbolik der Geburt Gottes in ihren singenden Körpern, die des Gebärens fähig waren, auf eine besondere Weise erlebten, daß sich gerade die geistliche, die jungfräuliche Frau in der Nachfolge Mariens singend als Ort und Leib der täglichen Neugeburt und Inkarnation des göttlichen Wortes, des Christus erfuhr. (Auch Maria stimmte nach ihrer »Überschattung durch den heiligen Geist« das Magnifikat an, wie der Evangelist Lukas berichtet.)

Während des 11./12. Jahrhunderts hatten die führenden Klöster Europas unter dem Einfluß der cluniazensischen Reformbewegung die im Chor gesungenen Anteile des Gottesdienstes überdies auf das Fünffache erhöht.[7]

Hildegard wuchs also durch die Jahrzehnte am liturgischen Fenster mithörend und mitsingend in die musikalische Hingabe an das

Wort, in diesen geheimen Auftrag hinein, in einer »Klosteranlage zur akustischen Geburt des Gottes-Wortes«[8].

Auch die Lesungen aus der Bibel, vor allem die Psalmtexte, vernahm Hildegard laut, zuerst von ihrem Liturgiefenster aus, später in den Gottesdiensten der Abteien, die sie selbst für ihre Frauengemeinschaft errichtete, Rupertsberg und Eibingen. Bereits die Regel Benedikts hatte die allwöchentliche Absolvierung des gesamten Psalters vorgeschrieben. An der hymnischen Sprache der Psalmen ist Hildegard vor allem geschult. Dies war ihre Einführung in die Dichtkunst.

Zu Hildegards Zeit ist die stumme Lektüre von Texten noch ganz unbekannt. Die Buchstabenschrift ist dem Leser ungefähr das, was ihm heute vielleicht die Notenschrift bedeutet: etwas recht Abstraktes. Nur durch Aussprechen bzw. Singen werden die Buchstaben oder Noten hörbare, verstehbare Wirklichkeit.

Im Monatsbilderkreis des Liber divinorum operum lesen wir demgemäß unter den Ausführungen zum Monat Juni, dem sechsten Monat, dem, wie jedem Monat, von Hildegard ein Sinnesvermögen, hier das Hörvermögen, zugeordnet ist:

»Das Hörvermögen ist gewissermaßen ein kleiner Flügel für das Verständnis der Worte, die es empfängt. Indem die Ohren den Klang und jede Erscheinung aufnehmen, kann jedes Ding der Natur, was und wo es auch immer sei, seinem Wesen nach erkannt werden... Das Gehör aber ist in der Tat der Anfang der vernünftigen Seele. Wie nämlich geschriebene Worte zuerst ausgesprochen werden müssen, so wird über das Hörvermögen das Diktierte und Verfaßte, je nach dem Vorhaben des Menschen, zur Ausführung gebracht...«[9]

Beim Nachdenken darüber, was der erste Satz des Johannesevangeliums, »Im Anfang war das Wort« (Joh. 1,1), bedeuten möge, schreibt Hildegard über den Schall:

»Sein Schall erweckte alles zum Leben, so wie Gott dies im Menschen bezeichnet hat, der insgeheim das Wort in seinem Herzen spricht, ehe er es von sich gibt, jenes Wort, das beim Entstehen noch in ihm bleibt, und so ist das Gesprochene des Wortes im Wort. Als nun das Wort Gottes erklang, da erschien dieses Wort in jeder Kreatur, und dieser Laut war das Leben in jedem Geschöpf. Aus dem gleichen Wort heraus wirkt des Menschen Geist die Werke, aus dem gleichen Laut bringt die Vernunft ihre Werke tönend, rufend oder singend hervor, wie sie auch durch den Scharfsinn ihrer künstleri-

schen Tätigkeiten in der Kreatur tönende Musikinstrumente erklingen läßt.«[10]

Dem Geschriebenen mußte etwas hinzugefügt werden, ein Laut, ein Klang, damit es wirksam wurde, als gesprochenes Wort also, oder als gesungenes. So wurde es zum lebendig machenden Instrument, zum vivificendum instrumentum.

Im akustischen Vernehmbarwerden des Wortes entfaltet sich zugleich nichts Geringeres als das trinitarische Prinzip, das Hildegard hier wie in so vielen Vorgängen der Wirklichkeit erkennt:

»Im Wort sind Schall, Prägung und Hauch (sonus, virtus, flatus). Der Schall bewirkt, daß das Wort gehört wird, die Prägung, daß es verstanden wird, der Hauch trägt es seinem Ziele zu. Im Schall erkenne ich den Vater, in der Prägung den Sohn, im Hauch den Heiligen Geist.«[11]

Wie es Hildegard in Scivias III,5 beschreibt, kann aus dem »jungfräulichen«, dem integren Menschen, vornehmlich also der Frau, dieses staunende Singen hervorbrechen:

»Keine irdische Pflicht und kein Gesetzesbund kann dieses brausende Frohlocken hindern, sich auszusingen in einem himmlischen Lied zur Ehre Gottes. Frei geworden rauscht es urplötzlich hervor und erklingt in jenem neuen Lied, das nie gehört wurde.«[12]

Im Vergleich zur gregorianischen Musik fällt auf, daß sich ihre Melodik nicht mehr eindeutig in die Skalen der Kirchentonarten einpassen läßt. Statt dessen wird sie von dem Grundton (finalis) und dessen Oberquinte geprägt. Ihr Tonumfang, der fast immer den von der Gregorianik vorgesehenen Rahmen sprengt, erstreckt sich häufig über eineinhalb und manchmal bis über zweieinhalb Oktaven. Hildegard schreitet musikalische Höhen und Tiefen aus, fügt mehr zusammen, als bis dahin je gewagt wurde. Dies entspricht der weit gespannten Kontrapunktik ihres gesamten Weltbildes. Es bedarf einer außerordentlichen Schulung der Stimmführung und des Stimmumfanges, diese Lieder zu singen.[13]

Ist schon der Umfang des Tonraumes unüblich, so ist es erst recht der zeitliche Ablauf ihrer Gesänge, die sich durch eine »starke Melismenfreudigkeit«[14] auszeichnen. Hildegards Melodien umspielen die Texte wie blumige, pflanzliche Ranken, kennen meditatives Verweilen und festlichen Überschwang. Sie kennen auch Brüche und Sprünge, um Schmerzliches auszudrücken, zum Beispiel die Gebrochenheit der »fractos« in Lied 19, einer Sequenz zu Ehren des Heiligen Geistes.[15]

Um die häufigen, sehr weit gespannten Melismen, zum Beispiel bei der Anfangszeile »O splendissima gemma« (»O du überaus leuchtender Edelstein«), zu gestalten, bedarf es einer besonderen Atemtechnik, einer Regulierung des Verhältnisses zwischen Ein- und Ausatmen, das bei normaler Ruheatmung 4:5 beträgt, beim Singen aber 1:10 oder gar 1:50: »Geschulte Sängerinnen bringen es beim Halten eines Tones mittlerer Länge und Stärke auf 40 bis 50 Sekunden, dann hat die CO_2-Spannung im Blut eine Höhe erreicht, daß sie über die Erregung des Atemzentrums eine Inspiration erzwingt.«[16]

Statt am intervallischen System der Kirchentöne richten sich Hildegards Gesänge an einem anderen Modus aus, in dem für unser heutiges Ohr bereits die Dur-Moll-Tonalität anklingt.[17]

Mit großer Wahrscheinlichkeit wurde Hildegards Liedern eine instrumental erzeugte Grundschwingung zugrunde gelegt. »Symphonia«, der Ausdruck, den Hildegard gerne verwendet, bezeichnet nämlich nicht nur den Zusammenklang als solchen, sondern auch ein typisches Bordun-Instrument: eine Rad- oder Drehleier. Auch hier kommt Hildegards Radvorstellung noch einmal zum Zuge. Ein Scheibenrad nämlich, von Hand mit einer Kurbel gedreht, streicht im Inneren dieses Instrumentes alle Saiten zugleich an und erregt so einen andauernden Zusammenklang, eine Symphonie. Spielsaite samt Griffbrett oder Tastatur machen es möglich, verschiedene Skalen im Verhältnis zu dem andauernd tönenden Grundklang zu organisieren.

Auf den ersten Blick scheint es, als ob Hildegard nur ständig einige wenige Melodieformeln verwenden würde. Doch wiederholt sich, bei näherem Zusehen, keine Formel notengetreu, sondern sie werden durch Erweiterungen und Verkürzungen umgeformt.[18]

Außer den Liedern dichtete und komponierte Hildegard ein geistliches Singspiel, die »Ordo virtutum«[19], das »Spiel der Kräfte«, das wir schon nannten. Allein schon durch den Stoff sprengt dieses Spiel den Rahmen der mittelalterlichen Mysterienspiele, die neben Weihnachts- und Osterspielen allenfalls die Thematik von Heiligenleben umfaßten. Hildegard dagegen stellt das Schicksal der menschlichen Seele, der Anima, dar in ihrer lebenslangen Suchbewegung und Irritierbarkeit, aber auch in ihrer Fähigkeit der Orientierung an den ethischen Kräften. Das Spiel ist allein für Frauen-Singstimmen komponiert. Eine einzige männliche Spielfigur kommt hinzu, die des Teufels. Er jedoch vermag nicht zu singen, seine Stimme ist nicht neumiert, sondern es ist nur angegeben, daß hier Lärm zu erfolgen habe. Ein Lärminstrument kann diesen Part in Hildegards Sinn übernehmen. Lied ist bei Hildegard immer Lob und damit den Engeln und den Menschen vorbehalten. Dieses Spiel wurde vermutlich alljährlich in den Klöstern der Hildegardschen Frauengemeinschaft aufgeführt. Die Schwestern übernahmen die Stimme der Seele sowie die der Kräfte, die um sie ringen. Die eine männliche Spielfigur kann womöglich nur durch die einzige kontinuierlich anwesende männliche Gestalt übernommen worden sein: nämlich durch Propst Volmar, Hildegards geliebten Mitstreiter. Es ist reizvoll, sich dessen Rollentausch vorzustellen, wenn er den Part des Teufels im Spiel übernahm.

Hildegard will auch ihre Lieder und Texte als charismatisch-prophetische Aussagen verstanden wissen, die sie letztlich ihren Audiovisionen verdankt. Hildegard war innerlich so hingegeben an die Empfängnis von Melodien, daß ihre Schwestern sie manchmal singend umherwandeln sahen, ganz versunken in ein inneres Lauschen. Die Schwestern berichten, daß in solchen Stunden ein unbeschreibliches Leuchten auf Hildegards Gesicht gelegen sei, das ihr ganzes Haupt umstrahlte. In solchen Momenten hörte Hildegard die »Symphonia harmoniae caelestium revelationum«, den Zusammenklang der Offenbarungen himmlischer Harmonie.

Hildegards Lieder umfassen die gleiche thematische Weite wie ihre Visionen: die Schöpfung vor allem, durchwirkt von der Weisheit, die das All liebend umkreist (Lied 59), während der heilige Geist, mit der Weisheit eng verschwistert, die »schwärenden Wunden« der Geschöpfe reinigt (Lied 19), sich als Arzt erweist, als »Leben des Lebens aller Geschöpfe«.

Hildegards dichterische Sprache[20] ist innerhalb der europäischen Lyrik des Mittelalters ungewöhnlich. Sie ist innovativ in ihrer Form und rhapsodisch emotional in ihren Impulsen und in ihrer Gestik. Ausrufe des Staunens und der Freude sind nicht selten in ihr und charakterisieren sie in besonderer Weise. Ihre Satzgebilde sind differenziert, manchmal lassen sich mehrere Genitive aufeinander beziehen, auch mehrere Partizipien. Es liegt wohl eine sprachliche Entsprechung zu Hildegards vernetzendem Denken vor, in dem sie alle Prozesse des Kosmos aufeinander bezogen und miteinander verbunden sieht. Hildegard ist mit der Bildersprache der mystischen Liebe, wie sie im Hohen Lied aufbricht, ebenso vertraut wie mit der Symbolik des Psalters und der Weisheitsbücher. Auch die Bilder und Symbolverbindungen der Kirchenväter sind ihr wohlbekannt. Doch fügt sie diese Bilder zu neuen Zusammenhängen, eigenwilligen Kombinationen.

Maria gilt ihr als die Morgenröte, in der Christus wie eine Sonne aufgeht. Herzstück der ganzen Schöpfung ist nach Hildegards Glauben die Inkarnation des Christus in Maria. Gerade in ihren Liedern entwirft und umkreist sie eine Theologie der Inkarnation. Immer wieder wird Maria als Urbild des Menschen, der Frau sichtbar, deren sich öffnende Hingabe die Erlösung und Vollendung der Menschheit ermöglicht, während Eva in ihrer Verschlossenheit die Menschheit von der Grünkraft abschneidet. Die unerhörte Macht des Weiblichen, die Leben und Tod in der Schöpfung bewirkt, macht Hildegard an diesen symbolisch-archetypischen Figuren deutlich, auch wenn sie die negative Eva-Tradition damit unangefochten beläßt. Hildegards Marien-Lieder zeigen den außerordentlichen Rang, den sie dem Weiblichen beimißt[21]: »*Es ruht der höchste Segen – vor jeder Kreatur – auf der Gestalt der Frau*« (Lied 7). Als Maria dem »ewigen Wort«, Jesus, ihren »*lichten Schoß*« öffnete, geschah es: »*Wie aus dem Urschoß führt es ins Sein alle Kreatur*« (Lied 5). So jubelt Marias Schoß auf, da aus ihm »*alle Symphonie des Himmels tönte*« (Lied 12). Maria ist für sie Sophias inkarnierte Schwester: Urbild der neuen Frau in ihrer ganzen Integrität. Durch Maria schließlich »*nahmen die Elemente Lebenswonne auf*«, wie es im Lied 8 heißt.

Der heiligen Ursula, der einzigen weiblichen Heiligen, die sie erwähnt, widmet sie einige ihrer bedeutendsten Lieder, in denen sie Wesentliches über ihre eigene Auffassung des Lebens und des Glaubens aussagt, vor allem auch ihre Vorstellung von der Jungfräulichkeit auslegt (Lied 43, 45, 54 u.a.). Den Engeln, den Jungfrauen, aber auch den Witwen und den Kindern widmet sie Gesänge neben solchen an Propheten, Märtyrer und den Schutzpatron ihres Rupertsberger Klosters, den heiligen Rupertus.

Auf Hildegards sensibles Sprach- und Hörvermögen aufmerksam geworden, nimmt man erst ganz wahr, wie oft sie in ihren Schriften und Briefen Vergleiche und Bilder aus der Welt der Akustik bringt. Hierher gehören die schon erwähnten Texte zu den elementaren Bereichen des Schalls, des Hörens und der Stimme. Die Musikinstrumente, die auch sonst im Mittelalter mit reicher Symbolik beladen sind, regen sie zu immer neuen Vergleichen und Bezügen an: So bezeichnet sie sich selbst als »*die Harfe, die ein anderer schlägt*«[22]. Horn und Flöte, Zither und Psalter, Cimbel und Pauke werden in

Hildegards bildhafte Vergleiche einbezogen. Wolfgang Scherer[23] versucht aufzuweisen, daß sie im Unterschied zur sonstigen mittelalterlichen Gepflogenheit diese Instrumente nicht nur in Textvergleichen verwendet, sondern auch wirklich, sei es nun als kontrastierende Lärminstrumente des Teufels, wie in ihrem Singspiel, sei es als Bordun-Instrumente, die den Zusammenklang aller Stimmen samt deren reicher Oberton-Reihen erzeugen. Viel deutet darauf hin, daß sie es gewagt hat, diese Instrumente, die wegen ihrer früheren Verwendung im heidnischen Kult im Mittelalter dämonisiert worden waren, wieder in die christliche Klangwelt einzubeziehen. Diese Freiheit wäre eine Entsprechung zu der geistigen Weite, in der Hildegard auch »*Gottes Dunkelfeuer*« einen Platz im Ganzen des Kosmos einräumt und es nicht abspaltet und ausscheidet. Über die Symbolik der Musikinstrumente hinaus sind »der ganze Kosmos, Tier und Mensch, die Eigenschaften des Körpers und der Seele, die Engel, die bösen Geister und alle Erscheinungen des Göttlichen bis hin zur Trinität« zum tönenden Symbol für Hildegard geworden[24].

9. ...und mit der Weisheit die Freude

Hildegards Lieder

Zum Abschluß werde ich nun vier Liedtexte Hildegards vorstellen, die sich vor allem auf die Thematik der Weisheit beziehen. Das 59. Lied »O Kraft der Weisheit«, O virtus sapientiae, soll am Anfang stehen. Der Text des 59. Liedes lautet in der Übersetzung von Adelgundis Führkötter, einer Benediktinerin des Klosters Eibingen:

O Kraft der Weisheit

O Kraft der Weisheit, umkreisend die Bahn,
die eine des Lebens,
ziehst um das All du die Kreise,
alles umfangend!

Drei Flügel hast du:
In die Höhe empor schwingt der eine,
auf der Erde müht sich der zweite,
und allüberall schwingt der dritte.

Lob sei dir, Weisheit, würdig des Lobes!

O virtus sapientiae

O virtus sapientiae,
quae circuiens circuisti

comprehendo omnia
in una via, quae habet vitam

tres alas habens,
quarum una in altum volat,
et altera de terra sudat,
et tertia undique volat.

Laus tibi sit, sicut te decet, o sapientia.[1]

Hier ruft Hildegard die »Kraft der Weisheit« direkt an: »*O virtus sapientiae!*«; Energie und Tugend, ethische Verwirklichungskräfte, sind im lateinischen Wort »virtus« enthalten. Hildegard spricht die Weisheit als ein lebendiges Wesen an, ein Du, und appelliert an sie, indem sie die Art ihres Wirkens umschreibt und es ihr zuspricht als derjenigen, »*die du kreisend umkreisest*«, »*quae circuiens circuisti*«.

Es gehört zum Wesen der Weisheit, daß sie nicht zustößt, sondern umkreist, umschließt. Mit der weiblichen Gebärde des Umfangens umgibt sie die Wesen und Dinge der Welt; sie scheidet nicht aus, diskriminiert nicht, sondern integriert vielmehr:

»*Du bauest und bindest alles in eins*«, so heißt es an anderer Stelle. Ihre Erscheinungsweise ist »im Rund«: »*alles umfangend*«, »*comprehendo omnia*«, »*in der einen Bahn, die das Leben hat*«, »*in una via, quae habet vitam*« (Lied 19).

Wieder kommt einem Hildegards Vision aus der Kosmos-Schrift (Visio X,1) von der Gestalt der Liebe-Weisheit im grünen Seidenmantel in den Sinn, die das kosmische Rad des Lebens ausfüllt und erfüllt. Dazu die andere, die zu den Eingangsvisionen der Kosmos-Schrift gehört (Visio II), in der die feuerfarbene Gestalt der Liebe-Weisheit das kosmische Rad umfängt wie ihren eigenen Leib.

Nun aber wird in der zweiten Strophe der Antiphon die Weisheit auf ihre drei Flügel angesprochen, die sie – wie auch in der ostkirchlichen Tradition – als ein volatiles, ein flugfähiges, also omnipräsentes Wesen beschreiben und die ihr ermöglichen, sich und ihre Anliegen überall hin zu vermitteln und dort zu verwirklichen. In die Höhe schwingt der eine (*quarum una in altum volat*) – sie vermag sich aufzuschwingen zu höchster Schau, zu höchstem geistigem Wissen –, auf der Erde müht sich und »schwitzt« der andere (*et altera de terra sudat*). Die Weisheit ist nie »abgehoben«, hat sich immer um die Sache der Erde, um den Alltag der Menschen gekümmert und gemüht, insofern ist der zweite Flügel der der Liebe. In der biblischen

Weisheitsliteratur geht es um die rechte Zeit, die rechte Art für Beziehung und Arbeit, geht um Geben und Nehmen, Tun und Lassen. Wo, wenn nicht hier, tut Weisheit not?

Und es gibt noch einen Dritten, der ohnedies alles durchdringt, indem er Höhe und Tiefe verbindet, Alltagsarbeit und geistigen Höhenflug, den Flügel der Schöpferin selbst, die um alle Zusammenhänge der Welt von Anfang an und in die Zukunft hinein weiß: *»Und allüberall schwingt der dritte«*, *»et tertia undique volat.«*

Hier ist die Weisheit als göttliches Wesen erkennbar, und an dieser Stelle kommt Hildegard wieder ins Staunen und in die ehrfürchtige Anrufung: *»Lob sei dir, wie es dir zukommt, o Weisheit!«* *»Laus tibi sit, sicut te decet, o sapientia.«*

In der Nachfolge der Hildegardschen Choreographien für den Gottesdienst – es ist überliefert, daß es sie gegeben habe – und ihr nachempfunden, existiert seit jüngster Zeit eine eindrucksvolle Choreographie zu diesem Hymnus (von Maria-Gabriele Wosien entworfen[2]), die ich selbst als Teil einer Gruppe unter Anleitung von Christine Wieland durchtanzen konnte.

Hier werden die drei Flügel der Sapientia-Sophia von je drei Tänzerinnen dargestellt, von denen die eine sich sehnend nach oben dehnt, die Arme flügelgleich emporbewegend (»in die Höhe empor schwingt der eine«); die andere sich zu Boden bückt und mit den Armen als Flügel schaffend-segnend die Erde berührt (»auf der Erde müht sich der zweite«). Die dritte schließlich bewegt sich in Form einer Lemniskate um die beiden anderen herum, umfaßt sie, schließt sie zusammen, die Arme kraftvoll und wie im Flügelschlag bewegend (»und allüberall schwingt der dritte«). Die drei Flügeldarstellerinnen bzw. Tänzerinnen sind in der entsprechenden Phase der Choreographie schräg hintereinander gestellt, so daß sie die Form einer Diagonalen aus drei Flügelpaaren bilden.

Die Kraft der Weisheit, aufgefaltet in drei bewegte Flügel, ist schließlich auch in dieser Choreographie eingebettet in einen Kreis, der das Ganze, auch die Dynamik der drei Flügel, in sich einschließt und ständig weiterbewegt. So wird die choreographische Aussage zugleich dem Kreisbild der ersten Strophe gerecht:

»O Kraft der Weisheit, umkreisend die Bahn,
die eine des Lebens,
ziehst um das All du die Kreise,
alles umfangend.«

Hildegards schon zitiertes Lied »O edelstes Grün« (O nobilissima viriditas) stellt das neununddreißigste in der Sammlung ihrer Lieder dar, ein Responsorium, und ist mit einer Widmung »An die Jungfrauen« überschrieben.

Ich führe zunächst den Text an, deutsch und lateinisch, wobei ich die Übersetzung diesmal einer Auswahl von Hildegard-Texten entnehme, die Heinrich Schipperges zusammengestellt hat. Mir gefällt diese Übersetzung, vor allem in ihrer Rhythmik, besonders gut.

O edelstes Grün,
das wurzelt in der Sonne
und leuchtet in klarer Heiterkeit,
im Rund des kreisenden Rades,
das die Herrlichkeit des Irdischen nicht faßt:
Umarmt von der Herzkraft himmlischer Geheimnisse
rötest du wie das Morgenlicht
und flammst wie der Sonne Glut.

Du Grün, bist umschlossen
von Liebe.[3]

Item de virginibus

O nobilissima viriditas,
quae radicas in sole
et quae in candida serenitate luces,
in rota,
quam nulla terrana excellentia
comprehendit,
tu circumdata es
amplexibus divinorum mysteriorum.

Tu rubes ut aurora
et ardes ut solis flamma.[4]

Das Grün wird angeredet wie eine Person, ja, es wird fast angerufen, wie man eine Gottheit anruft. Grün: das heißt Leben auf unserer Erde, Sauerstoff, Wasserstoff, Licht. Wir wissen inzwischen, daß Grün die Mantelfarbe der Sophia ist, daß sie diese Farbe in Seide trägt als ihr Kleid, daß das grünende Leben auf Erden also selbst ihr Gewand ist, mit dem sie sich schmückt wie mit nichts anderem. »Kosmos«, der griechische Begriff, heißt ursprünglich »Schmuck«, und Hildegard rückt uns die Schönheit unserer Welt ins Bewußtsein.

Indirekt wird also mit dem Grün die Sophia angerufen. Als Superlative alles Edlen wird es ausgewiesen: edelste unter den Farben, edelste unter den Kräften. Warum wird es so gepriesen?

Hildegard beschreibt es nach seiner Herkunft, so wie der Adelige auf seinen von weither kommenden Stammbaum achtet und sich dessen freut. Von dem Grün nun ist nichts Geringeres zu sagen als dies: Es ist das Lebensprinzip, »*das wurzelt in der Sonne*«. Die Sonnenmutter selbst ist seine Ahnfrau – oder: das göttliche Licht.

Kein Grün ohne Sonne. Nie spürte ich das stärker als in den römischen Katakomben, wo nur durch einen Luftschacht hie und da ein Bündel Sonnenstrahlen hineinfällt. Wie da das Grün aufbrach, aufschoß in der dunklen Gruft!

Nun wird weiter beschrieben, warum das Grün die Kraft von höchstem Adel ist: hat es doch seine Wurzel im Licht *»und leuchtet in klarer Heiterkeit«*, »*et quae in candida serenitate luces*«.

An Regentagen, erfrischt und naß, leuchtet es besonders intensiv. So erleben wir es, wenn wir in Regensommern durch die Lande fahren. Maler wie Hundertwasser, von großer Farbsensibilität, ziehen das neutral gedämpfte Licht der Regentage jedem anderen beim Malen vor. Die Intensität, in der die Farben – vor allem das Grün – aus ihrer eigenen Strahlkraft heraus in diesem Regenlicht aufleuchten, ist unvergleichlich.

Grün ist klar. Es kann auch schmutzig geworden sein, durch seine vielfache Mischbarkeit mit Erdtönen. Deshalb können wir genauer sagen: Hildegards Grün ist klar. Es leuchtet »*in klarer Heiterkeit*«. Eine frohe Farbe ist es, keine schwere und schwermütige, wie Violett es sein kann oder auch Braun. Lebensfrische zeigt sich in ihr, zuversichtliche Keimkraft der Anfänge, des Frühlings. Für Hildegard herrscht dort, wo Grün ist, eine gewisse Leichtigkeit und Freiheit, eine Ausgeglichenheit, wie sie die Weisheit mit sich bringt, deren Farbe es ist. Grün: das ist mehr als nur die wechselnde Färbung des Grases und des Laubes im Laufe der Jahreszeiten; das ist bei Hildegard der Ausgleich der Lebenskräfte, ihr Rhythmus, ihre Balance. Wir dürfen uns hier auch daran erinnern, daß in der fernöstlichen Lebenslehre das Grün die Farbe des zentralen Herzchakras ist.

So fein und subtil ist die Abstimmung der Lebenskräfte im Makrokosmos und in dem mit ihm verflochtenen Mikrokosmos des Menschen, daß nur Staunen bleibt: Hildegard spricht vom »*Rund eines kreisenden Rades, das die Herrlichkeit des Irdischen nicht faßt*«, »*quam nulla terrena excellentia comprehendit*«.

Ein verwunderter Satz ist dies! Faßt das Irdische in all seiner exzellenten Herrlichkeit, zu der die leuchtende Heiterkeit des Grüns gehört, dennoch das Wunder jenes kreisenden Kosmos-Rades nicht?

Oder ist die Herrlichkeit des Irdischen so groß, daß sie nicht aufgeht in dem Rad der Jahreszeiten und Kräfte; daß dieses Rad sie nicht faßt, daß sie es vielmehr übersteigt, transzendiert? Auch diese Aussage wäre Hildegard zuzutrauen! Dennoch trifft wohl der erste Deutungsvorschlag genauer zu, denn nun, im zweiten Teil dieser Antiphon, wird das Grün, das innerhalb des Rades leuchtet, als etwas dargestellt und angeredet, das »umarmt« ist wie ein lebendes Wesen. Von hier an wird das Grün von Hildegard direkt als ein Du angesprochen:

»*umarmt von der Herzkraft himmlischer Geheimnisse*«, »*tu circumdata es amplexibus divinorum mysteriorum*«, »*rötest du wie das Morgenlicht*«, »*tu rubes ut aurora*«.

Das Grün der Erde – die physische und geistige Wachstumskraft des Menschen – ist eingebettet, ist umarmt von der Wurzelkraft himmlischer Geheimnisse. Wieder fällt einem Hildegards Vision von der Gestalt der kosmischen Liebe ein, die das Weltenrad und dessen Mitte, das Grün der Erde, umfaßt und umarmt.

Und nun folgt im Text ein paradoxes Bild. Indem es von dieser Herzkraft himmlischer Geheimnisse umarmt wird, die auch in der Vision in feurigem Rot erscheint, »rötet« sich auch das Grün, mehr noch: es sendet Morgenrot aus, wie der Himmel unmittelbar vor Sonnenaufgang. Mit dieser Rötung des Grüns drückt Hildegard in ihrer farbsymbolischen Sprache aus, daß das Grün von Liebe durchglüht wird. Sie spricht dabei auch aus, daß es seine Komplementärfarbe hervorbringt unter der Umarmung durch die »Herzkraft himmlischer Geheimnisse« – so wie wir bei langem, intensivem Schauen ins Grün auf einmal dessen Komplementärfarbe, das Rot, vor unsere Augen treten sehen oder bei einer innigen Umarmung langsam ganz und gar durchwärmt werden. Wenn dieses Rot aber auftaucht, steht auch der Sonnenaufgang, der neue Lebensimpuls für alles Grün, für alle Hoffnung, unmittelbar bevor: »*Und flammst wie der Sonne Glut*«, »*et ardes ut solis flamma.*«

Und nun schwingt sich Hildegards Poesie und Ehrfurcht zu dem Ausruf empor: »*Du Grün bist umschlossen von Liebe.*« (Im lateinischen Text der Lieder fehlt dieser Schlußvers; meine Quellenkenntnisse reichen nicht aus, um dies begründen zu können.)

Sie spricht es dem Grün der Erde zu, wie man es einem lebendigen

Wesen zuspricht, so daß es ihm zur Gewißheit wird: daß es von einer umfassenden Liebe umgeben ist. Das Bild dazu ist wieder die feurige Gestalt der Liebe-Weisheit, die das kosmische Rad mit dem Grün der Erde an ihre Brust drückt. Zugleich ist diese letzte Zeile ein staunender Ausruf, ein Anruf an das alleredelste Grün, in dem Hildegard ihre innigste Verehrung für alles Lebendige auf dieser Erde ausdrückt.

Warum ist dieses Responsorium wohl »den Jungfrauen« gewidmet? Für Hildegard ist die Jungfrau weniger durch ihre geschlechtliche Unberührtheit geprägt, vielmehr durch ihre Gott-Unmittelbarkeit. Sie leitet ihre Identität als Frau nicht mehr vom menschlichen Mann her, wie man das jahrhundertelang getan hat, sondern direkt aus dem Geiste des Schöpfers und der Weisheit. Für Hildegard ist die Weisheits-bezogene Frau und die Gemeinschaft solcher Frauen in besonderer Weise fähig, die Grünkraft zu bezeugen und wahrzunehmen. Diese Frauen selber sind »edelstes Grün«, eine Hoffnung für die Erde. Maria, die Jungfrau, ist in diesem Sinne die »virga viridissima«, das »allergrünste Reis« der Schöpfung. Das Wortspiel zwischen virgo, Jungfrau, und virga, Reis, ist von Hildegard wohl gewählt, um diesen Zusammenhang deutlich zu machen.

Eine ihrer feurigsten Sequenzen ist ihr neunzehntes Lied, die Anrufung des Heiligen Geistes, De spiritu sancto, der bei ihr, wie wir sahen, mit der Weisheit aufs engste verbunden ist. Ich bringe den Text wieder in der Übersetzung von Adelgundis Führkötter:

Über den Heiligen Geist

Feuer du und Tröster-Geist,
Leben des Lebens aller Geschöpfe!
Heilig bist du, du belebst die Gebilde.

Heilig bist du, du salbst die gefährlich Verletzten,
heilig bist du, du reinigst die schwärenden Wunden.

Hauch aller Heiligkeit, Feuer der Liebe,
süßes Verkosten unserer Brust!
Wohlduft der Tugenden
senkest du ein in die Herzen.

Lauterer Quell, in dem wir erschauen,
wie Gott die Irrenden sammelt
und die Verlorenen sucht.

*O Schutzwehr des Lebens,
du Hoffnung der Glieder auf Einheit,
du Gürtel der sittlichen Würde, die Heiligen heile!*

*Beschirm, die der Feind hat gefangen,
mach frei, die da liegen in Fesseln,
die göttliche Kraft will sie retten.*

*Du mächtiger Weg, der alles durchzieht
in Höhen, auf Erden, in Abgründen all,
du fügest und schließest ja alle in eins.*

*Durch dich
wogen die Wolken und fliegen die Lüfte,
träufeln die Steine,
bringen die Quellen die Bäche hervor,
läßt sprossen die Erde das Grün.*

*Du bringst auch immer Menschen voll Einsicht hervor,
beglückt durch den Odem der Weisheit.*

*Und darum sei Lob dir, du Klang allen Lobes
und Freude des Lebens, du Hoffnung und machtvolle Ehre,
da du die Gaben des Lichtes verleihst.*

De spiritu sancto

*O ignis spiritus paracliti,
vita vitae omnis creaturae,
sanctus es vivificando formas.*

*Sanctus es ugendo periculose fractos,
sanctus es tergendo fetida vulnera.*

*O spiraculum sanctitatis, o ignis caritatis,
o dulcis gustus in pectoribus
et infusio cordium
in bono odore virtutum.*

*O fons purissimus, in quo consideratur,
quod Deus alienos colligit
et perditos requirit.*

*O lorica vitae
et spes compaginis membrorum omnium
et o cingulum honestatis, salva beatos.*

Custodi eos, qui carcerati sunt ab inimico,
et solve ligatos,
quos divina vis salvare vult.

O iter fortissimum, quod penetravit omnia
in altissimis et in terrenis et in omnibus abyssis,
tu omnes componis et colligis.

De te
nubes fluunt, aether volat,
lapides humorem habent,
aquae rivulos educunt
et terra viriditatem sudat.

Tu etiam semper educis doctos,
per inspirationem sapientiae laetificatos.

Unde laus tibi sit, qui es sonus laudis
et gaudium vitae, spes et honor fortissimus,
dans praemia lucis.[5]

»*Feuer du und Tröster-Geist*«, so ruft sie ihn an, »*o ignis spiritus paracliti*«. Die begeisternde, schöpferische, wandelnde Kraft des Feuers, seit den feurigen Zungen zu Pfingsten mit der Ausgießung des Heiligen Geistes verbunden, wird hier mit der mütterlichen Tröstergabe des Geistes zusammengebracht, die gemäß dem Johannesevangelium wesensmäßig zu ihm gehört.

Vermag doch nichts in depressiven Seelenzuständen mehr zu trösten, als wenn das schöpferische Feuer des Geistes wieder über uns kommt. Davon weiß gerade Hildegard, die oft darniederlag, wenn Kleinmut und Schwermut sie überfielen, weil sie ihre eigene Größe und ihren Auftrag nicht wagte.

Großes spricht sie dem feurigen Tröster zu, benennt ihn als »*Leben des Lebens aller Geschöpfe!*«, »*Vita vitae omnis creaturae*«. Hildegard liebt solche Formulierungen, wie »Leben des Lebens«, »vita vitae«, kann sie damit doch eine Kernsubstanz des Lebens ausdrücken: Diese ist natürlich der Geist der Weisheit. Er ist das Lebensprinzip, die Essenz des Lebens. So hört sie ihn an anderer Stelle sprechen: »Ich bin das heimliche Feuer in allem, und alles duftet von mir«[6], und »Ich bin das ganz heile Leben.«[7]

Er ist die Seele der Welt wie des Menschen. Über die Seele des Menschen sagt Hildegard:

»Die Seele des Menschen aber ist feurig und sie heizt den Leib des Menschen und belebt ihn...«[8] Und so spricht sie es erst recht dem Heiligen Geist zu: *»Heilig bist du, du belebst die Gebilde«, »sanctus es vivificando formas«.*

Das Schöpfertum des Heiligen Geistes, wie wir es aus dem alten kirchlichen Hymnus »Komm, Schöpfer-Geist« kennen, wird bei Hildegard stark betont: Darin ist der Geist heilig, daß er schöpferisch ist, daß er alle Gebilde, alle Formen belebt – wie er zu Beginn der Schöpfung den lehmgeformten Adam belebte. Auch den Menschen zeichnet vor allen Kreaturen aus, daß er – geistbegabt – schöpferisch zu werden vermag.[9]

Darin aber ist der Geist zugleich heilig, daß er heilende Kraft entbindet; das Heilige und das Heilende gehören bei Hildegard zusammen. Letztlich heilt bei ihr nur das Heilige, die ergreifende und erschütternde Begegnung mit der Transzendenz, die in den großen Bildern der Seele erfahren werden kann. Und so fährt sie fort:

»Heilig bist du, du salbst die gefährlich Verletzten,
heilig bist du, du reinigst die schwärenden Wunden.«

So spricht die mit ärztlichem Tun vertraute Hildegard, die weiß, daß gefährlich Verletzte mit Salben und Ölen behandelt, daß schwärende Wunden vor allem gereinigt werden müssen. Dies tut bei schwelendem Wundbrand der reinigende Feuer-Geist, auch im übertragenen Sinn, bei seelisch-geistiger Verletzung – »fractos«, das sind die Gebrochenen, Zerbrochenen, die Fragmentierten. Die Melodieführung Hildegards macht bei der musikalischen Gestaltung des Wortes »fractos« einen unerhörten Sprung, aus der relativ tiefen Tonlage in eine plötzliche Höhe; es ist, als ob die Saite eines Musikinstrumentes mit jähem Klirren risse, ein Gefühlsausbruch angesichts des schmerzlichen Zerbrechens des Menschen, wie er in der Musik vor Hildegard undenkbar gewesen wäre.

Hildegards lateinischer Ausdruck für »salben« schließlich, »ugendo« (Öl hineingießen) läßt sich auf drei Ebenen verstehen und beziehen: einmal auf das Tun des Arztes; dann aber auch auf die Salbung zum König – das ursprüngliche Königtum des Menschen soll wiedererweckt werden; schließlich auf Christus, als »den Gesalbten«, der selber als der göttliche Arzt gilt.

Nach der Betrachtung der Textgestalt der ersten beiden Strophen möchte ich nun kurz auf die musikalische Gestaltung dieser beiden Anfangsglieder der Sequenz eingehen.

In der Antiphon »O ignis spiritus paracliti« beginnt sowohl das

19 De Spiritu Sancto

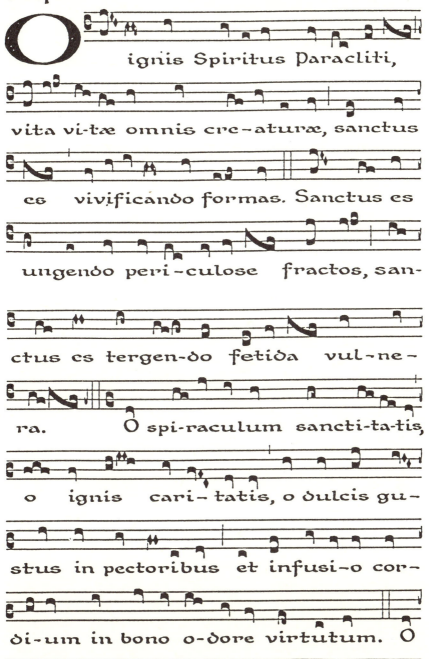

Abb. 10: Lied 19 – De Spiritu Sancto, Notenbeispiel

Abb. 11: O ignis spiritus paracliti, Notenbeispiel

langgezogene »O« am Anfang der ersten Strophe wie das »sanctus« zu Beginn der zweiten mit dem für Hildegard charakteristischen Quintensprung. Die Antiphon klingt unseren modernen Hörgewohnheiten wie in Moll gesetzt.

Das mütterlich Tröstende des Geistes spielt bei Hildegard in der Melodie zu spiritus paracliti in den tiefen Lagen. Bei der musikalischen Gestaltung von vita vitae erhebt sie sich zuerst in »vita« – wieder ein Quintensprung – zu den Höhen des Lebens, um dann in »vitae« in seine Tiefen hinabzusteigen – bis zu den tiefsten Tönen, mit denen sie »alle Kreaturen«, omnes creaturae, nennt, worunter wohl auch die Tiere unter der Erde, Maulwürfe, Murmeltiere und Schlangen, zu verstehen sind.

Aus noch größerer Tiefe heraus wird der Geist erneut angerufen als derjenige, der die Formen (formas) zum Leben erweckt.

Wird der Geist in der ersten Strophe vor allem als Schöpfer angesprochen, so in der zweiten als Tröster, als Arzt.

Mit einer melodischen Formel, die der Anrufung des Tröster-Geistes in der ersten Strophe gleicht – nur durch einige Längenakzente unterschieden – hebt das Sanctus der zweiten Strophe an, um dann jedoch im »ugendo« des Salbens, des Öl-in-die-Wunden-Gießens die melodischen Akzente auf das Herabsteigen zu den Tiefen des Schmerzes zu setzen, die in der Nachzeichnung des Gefährlichen – periculose – dieser Wunden noch größere Tiefen erreicht. Um so erschreckender ist der emphatische Sprung in die Höhe des bisher höchsten Tones, auf dem zugleich der zeitliche Akzent liegt, in dem der Ton verharrt. Dieser Sprung dient der musikalischen Gestaltung des Wortes »fractos«, was die Brüche, das Gebrochene, die Gebrochenen meint – ein Gefühlsausbruch Hildegards, der in der damaligen Musik gänzlich unüblich war und in den Ohren der Zeitgenossen klirren mußte wie eine gerissene Saite, wie ein gebrochener Steg. Langsam steigt die Melodie von diesem schroffen Tongipfel wieder hinab, verweilt in der sanft in kleinen Tonschritten auf und ab schwingenden Melodie des »tergendo«, des Wundreinigens mit seinen behutsamen Bewegungen, die musikalisch hinunterführen bis in die Tiefe der Schwären, der schwelenden Wunden: fetida vulnera.[10]

Nachdem Hildegard das heilende Tun des feurigen Tröster-Geistes beschrieben hat, benennt sie ihn mit immer neuen Bildern und Attributen, die mit neuen Sinnen aufgenommen werden wollen. Der Hauch wird geprüft mit dem Hautsinn und eingeatmet als Duft:

»Hauch aller Heiligkeit, Feuer der Liebe«,
»O spiraculum sanctitatis, o ignis caritatis.«

»O spiraculum«, so nennt Hildegard, geradezu zärtlich, den Heiligen Geist. Sie ist so intim mit ihm, so daß sie eine Verkleinerungsform, einen Kosenamen für ihn findet wie »Geistchen« oder »Häuchlein«.

»Süßes Verkosten unserer Brust«,
»o dulcis gustus in pectoribus.«

Ein süßes Ziehen können wir beim Einatmen dieses Hauches verspüren, einen Duft, der sehnsüchtig macht. Wer sich aber nach ihm sehnt, der wird vom Geist auch berührt, ist schon berührt:

»Wohlduft der Tugenden senkest du ein in die Herzen«,
»et infusio cordium in bono ordere virtutum.«

Es ist eine Infusion, eine Einflößung gleichsam von Kraft, die die Herzen mit dem feinen Duft, dem Wohlgeruch der ethischen Essenz erfüllt. Ethische Gesinnung und ethisches Handeln strömen eine besondere, wohltuende Atmosphäre aus; während man von einer unethischen Einstellung gelegentlich sagt, sie »stinke gen Himmel«.

Nach den Bildern des Hauches und des Duftes – zarte Bilder für den Geist – folgen nun Bilder des Wassers: *»Lauterer Quell«, »O fons purissimus.«* Hier spricht Hildegard vor allem die Spiegelungsfunktion des Wassers an. In dem Quell des Weisheits-Geistes vermögen wir zu erblicken, wie Gott alle Umherirrenden (»alienos« heißt eigentlich die Anderen, die Fremden) und Zersprengten zu sammeln sucht. Welch eine aktuelle Zuspitzung bekommt unser Text hier: Der Heilige Geist sucht und sammelt die Fremden, die Flüchtlinge, woher auch immer sie kommen, wohin auch immer sie ziehen mögen – und wer mit dem heiligen »spiraculum« verbunden ist, tut desgleichen. Ihm ist es unmöglich, die zufluchtsuchenden Fremden auszusperren. Zugleich hat der Quell etwas Zentrierendes, Versammelndes für alle die vielen, versprengten kleinen Wasseradern:

»Lauterer Quell, in dem wir erschauen,
wie Gott die Irrenden sammelt
und die Verlorenen sucht«,

»O fons purissimus, in quo consideratur,
quod Deus alienos colligit
et perditos requirit.«

Nachdem Hildegard über die Irrenden, die Verlorengehenden jene belebende Quellkraft des Heiligen Geistes herabgerufen hat, erscheint ihr diese wie ein mächtiger Schutz, an den sie aufs neue appelliert:

»O Schutzwehr des Lebens,
du Hoffnung der Glieder auf Einheit,
du Gürtel der sittlichen Würde, die Heiligen heile!«

»O lorica vitae
et spes compaginis membrorum omnium
et o cingulum honestatis, salva beatos.«

Der Aufruf gipfelt in dem bemerkenswerten Wunsch: die Heiligen heile! (Wörtlich übersetzt: die Glücklichen heile!) Hildegard leidet unter den Schwächen und hybriden Handlungen der Christen, unter dem Hochmut, der Egozentrik und zugleich der Zerrissenheit der Kirche. Und so bittet sie den Heiligen Geist als einen »Gürtel der Würde«, der die Ehre der Menschen wahrt und wieder zusammenbringt: »die Heiligen heile!« Vielleicht meint sie es auch noch tiefer: Daß gerade diejenigen, die unter Selbstopfern nach einem heiligmäßigen Leben trachten, der Heilung durch den befreienden Geist bedürfen! Hildegard war – wie ihr seelsorgerlicher Briefwechsel beweist – aller übertriebenen Askese abgeneigt.

Nach den »Heiligen« nennt sie die Gefangenen und ruft die Schutzmacht des Geistes gerade über sie herab (auch »Heilige« können zu diesen Gefangenen gehören):

»Beschirm, die der Feind hat gefangen,
mach frei, die da liegen in Fesseln,
die göttliche Kraft will sie retten.«

»Custosi eos, qui carcerati sunt ab inimico,
et solve ligatos,
quos divina vis salvare vilt.«

Hildegard meint die durch Kriegswirren Gefangenen, die in Fesseln Gelegten – und immer meint sie die seelisch Gefangenen mit – und sie weiß: *»die göttliche Kraft will sie heilen«.*

Und dann setzt sie zu dem erhebendsten und begeisterndsten Teil ihrer Anrufung an, der manchmal als in sich geschlossener Hymnus übersetzt und weitergegeben wird. Eine dieser Übersetzungen (von Maura Böckeler OSB, der ersten Übersetzerin des Scivias ins Deutsche) nimmt den ganzen Schlußteil des Hymnus als eine Anrufung der heilenden Kraft zusammen:

»O heilende Kraft die sich Bahn bricht!
Alles durchdringst du,
die Höhen, die Tiefen
und jeglichen Abgrund.
Du bauest und bindest alles.

Durch dich träufeln die Wolken,
regt ihre Schwingen die Luft.
Durch dich birgt Wasser das harte Gestein,
rinnen die Bächlein
und quillt aus der Erde das frische Grün.

Du auch führest den Geist,
der deine Lehre trinkt,
ins Weite.
Wehest Weisheit in ihn
und mit der Weisheit die Freude.«[11]

In der Übersetzung von Adelgundis Führkötter, die sich enger an den Text hält, lautet die Stelle:

»Du mächtiger Weg, der alles durchzieht
in Höhen, auf Erden, in Abgründen all,
du fügest und schließest ja alle in eins.«

Die göttliche Kraft, die heilen will, ist hier im übertragenen Sinn als überaus kraftvoller, zielgerichteter Weg bezeichnet, der »sich Bahn bricht« durch widerständiges Gelände, der alles durchzieht, der alle zusammenschließt, die auf ihm wandern. Erinnern wir uns an dieser Stelle auch, daß Hildegards erstes Hauptwerk »Wisse die Wege« heißt. Als selber Wegekundige preist sie den Schöpfer- und Tröster-Geist als bahnbrechende Kraft.

Hildegard ruft nunmehr diese heilende Kraft des Geistes an, so wie man sie über einem Kranken anrufen mag, der die Lebensgefahr bereits überstanden und dessen Heilung bereits eingesetzt hat. Es ist eine Anrufung voller Hoffnung, denn sie beschwört geradezu den unaufhaltsamen Strom der heilenden Energie. So redet man nur eine göttliche Kraft an, den feurigen Tröster-Geist, der zugleich göttlicher Arzt ist, oder auch eine »Mater sanctae medicinae«, wie Maria genannt wird:

»Alles durchdringst du,
die Höhen,
die Tiefen
und jeglichen Abgrund.«

Was sind Höhen, was Tiefen für Hildegard? Es sind die Berge und die Abgründe der Natur draußen so gewiß wie die Berge und Schluchten der Natur innen. In ihrer Auslegung von Jesus Sirach 1,3 »Wer hat ermessen die Höhe des Himmels und des Erdballs Weiten und die Tiefen der Abgründe«, beschreibt Hildegard, was sie unter Höhen und Tiefen versteht:
»Diese Worte sind so zu verstehen: Der Weltenball wird von Feuer, Wind und Luft in Bewegung gehalten, und jedwede Kreatur ist in ihm geborgen. Der Himmel mit all seiner Pracht nimmt den oberen Teil dieses Weltalls ein. Wo aber wäre der Mensch, der je mit einem Blick hinaufzudringen vermöchte in solche Höhen? Der Erde weites Rund steht mit den ringsum strömenden Wassern und allem, was oberhalb der Abgründe flutet, gleichsam inmitten der Weltkugel. Auch das vermag kein Mensch jemals zu erfassen. Der Abgrund endlich liegt mit all seinem Wunderbaren gleichsam auf dem Grunde dieses Universums. Und wo wäre der Mensch, der je auf diesen Grund gelangen könnte? Niemand kann dies, als Gott allein, der ihn gegründet hat.«[12]
Auch die Höhen und Tiefen, wie sie sich in physischen und psychischen Krankheitsbildern spiegeln, waren Hildegard wohl vertraut im Sinne mittelalterlicher Medizin, aber auch gemäß ihrer eigenen und eigenwilligen Sicht. Sie kannte krebsartige Leiden des Körpers, die Schwermut und die Spaltungen der Seele. Nichts ist in ihren Augen undurchdringbar für die heilende Kraft des Geistes. Deshalb rühmt sie diese und ruft sie an unter immer neuen Beschreibungen von deren Wirksamkeit: »Du fügest und schließest ja alles in eins«, übersetzt Adelgundis Führkötter, oder – so Maura Böckeler – »Du bauest und bindest alles«.

Die heilende Kraft des Heiligen Geistes fügt alles wieder zusammen, was dissoziiert und fragmentiert ist am lebenden Gesamtorganismus. Sie baut auf, was darniederliegt, bindet, was zerrissen ist und was sich krebsartig losgerissen hat vom Ganzen. Zerstörerische, destruktive Kräfte, auch am Körper der Gesellschaft, der Kirche, vermag sie zu binden. So ist sie Schöpferin.

Wie sehr Hildegard die Gesundheit des einzelnen Organismus, des Mikrokosmos des menschlichen Körpers, mit der des Gesamtorganismus Erde, des Makrokosmos, zusammen sieht, zeigt sich erneut daran, daß sie die heilende Kraft des Heiligen Geistes mit der Schöpfungswirklichkeit der Erde zusammenbringt, sie anruft als diejenige, die dies alles bewirkt und der deshalb nichts unmöglich ist.

Dankbar und staunend spricht Hildegard den umfassenden Wirkungsradius der heilenden, schöpferischen Kraft an:

»*Durch dich*
wogen die Wolken und fliegen die Lüfte,
träufeln die Steine,
bringen die Quellen die Bäche hervor,
läßt sprossen die Erde das Grün.«

»*De te*
nubes fluunt, aether volat,
lapides humorum habent,
aquae rivulos educunt
et terra viriditatem sudat.«

»Durch dich wogen die Wolken« und »träufeln die Wolken«, wie man auch übersetzen kann. Die Wolken, der Regen sind Hildegard, die im Weinbaugebiet, im Obst- und Getreideland um Rhein und Nahe lebt, lebenswichtig und lieb. So vergleicht sie auch die Seele des Menschen mit der »Regenluft, die wachsen macht«.

In ihrer Kosmos-Schrift führt Hildegard Vielfältiges über die Wolken aus, die bei ihr mit den oberen Elementen verbunden sind und die unteren tränken:

»*Aber aus der dünnen Luft sprudelt ein Saft über die Erde* heraus. Er weckt die Grünkraft der Erde und läßt alle Früchte im Keimen Fortschritte machen. Und er trägt auch gewisse Wolken höher hinauf, welche ihrerseits alles Höhere unterstützen und von allen höheren Einflüssen bestärkt werden.«[13]

Auch in den Wolken sieht also Hildegard nicht nur Naturerscheinungen, sondern sie sind zugleich Spiegelbilder für die höheren Einflüsse, die den Menschen bestärken. »*Durch dich*«, so fährt sie fort, »*fliegen die Lüfte*«, oder, anders übersetzt: »*Regt ihre Schwingen die Luft*«.

Auch der Wind, so nahe mit dem Heiligen Geist und der Seele verwandt, ist der heilenden Kraft zugeordnet. So betrachteten wir in Hildegards Kosmos-Rad bereits die große Macht der Winde, welche Gesundheit und Krankheit mit sich bringen können. Das makrokosmische Bild wiederum ist bei Hildegard hier wie überall auch Spiegel für den Mikrokosmos des menschlichen Leibes und seiner Seele, über die sie an anderer Stelle sagt: »*Die Seele ist wie ein Wind, der über die Kräuter weht*«[14], oder auch, nachdem sie deren Feueratem schon genannt hat: »*Sie hat auch windartige Reisewege, indem sie den Hauch inwendig hineinzieht und wieder ausstößt. Und wenn sie ihn in den Menschen hineinzieht, wird jener inwendig trocken, und das ist für ihn sehr nützlich. Denn das Fleisch des Menschen wächst durch diese Trockenheit an Gesundheit...*«[15]

Doch zugleich bedarf die Natur des Menschen – nicht weniger als die äußere Natur – des Wasserelements, wie ja schon aus den Zeilen mit dem Wolkenbild hervorging. Hildegard, die Quell- und Brunnenkundige, die in ihren Klöstern auch das Wasser durch Felder, Weinberge und Arbeitsgebäude zu leiten wußte, sie besingt nun die schöpferisch-heilende Kraft des Heiligen Geistes, die gerade auch Wasser hervorbringt »*aus dem harten Gestein*«:

»*Durch dich
träufeln die Steine,
bringen die Quellen die Bäche hervor,
läßt sprossen die Erde das Grün.*«

»*De te
lapides humorum habent,
aquae rivulos educunt
et terra viriditatem sudat.*«

Kein Grün ohne Wasser! Aber wo es grünt, da ist bei Hildegard die schöpferisch-heilende Kraft des Heiligen Geistes an ihr Ziel gelangt: Ob es nun um das Grünen der Felder nach langer Trockenheit geht oder um das Grünen einer verdorrten Seele!

In dem letzten Versikelpaar der Sequenz nun spricht Hildegard den feurigen Tröster-Geist direkt in seiner Wirkung auf den Geist des Menschen an:

»*Du bringst auch immer Menschen voll Einsicht hervor,
beglückt durch den Odem der Weisheit.*«

»*Tu etiam semper educis doctos,
per inspirationem sapientiae laetificatos.*«

Hier setzt sie den Atem der Weisheit, die Inspiration durch die Sophia unmittelbar mit dem gleich, was der Heilige Geist hervorbringt. Der Heilige Geist und die Weisheit sind also hier – wie an anderen Stellen – wenn nicht überhaupt identisch, so doch miteinander wirksam, einer durch den anderen erfahrbar. Immer wieder zieht die Kraft des Heiligen Geistes gelehrte, einsichtsvolle Menschen heran, die durch die Inspiration der Weisheit voll Freude sind.

Frei, aber voll freudiger Ausdrucksstärke ist die andere Übersetzung, unter der ich den Text zuerst kennenlernte:

»*Du auch
führest meinen Geist,
der deine Lehre trinkt,
ins Weite.
Wehest Weisheit in ihn
und mit der Weisheit die Freude.*«

Hildegard sieht den feurigen Tröster-Geist als geistigen Führer und Weggeleiter für ihren Geist, der ihn, den Geist der indocta, der Ungelehrten, wie sie sich gern nennt, zu der Weite einer Gottesgelehrten öffnet, einer Freundin der Weisheit, einer Philosophin.

Ins Weite also wird ihr Geist durch diese Führung gebracht: aus der Enge, der Angst heraus; auch aus der Angst, hervorzutreten, sich zu ihrer Sicht, ja, zu ihrer Schau zu bekennen. Es ist der Menschengeist, der die Lehre des großen Tröster-Geistes trinkt: eine Lehre, die den Durst nach Leben, nach Gesundheit, nach Durchblick stillt, nicht eine abstrakte, die nur dem Denkbedürfnis Genüge täte. Hier klingen auch die früheren Bilder des Textes von den Wolken, den Eutern, von den Bächen noch einmal an: Sie beziehen sich von Anfang an auch auf den Geist.

In dieser Übersetzung spüren wir auch noch einmal die »Schwingen der Luft«, die Weisheit in den Geist wehen:

»*Wehest Weisheit in ihn
und mit der Weisheit die Freude.*«

Dies ist für mich eine der schönsten Aussagen und Vorstellungen von Hildegard: daß mit der Weisheit die Freude komme. Nichts Abgehobenes, Abgeklärtes, Dunkles und Schweres ist Weisheit bei Hildegard: sondern quicklebendige Energie, verbunden mit Wolken, Winden und mit dem »alleredelsten Grün«, der Kraft des Wachsens, Gedeihens und Gesundens.

Es bleibt mir noch, Hildegards letzten Vers, ein einziges Preislied, mit anzustimmen:

»*Und darum sei Lob dir, du Klang allen Lobes
und Freude des Lebens, du Hoffnung und machtvolle Ehre,
da du die Gaben des Lichtes verleihst.*«

»*Unde laus tibi sit, qui es sonus laudis
et gaudium vitae, spes et honor fortissimus,
dans praemia lucis.*«

Nun wendet sich Hildegard, die diesen Gesang hinreißend vertont hat, auch im Text noch an das Gehör: Aufklingender Jubelruf, eine Schallwelle der Freude: das ist der feurige Tröster-Geist, der die Prämie des Lichtes, die Weisheit verleiht.

Mit Hildegards Gedicht »O quam mirabilis« möge diese Betrachtung ihrer Liedtexte ausklingen:

*Wie wunderbar ist doch das Wissen im Herzen der Gottheit,
das urewig jedes Geschöpf hat erschaut!
Denn Gott, da er blickte ins Antlitz des Menschen,
den er gebildet,
er sah all sein Werk insgesamt
in dieser Menschengestalt.
Wie wunderbar ist dieser Hauch,
der also den Menschen erweckte!*

O quam mirabilis
O quam mirabilis est praescientia divini pectoris,
quae praescivit omnem creaturam.
Nam cum Deus inspexit faciem hominis,
quem formavit,
omnia opera sua
in eadem forma hominis integra aspexit.
O quam mirabilis est inspiratio,
quae hominem sic suscitavit.[16]

»O wie wunderbar« – so beginnt das sechzigste von Hildegards 77 Liedern: mit einem Staunen. Einem großen Staunen entsprungen ist ihre Schau, wie wir sahen, auch ihre Musik, ihre Dichtung. Wie von einem Grundton ist sie von diesem Staunen durchdrungen und getragen, als schlüge ein Mensch zum ersten Mal die Augen auf.

Ein Staunen ist es über die Gestalt des Alls, die Formation der Erde, die Strahlung der Edelsteine, über die wundersamen Formen der Pflanzen, ihre Grünkraft, ihre Heilkraft. Die Libelle interessiert sie, die Hummel – nicht weniger der Vogel, der Fisch.

Alles Lebendige sah sie von einer zentralen Kraft durchwaltet, die sie ansprach wie eine lebendige Person. Doch nun entzündet sich Hildegards Staunen an der Menschengestalt, mehr noch an dem Hauch, der sie erweckte:

»*O quam mirabilis est inspiratio*
quae hominem sic suscitavit«

»*O wie wunderbar ist dieser Hauch, diese Inspiration,*
die also den Menschen erweckte.«

Schöpferischer Anhauch aus dem Kosmos ist es, der den Menschen aus der geschwisterlichen Reihe der Mitgeschöpfe heraus erweckte: Im Atem spüren wir unsere Zusammengehörigkeit mit dem atmenden Kosmos am unmittelbarsten. Von den Blaualgen, die den ersten Sauerstoff bildeten, über all die Pflanzen und Bäume hin bis zum Ozongürtel um unseren Planeten: Alles ist mit uns verbunden und wir mit ihm, alles ist notwendig aufeinander bezogen und angewiesen.

Als ich einmal in einer meditativen Übung von tief innen heraus meinen Atem kommen und gehen spürte, den Atem, der mein Leben trägt, meinen Atem, der doch die Luft um mich herum, den Ausatem der Pflanzen, einholt, einatmet, damit ich leben kann: Da spürte ich die Angewiesenheit alles Lebens aufeinander sehr stark, die Zusammengehörigkeit alles Lebendigen. Von meinem Ausatem wiederum leben die Pflanzen! O quam mirabilis – o wie wundersam!

Solange ich diesen kosmischem Hauch einatme, lebe ich; wenn ich nicht mehr atmen kann, sterbe ich; dann steht auch mein Herz still, die Leihgabe des größeren Lebens an mich, durch das ich mein Leben scheinbar autonom in mir trage; mein Herz schlägt von selbst, aber doch abhängig von der Sauerstoffzufuhr meines Atems, meines Blutes.

Hildegard sah noch mehr im Atem: Inspiratio, Einhauchung göttlichen Geistes. Inspiration von der Weisheit her.

Ja, als eine Inspiration a divini pectoris, aus dem Herzen der Gottheit heraus, sieht sie den Menschen. Da mögen wir auch in unserem Jahrhundert wieder lernen, über uns selbst zu staunen, entgegen all der Abschätzigkeit, in der wir Menschen heute vielfach über uns selbst denken.

Hildegard hält es also im Ernst für möglich – mehr noch: sie sieht es in unabweisbarer mystischer Schau –, daß wir Menschen unser Sein und Werden nicht nur einem zufälligen Sprung der Evolution verdanken, sondern einer Inspiration des geheimen Zentrums des Universums.

Wenn wir dem Zeugnis Hildegards trauen, auch wenn es das eines mittelalterlichen Menschen ist, der die Tradition des Schöpfungsglaubens noch hinter sich wußte – dann sind wir Menschen das Lieblingsprojekt der göttlichen Weisheit, auf das die gesamte Evolution hinzielt:

»*O quam mirabilis est praescientia divini pectoris,*
quae praescivit omnem creaturam.«

»*O wie staunenswert ist die Voraussicht im göttlichen Herzen,*
die vorausweiß alle Kreatur.«

Gibt es solch eine innerste Intention der Evolution, gar so etwas wie ein steuerndes Zentrum in ihr?

Viele heutige Biologen lehnen diese Vorstellung ab – selbst James Lovelock, der doch in seiner Gaia-Hypothese die Erde wie einen Gesamtorganismus sieht –, die meisten wagen nicht, hierüber eine Aussage zu machen, weil sie mit streng wissenschaftlichen Mitteln wohl nicht zu machen ist.

Dann aber gibt es des Staunens Fähige unter den Naturwissenschaftlern unseres Jahrhunderts, wie wir sahen; Teilhard de Chardin, einer der ersten unter ihnen, der die Evolution zugleich mit den Augen eines Mysterikers sah, wie Hildegard auch: Er sah sie zulaufen auf den Menschen, genauer, auf die Offenbarung des göttlichen Prinzips im Menschen. Für ihn gibt es einen Punkt Omega, an dem sich alle Entwicklung bündelt, wie bei Hildegard:

Nam cum Deus inspexit
faciem hominis, quem formavit
omnia opera sua in eadem forma hominis
integra aspexit

Denn als Gott dem Menschen ins
Antlitz blickte, das er geformt hatte,
Da sah er seine Werke insgesamt
in eben dieser Menschengestalt (enthalten, integriert).

In der Tat – auch heutige Biochemie sieht es nicht anders – enthält der Mensch alle wesentlichen Bausteine und Baustoffe des Universums: Er ist insofern wirklich der Mikrokosmos, der den Makrokosmos spiegelt, wie die Seherin des hohen Mittelalters, Hildegard, dies sah. Der Mensch ist das am höchste ausdifferenzierte, selbstregulierende System, das das selbstregulierende System oder auch »morphische Feld« (Sheldrake), das die Erde, Gaia, als ganze bildet, wunderbar spiegelt und ihm entspricht:

O quam mirabilis!

Nach Hildegard spiegelt sich der Mensch, das, was mit ihm gemeint ist, nirgends so lauter wie in Christus und auf der weiblichen Seite in Maria, die Christus geboren hat und die ihn im integren, »jungfräulichen Menschen« immer wieder gebiert.

In diesen Urbildern des Glaubens erkennen wir unsere Möglichkeit als Menschen, unsere Würde, unseren Rang. Und Menschen, die um ihre Würde wissen, ihren Rang und Ort im Ganzen des Universums als das Lieblingsprojekt Gottes, werden sich geschwisterlich zu allen Lebewesen dieser Erde verhalten, zu Gras und Baum, zu Fisch und Libelle, nicht zuletzt zu allem, was ein Menschenantlitz trägt, welcher Hautfarbe, ethnischer Herkunft und Rasse auch immer. Sie werden als liebe-volle Menschen »leben, inmitten von Leben, das leben will« (Albert Schweitzer).

Wenn Menschenverachtung und Gewalt dennoch aufbrechen in unserer Menschengemeinschaft, so wie es in diesen Tagen zu unser aller Erschrecken geschieht, dann wirft es die Frage an uns alle auf: Ob wir selbst noch so intensiv in diesem Staunen, dieser Ehrfurcht vor dem Leben stehen, daß auch orientierungslose Menschen wieder davon berührt werden könnten.

Hildegard selbst nahm, wie wir hörten, die tief gestörte, gewalttätige Sigewiza, die damals den ganzen Rheingau unsicher machte, in ihre geistliche Frauengemeinschaft auf, sprach mit ihr, ließ sie teilhaben an der spirituellen Lebensordnung der Schwestern, auch wenn Sigewiza gelegentlich tobte, lästerte und demolierte, bis der Funke, der Geist, übersprang und Sigewiza das Staunen wieder lernte.

Hildegards Handeln gleicht hier der weisen Art, in der ihr etwas später Zeitgenosse Franz von Assisi den Bruder Wolf, der Menschen gerissen hatte, in die Stadtgemeinschaft aufnahm, wo er ihm durch Vertrag mit den Bürgern dazu verhalf, seinen Lebensunterhalt zu sichern. Von da an mußte der Wolf keine Menschen mehr reißen.

Wenn es so ist, daß es die heilende Kraft der Weisheit gibt, dann fallen wir nicht aus dem Kosmos heraus, trotz all unserer zerstörerischen Tendenzen, von denen auch Hildegard dramatisch zu sprechen weiß, indem sie, wie wir hörten, die Elemente selbst gegen den Menschen Klage führen läßt, wie sehr er sie verunreinigt und aus den natürlichen Regelkreisen geworfen habe.

Weisheit hieße nach Hildegard, wieder in Kontakt zu kommen mit den Ordnungen des Kosmos, mit dem Kräftefeld des heiligen Grün, auch falls er verlorengegangen wäre: Nach Hildegards kosmischer Schau vermag der Mensch die Schöpfung und das Leben in ihr nicht gänzlich zu zerstören, weil alles von einem noch umfassenderen Kräftefeld getragen ist.

Gewiß werden nach Hildegard Katastrophen hereinbrechen, denen vieles zum Opfer fällt: Doch werden sie nach ihrer Sicht zu einer Wandlung führen, und die Elemente könnten daraus hervorgehen »klar wie Kristall«, wie an einem neuen Schöpfungsmorgen. Diese Wandlung werden wir vielleicht ertragen müssen – vielleicht, um Hildegards Staunen endgültig wieder zu erlernen?

Anmerkungen

Vorwort: Hildegard – faszinierend Fremde

1. Der Rupertsberger Illuminierte Kodex entstand um 1165 in der Rupertsberger Schreibstube unter persönlicher Leitung Hildegards; Text und Unterlagen in: Scivias, 409
2. Die beiden Zwiefaltener Handschriften stammen aus dem 12. Jh. und liegen in der Württembergischen Landesbibliothek Stuttgart; Näheres in: Briefwechsel, Anhang, Anmerkungen 12 u. 13, 230
3. Führkötter/Schrader (1956)
4. Schipperges in: Heilkunde (1957; 1981⁴)
5. zu Schüttelfrost (1993), 392 f.; zur Goldmehl-Kur gegen Rheuma: Hertzka/Strehlow (1989), 409 (bei Hildegard: PL 1347 A)
6. Hildegard von Bingen, Das Leben des Hl. Rupertus, zit. in: Scivias, 399

1. Fast eine Heilige – fast eine Hexe

1. vgl. Faber (1989), 252
2. Briefwechsel (1990²), 82–86
3. ebd., 29 ff.; 38 ff.; 41 f.
4. Geisenheyner (1911), 49–72
5. Fischer (1927), 381–538
6. Naturkunde (1959)
7. Heilkunde (1957; 1981⁴); Schipperges (1951)
8. Scivias III, 13. 357; in der zitierten Übersetzung von Schipperges in: Heilkunde, 306
9. Heilkunde, 89 f.; 101 f.; 178 f.; 215
10. vgl. Schipperges (1981), 89
11. Riedel (1983), 100 ff.; 109 ff.
12. vgl. Anm. 9
13. Leuner (1982³); Kast (1988)
14. Das Leben (1980³), 111
15. Zu Hildegards Gebrauch magischer Formeln vgl. Riedel (1989), 159 ff.
16. Das Leben, 112–126, worin auch Hildegards Briefwechsel über Sigewiza enthalten ist
17. Das Leben, 126 ff.
18. Schipperges (1981), 85
19. zitiert ebd., 122
20. zitiert ebd., 89
21. zitiert ebd., 88
22. zitiert ebd., 89
23. zitiert ebd., 102; und in: Scivias, 384
24. Heilkunde (1981), 306
25. Bienczyk (1978); vgl. Cohen-Alloro (1991)
26. WM I, 2. 25 f.
27. zitiert in Feldmann (1991), 147 nach: Migne, PL 197, 342
28. Briefwechsel, 190–200

2. Keinen Augenblick in Sicherheit

1. Das Leben, 11 ff.; 53 ff.; hinzu kommt der Briefwechsel als authentische Quelle über wichtige Lebensstationen
2. Briefwechsel, 82
3. Briefwechsel, 86
4. ebd.
5. Briefwechsel, 25 f.; vgl. Das Leben, 133 f.
6. Briefwechsel, 27
7. Briefwechsel, 31; vgl. Das Leben, 56
8. Briefwechsel, 226
9. Bienczyk (1978); vgl. Cohen-Alloro (1991)
10. Das Leben, 63 ff.
11. Das Leben, 55 f.; 60 ff.
12. zitiert in Termolen (1989), 208

3. Richardis und Volmar

1. (aus dem Vorwort von Scivias); Scivias, 23 (anderer Text), Vorspiel: WM, 21, zit. bei Faber 1989, 12
2. Scivias, Anm. 14, VI II 14, M 101 C; Brief Hildegards an Wibert
3. ebd., Anm. 13
4. ebd., Anm. 13: Brief Volmars an Hildegard: P Ep VIII, 341
5. Briefwechsel, 165; auch Brief Hildegards an Papst Anastasius IV, M Ep II, 153 A
6. Scherer, 1987, 32 f.
7. Briefwechsel, 1990^2, 94 f.
8. ebd, S. 95
9. ebd., 95/96
10. ebd., 96/97
11. ebd., 33
12. ebd., 98
13. Riedel, Demeters Suche. 1986, 74–77
14. Briefwechsel, S. 99
15. ebd.
16. ebd., 100
17. Scivias S. 90
18. ebd., S. 94 (vgl. auch: PL 107 C–D)
19. ebd., 100
20. ebd.
21. ebd., 98
22. ebd., 100
23. zur Animagestalt in der Frau vgl. Verena Kast, Paare, 158 ff.; 176; speziell 167?
24. erwähnt in Briefwechsel, S. 94 (vgl. auch PL 107 D)
25. Lieder, zur Rede der castitas, S. 305–307
26. Lieder, S. 305
27. ebd., 307
28. Briefwechsel, S. 100

29 Scivias, zu Visio II, 5; 179
30 Das Leben S. 44 (vgl. auch Briefwechsel, S. 235–246)
31 Briefwechsel, S. 241 f.
32 ebd., 236–240
33 Das Leben, S. 132

4. ...eine saphirblaue Menschengestalt

1 Das Leben (1968; 1980^2); Briefwechsel (1965; 1990^2)
2 Scivias (1954; 1987^8)
3 Storch (1991): Scivias-Übersetzung
4 WM (1965); MV (1972); Heilkunde (1957)
5 Naturkunde (1959); Steine (1979; 1986^2); Fische (1991)
6 Holdener (1991): Scivias-Übersetzung; Holdener (1993): Übersetzung von Liber divinorum operum
7 Hinweis hierauf in Faber (1989), 49 ff.
8 vgl. Anm. 2 und 3
9 vgl. Anm. 4
10 »liber divinorum operum« (Buch der göttlichen Werke) ist Hildegards spätere Bezeichnung für das Buch »de operatione dei« (Über die Werke Gottes); vgl. Anm. 4
11 Neben »Naturkunde«: Riethes Übersetzung, nun auch Portmann (1993)
12 neben »Heilkunde« (1957): Schipperges' Übersetzung, nun auch Pawlik (1989)
13 Lieder (1969)
14 Schulz (1982)
15 Portmann (1991)
16 Lieder
17 Briefwechsel
18 Das Leben
19 Bienczyk (1978); vgl. Cohen-Alloro (1991)
20 Schipperges (1962); Schimmel (1987)
21 Leisegang (1924); Liebeschütz (1930; 1964^2)
22 Das Leben, 13; vgl. 53; 73
23 Vor allem in das zweite Buch ihrer Biographie ist Hildegards Autobiographie eingearbeitet: Das Leben, 70 ff.
24 Das Leben, 71 f.
25 Das Leben, 71; 72
26 Borst (1953)
27 MV, 133 f.; vgl. LVM 105/106
28 Scivias I. 3, 109 f.
29 WM, zitiert nach Faber (1989), 113
30 C. G. Jung (1953), 187 ff.; von Franz (1972), 171 ff.
31 Scivias I. 3, 111
32 ebd.
33 von Franz (1972): Kap. »Der Anthropos«, 149 ff.
34 »Spiel der Kräfte« in: Lieder, 301
35 Lovelock (1988)
36 Briefwechsel, 226 f.
37 ebd.

[38] Scivias, 89
[39] Schomer (1932)
[40] Scivias II. 1, 156
[41] ebd.
[42] Für Hildegard ist der Saphir »eher feuerartig als luftartig oder wasserartig; er bezeichnet die volle Liebe zur Weisheit«: Riethe (1979), S. 43; vgl. Richard v. St. Viktor: »Der Saphir ist ein Stein, der die Eigenschaft des klaren Himmels zeigt. Deshalb bezeichnet er die wahrhaft verbundenen und gebundenen Menschen, die... stets um das Himmlische wissen.« Zitiert in: Riedel (1969), Anm. 48, 60 f.

5. Von dem »Lichtherrlichen« zu der »Frau vom Berge«

[1] Scivias I, 1. 95
[2] ebd.
[3] Wöller in: Pflüger (1987), 87 ff.
[4] Scivias I, 1. 95
[5] von Franz (1972), 260 ff.
[6] Riedel (1983), 174 ff.; 177; 179 f.
[7] Das Leben, 71 f.
[8] Scivias I, 1. 95
[9] Scivias I, 1. 96
[10] ebd.
[11] ebd.
[12] ebd.
[13] ebd.
[14] ebd.
[15] Scivias I, 1. 97
[16] Schipflinger (1988), 91
[17] Scivias II, 5. Anm. I, 179
[18] Scivias II, 5. 179
[19] ebd.
[20] ebd.
[21] ebd.
[22] Scivias II, 5. 183
[23] Briefwechsel, 100
[24] Scivias II, 5. 179
[25] ebd.
[26] Schipflinger (1988), 82 ff., 91
[27] Scivias II, 5. 180

6. Der Weisheit grüner Mantel

[1] Newman (1987)
[2] Schipflinger (1988), vor allem 72 ff.
[3] Schipflinger, 78
[4] ebd.

5 Mynarek in: Pflüger (1987), 175 ff.
6 Riedel in: Egner (1993), 211 ff.; vgl. Riedel (1985), 64
7 Christ (1970), 16; vgl. Schüssler Fiorenza (1991), 28–37
8 ebd.
9 von Franz (1959)
10 Wodtke (1991)
11 Wöller in: Pflüger (1987), 87 ff.
   Mulack (1982; 1987); Fox (1991 und 1993)
12 Wöller in: Pflüger (1987), 89; Riedel (1991), 108
13 zitiert bei Schipflinger (1988), 83
14 vgl. Schipperges (1981), 89
15 WM X, 1. 281
16 ebd.
17 ebd.
18 ebd.
19 WM X, 2. 282 (die Stelle ist vom Übersetzer, Schipperges, gekürzt zusammengefaßt)
20 ebd. (zusammengefaßt)
21 ebd.
22 ebd. (zusammengefaßt)
23 WM X, 3. 283
24 Schipperges (1981), 90
25 WM IX, 1. 268 ff.
26 WM IX, 1. 268
27 WM IX, 2. 269 (zusammengefaßt)
28 ebd. (zusammengefaßt)
29 Riedel (1983), 174 ff.
30 vgl. WM IX, 2. 269
31 Steine (1979), passim
32 WM IX, 14. 278 f.
33 WM IX, 14. 279
34 Schipflinger (1988), 80
35 Riedel (1983), 100 ff.; 108–110
36 ebd., 89 ff.
37 Briefe, 200
38 WM IX, 1. 268
39 WM IX, 1. 268 und IX, 3. 269; Schipflinger (1988), 81
40 Schipflinger (1988), 80
41 Hildegard von Bingen. Epilog zu »Das Leben des Hl. Rupertus«, zitiert von Böckeler im Nachwort zu Scivias, 399
42 WM IX, 4. 271 (vom Übersetzer gekürzt zusammengefaßt)
43 ebd. (zusammengefaßt)
44 Schipflinger (1988), 81
45 WM IX, 3. 270
46 Schipflinger (1988), 81
47 Riedel (1988), 195 ff.
48 WM IX, 1. 268
49 WM IX, 3. 269
50 Schipflinger (1988), 82
51 Scivias III, 9. 298 ff.

52 ebd.
53 ebd.
54 Scivias III, 9. 306 f.
55 ebd., 306
56 ebd.
57 Briefe, 200
58 Scivias III, 9. 306
59 ebd.
60 WM VIII, 1. 264
61 Briefe, 233
62 Riedel (1986) 110 ff.
63 WM VIII, 1. 264
64 Riedel (1983), 16 ff., besonders 40
65 WM VIII, 1. 264
66 WM VIII, 2. 264
67 Riedel (1986), 45
68 WM VIII, 2. 264
69 WM VIII, 2. 265
70 ebd.
71 ebd.
72 in WM häufig: 76, 134, 209, 214 f., 225, 336; vgl. Schipperges (1981), 149
73 WM VIII, 2. 265
74 ebd.
75 ebd.
76 Christ (1970); vgl. Schüssler Fiorenza (1991), 28–37
77 WM VIII, 2. 266
78 ebd.
79 WM X, 20. 300
80 ebd.
81 ebd., 300 f.
82 WM X, 20. 301
83 Schipflinger (1988), 87

7. Im Rund eines kreisenden Rades

1 WM II, 1. 35 ff.
2 Leisegang (1924; 1985^5), Abb. S. 17; Abb. S. 16; vgl. auch Schumann (1986), zu Abb. S. 75 ff.
3 WM II, 46. 59
4 Leisegang (1924; 1985^5), 16
5 Newman (1987), 55 f.
6 WM I, 1. 25 ff.
7 WM II, 1. 35
8 WM II, 1. 35; vgl. auch Scivias, I, 3. 109 f.
9 WM II, 1. 35
10 Leisegang (1924; 1985^5), 9 ff.
11 ebd., 24

12 WM II, 1. 35
13 ebd.
14 ebd.
15 ebd.
16 ebd.
17 ebd.
18 v. Franz (1972), 149 ff. (Kap. »Der Anthropos«); dies., in: Bitter (Hrsg.) (1969), 94 ff.; Jung (1940), 163; ders. (1952), 45 f.; 60
19 WM II, 1. 36
20 ebd.
21 ebd.
22 WM II, 1. 37
23 WM IV, 1 ff. 79 ff.; vgl. auch Hildegard, Heilwissen (Übersetzung Pawlik, 1989), passim
24 WM II, 2. 37
25 WM II, 15. 44 f.
26 WM II, 16. 45
27 ebd.
28 WM II, 18. 45
29 WM III, 9. 69
30 Überschrift von Schipperges über Abschnitt WM III, 9. 69
31 WM II, 9. 69
32 ebd.
33 WM II, 46. 59
34 Scivias III, 11. 329 ff.; WM X, 15. 269 ff.
35 Leisegang (1924; 1985^5), 17 ff.
36 WM I, 1. 25
37 ebd.
38 Schipflinger (1988), 85
39 WM I, 2. 25
40 Leisegang (1924; 1985^5), 25
41 Liebeschütz (1930), 60 (dazu Tafel III, ebd.)
42 Die gnostische Gruppe der Ophiten verehrte die Schlange, die auch ein Weisheitssymbol sein kann, Leisegang (1924; 1985^5), 111 ff.
43 Schipflinger (1988), 85
44 WM III, 1 ff. Text zu der Abb. S. 61
45 WM III, 1 ff. Text zu der Abb. S. 61
46 WM III, 2. 65
47 MV III, 2. 133
48 zitiert in Schipperges (1981), 125 f.
49 Scivias III, 12. 345; vgl. auch 347
50 Scivias III, 12. 346; 349 f.; vgl. auch 398
51 WM IV, 1 ff.; 79 ff.
52 WM, Schipperges zu der Abb. zu WM IV (S. 79)
53 Schipperges ebd.
54 C. G. Jung (1950), 119 f.; 187 ff.
ders./R. Wilhelm (1929^2; 1957^5), passim
55 Tillich (1953), 129 ff.
56 vgl. Anm. 19
57 Lovelock (1989)

58 Capra (1983)
59 Swimme (1991)
60 Ferguson (1980)
61 Sheldrake (1991)
62 Kuhn (1971), 200
63 vgl. WM, 124 f.
64 Swimme (1991)
65 Schipperges (1963, 1979²)
66 WM, 152
67 WM, 53
68 Scheler (1983¹⁰)
69 Heisenberg (1989)
70 WM, 52
71 Sheldrake (1991), 227
72 ebd., 225 f.
73 ebd., 230
74 ebd., 214; Scivias, 384
75 Kather (1992), 32: Dem zitierten Aufsatz von Regine Kather verdanke ich wertvolle Hinweise für die Zusammenschau von Hildegards Kosmologie mit heutigen kosmologischen Denkansätzen.

8. »Feuergeist und Tröster du«

1 zit. bei Scherer (1987), 72
2 Briefe Wiberts über Hildegard um 1175, zit. bei Scherer (1987), 72
3 Dronke (1982), 4 f.; vgl. Dronke (1984)
4 Thornton (1982), 6
Die Texte und zeitgenössischen Noten der Lieder sind uns heute in zwei erhaltenen Handschriften überliefert, dem Villarenser Kodex in Dendermonde/Belgien und dem sog. Riesen-Kodex in Wiesbaden. In seiner ersten Fassung enthielt dieser Zyklus, dessen Gesänge sich für die Feste des Kirchenjahres eigneten, etwa 60 Antiphonen, Responsorien, Sequenzen und Hymnen. Die Antiphon »O virtus sapientiae«, die ich anschließend näher betrachten möchte, entstand erst später, etwa zwischen 1163 und 1173, als Hildegard, damals zwischen Mitte 60 und Mitte 70, an ihrem Alterswerk, der Kosmos-Schrift »Liber divinorum operum« schrieb. Sie wurde in eine spätere Fassung des Zyklus aufgenommen.
5 ebd.
6 Scherer (1987), 23
7 Während die alte Benediktus-Regel nur dreieinhalb Stunden täglichen Chorgesangs vorgesehen hatte, wurde nun durch die Cluniazensische Reform der im Chor gesungene Anteil des Gottesdienstes auf das Fünffache erhöht. Es sollte kraftvoll und aus voller Kehle gesungen werden. Marienverehrung und Brautmystik, von Bernhard von Clairvaux mächtig und feurig gefördert, trugen dazu bei, daß die Liturgie zum »sacralen Fest« avancierte: »Nur brauchte man Jungfrauen, um das chorische Spiel der unaufhörlichen Gottesgeburt in der Verrichtung des monastischen Offiziums angemessen realisieren zu können; um die verborgene Anwesenheit des Heiligen Wortes über Frauenstimmen anrufen zu lassen, auf daß es noch einmal Fleisch und Klang würde.« (Scherer, 1987, 23)

⁸ Scherer (1987), 28
⁹ WM, 156 f.
¹⁰ zit. nach Scherer (1987), 25
¹¹ zit. nach Scherer (1987), 36
¹² Scivias III, 5, zit. nach Scherer (1987), 35
¹³ Um 1921 empfand sie der Musikwissenschaftler Ludwig Bronarski so: »Die Texte der Lieder nehmen gerne große Dimensionen an. In ihnen herrscht eine gewisse Emphase und Breite des Ausdrucks, ein Schwelgen in Worten und Bildern, eine Vorliebe für Superlativa. Neben der Stilmischung fallen die Auflösung der Formen und Mischungen von verschiedenen Formen auf; so haben Hildegards Hymnen mit anderen Schöpfungen dieser Art nur den Namen gemein. Die Melodik der heiligen Hildegard ist häufig unruhig, unnatürlich, verworren, manchmal sogar bizarr… Die Zickzack-Linie der Hildegardschen Melodien wirkt nicht so würdevoll und edel wie der Choral, ist aber charakteristischer und individueller.« (Bromarski 1921, zit. nach Scherer, 1987, 78). Wenn andererseits Weissweiler den Gesängen bzw. ihrer Wiedergabe voller Respekt »formale Freizügigkeit und eine fortschrittliche und originelle Kompositionstechnik« zuschreibt, so subsumiert sie sie damit doch unter Kategorien, die Hildegard selbst fremd gewesen sein dürften (zit. nach Scherer, 1987, 79). Zwar sind Hildegards Liedmelodien relativ gut in Neumen überliefert. Der älteste neumierte Text ist noch zu ihren Lebzeiten aufgeschrieben worden und findet sich in der Zwiefaltener Briefhandschrift von 1154. Trotzdem ist es höchst unwahrscheinlich, daß Hildegard selber je mit Hilfe von Neumen komponiert hat. Die Melodien mögen ihr frei entströmt sein, sie wird sie ihre Mitschwestern nach der alten Technik des Vor- und Nachsingens gelehrt und sie so an diese weitergegeben haben. Hildegard hat es vorgezogen, aufschreiben zu lassen, anstatt selbst aufzuschreiben; dies gilt sowohl für gesprochene Texte wie für gehörte Musik. Es trage nicht viel zur Sache bei, meint Scherer (1987, 79), wer ihre Musik wann notiert habe und ob die notierten Gesänge den Melodien gleichkämen, die in den Hildegard-Klöstern gehört werden konnten: »Schließlich operieren die Vertextungen der Audiovisionen stae Hildegardis notwendigerweise an ganz zentralen Stellen mit unerhörten (Zusammen-)Klängen – instrumentalen wie vokalen Ursprungs – mit deren musikalisch-akustischer Realisierung jedenfalls zu rechnen ist.« (ebd.)
¹⁴ Schmidt-Görg: Die Gesänge der heiligen Hildegard, in: Lieder (1969), 25. Melismen sind melodische Verzögerungen des Tones, heute spricht man von Koloraturen. Hildegards Melismen-Freudigkeit gilt nicht nur für die Antiphonen und Responsorien, sondern sogar bei den Sequenzen und Hymnen, wo Hildegard die bei diesen Gattungen übliche Syllabik – zu jeder Silbe eine Note – zugunsten von Notengruppen aufgibt.
¹⁵ Lied 19 in: Lieder (1969), 232
¹⁶ Scherer (1987), 106: Steigert sich die Ventilation über die Stoffwechselbedürfnisse hinaus, so tritt Hyperventilation ein mit den bekannten Erscheinungen wie Schwindel, Krämpfen, Ohnmachten, die aber zugleich eine gesteigerte Empfangsbereitschaft für tiefere Botschaften der Seele einschließen kann.
¹⁷ Die eine Gruppe ihrer Melodien, die quasi »in Moll« stehen, weist über dem Grundton (in E, D oder A) jeweils eine kleine Terz auf; die zweite, an die Dur-Tonalität anklingende, die weitaus weniger Lieder umfaßt, hat jeweils eine große Terz über dem Grundton (in C, F oder G). Für die Melodien beider Tonalitäten gilt jedoch das gleiche, das typisch Hildegardsche Prinzip: daß sie sich jeweils an der Oberquinte über dem Grundton organisieren. Dabei ist zu bedenken, daß es ein-

stimmige Melodien sind, die noch keine Klangfortschreitungen im akkordischen Sinne kennen. Vielmehr beziehen sich die Töne der jeweiligen Skala in ihrer Wertigkeit auf den durchgehaltenen, den bordunierten Grundton.

18 Schmidt-Görg, Die Gesänge..., in: Lieder (1969), 10. Entsprechungen finden sich zu Beginn der Melodieformeln, wie etwa der Quintaufstieg, der oft noch durch einen Quartsprung die Oktave umgreift, oder am Schluß die viel benutzte Endformel FEDE im E-Modus. Diese Melodieformeln könnte man aber eher als eine Art von Vor- und Nachsilben betrachten. Hildegard sprengt die Schemata, die für die Gattungen der Gregorianik noch gelten, die Interpunktionsmelismen der großen Responsorien – da ihre Melodieformeln nicht mehr mit den entsprechenden Textstellen gleichlaufen. Sie umspielen sie vielmehr frei. Auch die strophige Anlage des Hymnus wie der Sequenz tritt bei Hildegard gegenüber freieren Gestaltungsmöglichkeiten zurück. Sie verkürzt oder verlängert die Textglieder, die im Hymnus bis dahin durch Vers und Strophe, in der Sequenz durch Versikelpaare geordnet waren. So gehen bei Hildegard die Gattungen fließend ineinander über. Ausdrücklich sind die Melodieformeln Hildegards nicht mehr so eingesetzt, daß sie besondere Textstellen hervorheben, sondern sie umspielen sie, wie schon gesagt, durch gleichsam naturgewachsene, blühende Ranken. Melismen wie ein lang umspieltes »O« markieren vielfach die Liedanfänge, gedankenreich wie ein Vorspiel. Andererseits lassen Melismen auch die Gesänge ausklingen (ebd., S. 14 f.). Symbolische oder tonmalerische Bedeutung könnte man allenfalls bei einzelnen Wortgestaltungen, zum Beispiel bei der Umspielung des Namens Maria (bei Mater und Stella maris in Lied Nr. 4) ausmachen. Vor allem das Auf- und Abwogen der Dünung ist in der Gestaltung des Wortes »maris«, des Meeres, in einen nicht enden wollenden Melismus umgesetzt, der auf- und niedersteigt. Ausnehmend hohe Lagen können die Sonne (Lied 14), den Flug (Lied 20) oder auch besonders hohe, erhabene Engelchöre charakterisieren; tiefe Tonlagen wiederum die Dunkelheit (Lied 20), gelegentlich sogar den Teufel (Lied 25). Doch läßt sich Hildegard auch in der Symbolik der Höhe und der Tiefe nicht in jedem Fall festlegen. Das Motiv der Blume und der Blüte jedoch, das Hildegard liebt, wird immer wieder mit reichem Floskelspiel umrankt (in Lied 14, 35 und 36: alle Lied-Numerierungen erfolgen nach: Lieder 1969).

19 Das »Spiel der Kräfte«, Ordo virtutum, ist wiedergeben (mit Noten) in der Ausgabe von Barth u.a., Lieder (1969), 301–315 (CD-Ausgabe CD 77051 bei SEQUENTIA, Harmonia mundi, Freiburg 1982; 1990²)

20 Dronke (1982), 4 ff.
21 Führkötter in: Lieder (1969), 210
22 zit. bei Scherer (1987), 45
23 Scherer (1987), 160 ff.
24 Schmidt-Görg, Die Gesänge... in: Lieder (1969), 9

9. ...und mit der Weisheit die Freude

1 Deutscher und lateinischer Text gegenübergestellt in: Lieder, 276 f.; 278 f.
2 Wosien (1990), 99 ff.
3 Schipperges (1981), 90; vgl. Lieder, 258; 259
4 Der lateinische Text in: Lieder, 258 f.
5 Lieder, 232; 233

6 zit. bei Faber (1989), 252
7 WM, 26
8 zit. bei Faber (1989), 253 ff.
9 Kather (1992), 22; WM 201 f.
10 Das mehrmalige, starke Erlebnis einer musikalischen Gestaltung dieser Antiphon in einem spontan zusammengekommenen Chor von Seminarteilnehmern verdanke ich Peter Roth aus Anlaß zweier Hildegard-Tagungen in der Reformierten Heimstätte Schloß Wartensee und einer im Ökumenischen Zentrum Neumühle, Tünsdorf/Saar.
11 Maura Böckeler in: Scivias, 384
12 MV, zit. bei Faber (1989), 253
13 MV, zit. bei Faber (1989), 113
14 Heilkunde, 16
15 ebd.
16 Lieder, 278; 279

Literaturverzeichnis

I. Werke Hildegards von Bingen

A. Verzeichnis der Abkürzungen für die Werkausgabe des Otto-Müller-Verlag Salzburg

Aus der folgenden Ausgabe der Werke Hildegards wird
in diesem Buch vorwiegend zitiert

Scivias = Hildegard von Bingen – Wisse die Wege. Nach dem Originaltext des Illuminierten Rupertsberger Kodex, ins Deutsche übertragen von Maura Böckeler, Salzburg 1954; 1987^8

Heilkunde = Hildegard von Bingen, Heilkunde, causae et curae. Das Buch von dem Grund und Wesen der Heilung von Krankheiten, nach den Quellen übers. und erläutert von Heinrich Schipperges, Salzburg 1957; 1981^4

Naturkunde = Hildegard von Bingen, Naturkunde, Physica. Das Buch von dem inneren Wesen der verschiedenen Naturen in der Schöpfung, übersetzt von Peter Riethe, Salzburg 1959; 1980^3

Steine = Hildegard von Bingen, Das Buch von den Steinen. Nach den Quellen übersetzt und erläutert von Peter Riethe, Salzburg 1979; 1986^2

Fische = Hildegard von Bingen, Das Buch von den Fischen. Nach den Quellen übersetzt und erläutert von Peter Riethe, Salzburg 1991

MV = Hildegard von Bingen, Der Mensch in der Verantwortung. Das Buch der Lebensverdienste, liber vitae meritorum, nach den Quellen übersetzt und erläutert von Heinrich Schipperges, Salzburg 1972; 1985^3

WM = Hildegard von Bingen. Welt und Mensch, De operatione dei. Aus dem Genter Kodex übersetzt und erläutert von Heinrich Schipperges, Salzburg 1965

Briefwechsel = Hildegard von Bingen, Briefwechsel. Nach den ältesten Handschriften übersetzt und erläutert von Adelgundis Führkötter, Salzburg 1965; 1990^2

Lieder = Hildegard von Bingen, Lieder. Nach den Handschriften hrsg. von Pudentiana Barth, Immaculata Ritscher und Joseph Schmidt-Görg, Salzburg 1969

Das Leben = Das Leben der Hl. Hildegard von Bingen, ein Bericht aus dem 12. Jh., verfaßt von den Mönchen Gottfried und Theoderich, aus dem lat. übers. und kommentiert von Adelgundis Führkötter, Salzburg 1972

B. Kritische Ausgaben

Hildegardis Scivias, ed. Adelgundis Führkötter collaborante Angela Carlevaris. Turnholti: Brepols. 1978, LX, 917 S. (Corpus Christianorum Continuatio Mediaevalis 43 et 43 A.) 35 Tafeln im Vierfarbendruck und 3 Schwarzweißtafeln.

Hildegard von Bingen, Lieder. Nach den ältesten Handschriften hrsg. von Pudentiana Barth OSB, M. Immaculata Ritscher OSB, Joseph Schmidt-Görg. Salzburg: Otto Müller. 1969, 328 S., 2 Faksimiletafeln (Nebst) Ergänzungsheft: M. Immaculata Ritscher, Krit. Bericht zu Hildegard von Bingen, Lieder. Salzburg: Otto Müller. 62 S.

C. Lateinische Ausgaben von Migne und Pitra

Ausgaben in der lateinischen Fassung Hildegards
(mit den gebräuchlichen Abkürzungen)

Migne, J.-P., Patrologia Latina, tom. 197: S. Hildegardis abbatissae opera omnia. Parisiis 1855; 1882; 1952	M bzw. PL
Pitra, J. B., Analecta sacra, tom. 8: S. Hildegardis abbatissae opera omnia. Monte Cassino 1882; 1966	P bzw. Pitra
Wisse die Wege – Liber Scivias. M 383 – 738	Sc
Die Lebensverdienste – Liber Vitae Meritorum. P 1 – 244	VM bzw. LVM
Die Gotteswerke – Liber Divinorum Operum. M 739 – 1038	DO bzw. DOD
Deutung einiger Evangelien – Liber expositionis quorundam Evangeliorum. P 245 – 327	Ev
Briefe – Liber Epistolarum. M 145 – 382	Ep
Einfache Heilkunde (Die Feinheiten der verschiedenen Geschöpfesnaturen, gen. Physica). – Liber simplicis Medicinae (Liber Subtilitatum diversarum naturarum creaturarum). M 1117 – 1352	Ph bzw. LSM
Angewandte Heilkunde über die Ursachen, Kennzeichen und Heilmittel der Krankheiten (gen. Ursachen und Heilmittel). – Liber compositae Medicinae de aegritudinum causis, signis atque curis (gen. Causae et Curae). P 468 – 482	CC
Lieder (Klänge aus Himmelsharmonien) – Carmina (Symphonia harmoniae coelestium revelationum). P 441 – 467	C bzw. Carmina
Spiel der Kräfte – Ordo Virtutum. P 457 – 465	OV
Die geheime Sprache – Lingua ignota. P 496 – 502	LI
Erläuterungen zur Benediktusregel – Regulae S. Benedicti Explanatio. M 1053 – 1066	RB
Erläuterungen zum Athanasianischen Glaubensbekenntnis – Explanatio Symboli S. Athanasii. M 1065 – 1082	SA
Das Leben des heiligen Rupert – Vita S. Ruperti. M 1081 – 1094	R
Das Leben des heiligen Disibod – Vita S. Disibodi. M 1093 – 1116	Di
Neue Briefe – Novae epistolae. XXXII, P 328 – 440	Ep
2. Folge neuer Briefe – Epistolarum altera series nova XXXIII – CXLV, P 518 – 582	Ep
Gottfried von St. Disibod und Dieter von Echternach, Vita Sanctae Hildegardis, ed. J.-P. Migne, PL 197: 91 – 130	Vita

D. Neuere Übertragungen ins Deutsche

Aus der Basler Hildegard-Gesellschaft (Postfach, CH-4010 Basel)
Hildegard von Bingen, Wisse die Wege. Nach dem Originaltext vollständig und ungekürzt übertragen von Paul Holdener, Baseler Hildegard-Gesellschaft, Basel 1991.
Hildegard von Bingen, Das Buch der göttlichen Werke, Liber divinorum operum. Nach dem Originaltext ungekürzt übertragen von Paul Holdener, Baseler Hildegard-Gesellschaft (in Vorbereitung)
Hugo Schulz, Ursachen und Behandlung der Krankheiten, 3. Auflage 1982 (deutsche Übersetzung der Causae et Curae).

Aus dem Pattloch-Verlag, Augsburg (z. T. übernommen in Herder Spektrum, Freiburg)
Hl. Hildegard, Scivias, Wisse die Wege. Eine Schau von Gott und Mensch in Schöpfung und Zeit, übers. und herausgegeben von Walburga Storch, Augsburg 1991 (Herder Spektrum 4115).
Hl. Hildegard, Heilwissen. Von den Ursachen und der Behandlung von Krankheiten nach der hl. Hildegard von Bingen, übers. und herausgegeben von Manfred Pawlik, Augsburg 1989 (Herder Spektrum 4050).
Hildegard von Bingen, Heilkraft der Natur – Physica. Übersetzt von Marie-Louise Portmann, Augsburg 1991 (Herder Spektrum 4159). (Ursprünglich ebenfalls herausgegeben von der Baseler Hildegard-Gesellschaft.)

II. Literatur zum Werk Hildegards von Bingen und ausgewählte Hintergrundliteratur

Aufgenommen sind nur grundlegende Literatur und zitierte Titel

ALIC, Margaret: Die Sybilla vom Rhein. In: Hypatias Töchter – Der verleugnete Anteil der Frauen in der Naturwissenschaft, Zürich 1987, S. 76–89
BARTH, Pudentiana, RITSCHER, Immaculata, SCHMIDT-GÖRG, Josef: Hildegard von Bingen. Lieder, Salzburg 1969
BENZ, Ernst: Die Vision – Erfahrungsformen und Bilderwelt, Stuttgart 1969
BIENCZYK, Barbara: Hildegard von Bingen. Vortrag bei der Tagung »Die Ros' kennt kein Warum‹, Mystik in Europa« vom 27.–29. Okt. 1978 in der Evang. Akademie Hofgeismar. Unveröffentlichtes Manuskript.
BITTER, Wilhelm (Hrsg.): Evolution. Tagesbericht der Internationalen Gesellschaft für Tiefenpsychologie, Stuttgart 1969
BÖCKELER, Maura (Hrsg. u. Übers.): Hildegard von Bingen. Wisse die Wege – Scivias. Nach dem Originaltext des Illuminierten Rupertsberger Kodex ins Deutsche übertragen von Maura Böckeler (gekürzte Ausgabe), Salzburg 1954 (Otto Müller)
Dies.: Hildegard von Bingen. Das Leben des Hl. Rupertus.
BORST, Arno: Die Katharer, Stuttgart 1953
BROCCERI, Mariateresa F.B.: Hildegard, die Prophetin. In: Ferrucio Bertini, Heloise und ihre Schwestern, München 1991, S. 192–221
BRONARSKI, Ludwig: Die Lieder der Heiligen Hildegard, Veröfftl. der Gregorianischen Akademie zu Freiburg/Schweiz, hrsg. von P. Wagner, Heft 18, Leipzig 1921
CAPRA, Fritjof: Der kosmische Reigen, Physik und östliche Mystik – ein zeitgemäßes Weltbild, 6. Auflage München 1983
CHRIST, Felix: Jesus Sophia. Die Sophia-Christologie bei den Synoptikern, Zürich 1970
CLAUSBERG, Karl: Kosmische Visionen. Mystische Weltbilder von Hildegard von Bingen bis heute, Köln 1980
COHEN-ALLORO, Dorit: »Wer ist die Schöne Maid, die ihr Gesicht mit Schleiern verhüllt – Weisheit in der jüdischen Kabbalah«, in: Verena Wodtke (Hrsg.), Auf den Spuren der Weisheit, Freiburg 1991
DRONKE, Peter: Textheft zu Hildegard von Bingen, Symphoniae, editio classica, harmonia mundi, Freiburg 1982 (Begleitheft zu CD)
Ders.: Women Writers in the Middle Ages, Cambridge 1984

EGNER, *Helga (Hrsg.):* Tier – Pflanze – Mensch. Eingebundensein und Verantwortung, Tagungsbericht der Internationalen Gesellschaft für Tiefenpsychologie, Solothurn 1993

FABER, *Stefanie (Hrsg.):* Hildegard von Bingen. Metaphysik der Seele, München 1989

FELDMANN, *Christian:* Hildegard von Bingen, Nonne und Genie, Verlag Herder, Freiburg-Basel-Wien 1993[3]

FERGUSON, *Marilyn:* The Aquarian Conspiracy, Los Angeles 1980

FISCHER, *H.:* »Die Hl. Hildegard von Bingen. Die erste Naturforscherin und Ärztin«, in: Münchner Beiträge zur Geschichte und Literatur der Naturwissenschaft und Medizin, 7/8, München 1927, S. 381–538

von FRANZ, *Marie-Louise:* C. G. Jung. Sein Mythos in unserer Zeit, Frauenfeld 1972

Dies.: »Der kosmische Mensch als Zielbild des Individuationsprozesses und der Menschheitsentwicklung«, in: Evolution, Tagungsbericht der Internationalen Gesellschaft für Tiefenpsychologie, hrsg. von Wilhelm Bitter, Stuttgart 1969, S. 94ff.

Dies.: Die Visionen des Niklaus von Flüe. Studien aus dem C. G. Jung-Institut, Rascher, Zürich 1959

Dies.: Zahl und Zeit. Psychologische Überlegungen zu einer Annäherung von Tiefenpsychologie und Physik, Stuttgart 1970

FOX, *Matthew:* Vision vom kosmischen Christus. Aufbruch ins 3. Jahrtausend, Stuttgart 1991

Ders.: Schöpfungsspiritualität. Kreuz-Entwürfe, Stuttgart 1993

Ders.: Der große Segen – Umarmt von der Schöpfung, München 1991

FÜHRKÖTTER, *Adelgundis (Hrsg. u. Übers.):* Das Leben der Hl. Hildegard von Bingen. Ein Bericht aus dem 12. Jahrhundert, verfaßt von den Mönchen Gottfried und Theoderich, Düsseldorf 1968, 3. Auflage Salzburg 1980 (Otto Müller)

Dies.: Hildegard von Bingen. Briefwechsel. Nach den ältesten Handschriften übersetzt und erläutert, Salzburg 1965 (Otto Müller)

FÜHRKÖTTER, *Adelgundis/SCHRADER, Marianna:* Die Echtheit des Schrifttums der Hl. Hildegard von Bingen. Quellenkritische Untersuchung, Köln, Graz 1956 (Archiv für Kulturgeschichte, Beiheft 16)

GEYSENHEYNER, *Ludwig:* »Über die Physica der Hl. Hildegard von Bingen und die in ihr enthaltene älteste Naturgeschichte des Nahegaus«, in: Sitzungsbericht, hrsg. vom naturhistor. Verein der preußischen Rheinlande und Westfalens 1911, S. 49–72

Ders.: »Die älteste Nachricht über den Bitterling«, in: Zoologischer Beobachter 52, 1911, S. 10–12

GÖSSMANN, *Elisabeth:* »Ipsa enim quasi domus sapientiae – Die Frau ist gleichsam das Haus der Weisheit. Zur frauenbezogenen Spiritualität Hildegards von Bingen.« In: Margot Schmidt (Hrsg.), Eine Höhe, über die nichts geht – Spezielle Glaubenserfahrung in der Frauenmystik, Stuttgart, Bad Cannstadt 1986, S. 1–18

Dies.: »Das Menschenbild der Hildegard von Bingen und Elisabeth von Schönau vor dem Hintergrund der frühscholastischen Anthropologie«: in: P. Dinzelbacher/D. R. Bauer, Frauenmystik im Mittelalter, Ostfildern 1985, S. 24–41

GOOD, *Deidre:* Ein Bild voller Spannungen – Weisheit in der Gnosis, in: Verena Wodtke (Hrsg.), Auf den Spuren der Weisheit, Freiburg 1991

HATTEMER, *Margarete:* Geschichte und Erkrankung der Hildegard von Bingen. Ein pathographischer Versuch. In: Hippokrates 3, 1930/31, S. 125–149

HEISENBERG, *Werner:* Ordnungen der Wirklichkeit, München 1989

HERTZKA, *G./STREHLOW, W.:* Große Hildegard-Apotheke, Freiburg 1989

HOLDENER, *Paul:* Hildegard von Bingen. Wisse die Wege. Nach dem Originaltext vollständig und ungekürzt übertragen, Baseler Hildegard-Gesellschaft, Basel 1991

Ders.: Hildegard von Bingen. Das Buch der göttlichen Werke, liber divinorum operum. Nach dem Originaltext ungekürzt übertragen, Baseler Hildegard-Gesellschaft, Basel 1993

JUNG, Carl Gustav: Antwort auf Hiob, Rascher-Ausgabe, Zürich 1952

Ders.: Gestaltungen des Unbewußten, Rascher-Ausgabe, Zürich 1950

Ders.: Psychologie und Religion, Rascher-Ausgabe, Zürich 1940

JUNG, Carl Gustav/RICHARD, Wilhelm: Das Geheimnis der Goldenen Blüte, Rascher-Verlag, 5. Auflage Zürich 1957

KASSEL, Maria: Feministische Theologie, Perspektiven zur Orientierung, Stuttgart 1988

KAST, Verena: Paare. Beziehungsphantasien oder Wie Götter sich in Menschen spiegeln, Zürich 1984. Darin eine Auseinandersetzung mit dem Animus- und Animabegriff C. G. Jungs, S. 157–177

Dies.: Imagination als Raum der Freiheit. Dialog zwischen Ich und Unbewußtem, Olten 1988

KATHER, Regine: Die Kosmologie der Hildegard von Bingen. In: R. Kather, Zeit und Ewigkeit. Die Vieldimensionalität menschlichen Erlebens, Würzburg 1992, S. 15–35

KERNER, Charlotte: Alle Schönheit des Himmels. Die Lebensgeschichte der Hildegard von Bingen, Weinheim, Basel 1993

KRONEMANN, Bernward (Hrsg.): Hildegard von Bingen, Ordo Virtutum – Spiel der Kräfte. Das Schauspiel vom Tanz der göttlichen Kräfte und der Sehnsucht des Menschen, Augsburg 1991

KUHN, Thomas: Die Struktur wissenschaftlicher Revolutionen, Frankfurt 1971

LAUTER, Werner: Hildegard-Biographie. Wegweiser zur Hildegard-Literatur, Bd. II, 1970–1982, Alzey 1984

LEISEGANG, Hans: Die Gnosis, Leipzig 1924, Kröners Taschenausgabe 32, 5. Auflage Stuttgart 1985

LEUNER, Hanscarl: Katathymes Bilderleben, 3. Auflage Stuttgart 1982

LIEBESCHÜTZ, Hans: Das allegorische Weltbild der Hl. Hildegard von Bingen, Leipzig 1930; Neudruck in der Wissenschaftlichen Buchgesellschaft, Darmstadt 1964; letzte Auflage Stuttgart 1985 (Kröner)

LOVELOCK, James: Die Gaia-Hypothese. Die Erde ist ein Lebewesen, München 1988 (aus dem Englischen übersetzt von Jochen Eggert und Marens Würmli)

MAHNKE, Dietrich: Unendliche Sphäre und Allmittelpunkt. Beiträge zur Genealogie der mathematischen Mystik, Halle 1937; Stuttgart 1966 (Neudruck)

MEIER, Christel: Die Bedeutung der Farben in der Welt Hildegards von Bingen. In: Frühmittelalterliche Studien 6/1972

Dies.: Prophetentum als literarische Existenz. In: Gisela Brinkler-Gabler, Deutsche Literatur von Frauen, 1. Bd., München 1988, S. 76–87

MULACK, Christa: Die Weiblichkeit Gottes, Stuttgart 1983

Dies.: Jesus, der Gesalbte der Frauen, Stuttgart 1987

Dies.: Im Anfang war die Weisheit, Stuttgart 1988

MYNAREK, Hubertus: »Das alternative Gottesbild der Ökologie«, in: Peter Michael Pflüger (Hrsg.), Wendepunkte: Erde – Frau – Gott, Olten 1987, S. 175ff.

NEWMAN, Barbara: Sister of Wisdom. St. Hildegards Theology of the Feminine, Berkeley, Los Angeles 1987

Dies.: Die Mütterlichkeit Gottes – Sophia in der mittelalterlichen Mystik. In: Verena Wodtke (Hrsg.), Auf den Spuren der Weisheit, Freiburg 1991, S. 82ff., über Hildegard S. 86–90

PAWLIK, Manfred (Hrsg. u. Übers.): Hl. Hildegard, Heilwissen. Von den Ursachen und der Behandlung von Krankheiten nach der Hl. Hildegard von Bingen, Augsburg 1989 (Patloch)

PFLÜGER, Peter Michael (Hrsg.): Wendepunkte: Erde – Frau – Gott, Tagungsbericht der Internationalen Gesellschaft für Tiefenpsychologie, Olten 1987

PORTMANN, Marie-Louise (Hrsg.): Hildegard von Bingen. Heilkraft der Natur – Physica. Eine vollständige und wortgetreue Übersetzung. Baseler Hildegard-Gesellschaft, Augsburg 1991 (Pattloch); Freiburg 1993 (Herder Spektrum)

RIEDEL, Ingrid: »Tier und Pflanze bei Marc Chagall«, in: Helga Egner (Hrsg.), Tier – Pflanze – Mensch. Eingebundensein und Verantwortung, Tagungsbericht der Internationalen Gesellschaft für Tiefenpsychologie, Solothurn 1993

Dies.: »Wandlungen der schwarzen Frau«, in: Peter Michael Pflüger (Hrsg.), Wendepunkte: Erde – Frau – Gott, Tagungsbericht der Internationalen Gesellschaft für Tiefenpsychologie, Olten 1987, S. 108–128

Dies.: »Hildegard von Bingen«, in: Johannes Thiele (Hrsg.), Mein Herz schmilzt wie Eis am Feuer. Die religiöse Frauenbewegung des Mittelalters in Portraits, Stuttgart 1988, S. 35–59

Dies.: Marc Chagalls grüner Christus. Ein ganzheitliches Gottesbild – Wiederentdeckung der weiblichen Aspekte Gottes, Olten/Freiburg 1985

Dies.: Demeters Suche. Mütter und Töchter, Zürich 1986 (Kreuz)

Dies.: Die weise Frau in uralt neuen Erfahrungen. Der Archetyp der alten Weisen im Märchen und seinem religionsgeschichtlichen Hintergrund, Olten/Freiburg 1989

Dies.: Farben. In Religion, Gesellschaft, Kunst und Psychotherapie, Stuttgart 1983

Dies.: Formen. Kreis, Kreuz, Dreieck, Quadrat, Spirale, Stuttgart 1985

Dies.: Bilder. In Therapie, Kunst und Religion, Stuttgart 1988

Dies.: Bildinterpretation, München 1969

Dies: Maltherapie, Stuttgart 1993

RIETHE, Peter: Hildegard von Bingen, Naturkunde, Physica. Das Buch von dem inneren Wesen der verschiedenen Naturen in der Schöpfung, übersetzt und erläutert von Peter Riethe, Salzburg 1959

Ders.: Hildegard von Bingen. Das Buch von den Steinen. Übersetzt und erläutert von Peter Riethe, 2. Auflage Salzburg 1986

Ders.: Hildegard von Bingen. Das Buch von den Fischen. Übersetzt und erläutert von Peter Riethe, Salzburg 1991

SCHELER, Max: Die Stellung des Menschen im Kosmos, Bern, München 1983^{10}, S. 11–48

SCHERER, Wolfgang: Hildegard von Bingen. Musik und Minnemystik, Kore Verlag Freiburg 1987

SCHIMMEL, Annemarie: Mystische Dimensionen des Islam, Köln 1987

SCHIPFLINGER, Thomas: Sophia – Maria. Eine ganzheitliche Vision der Schöpfung, München, Zürich 1988

SCHIPPERGES, Heinrich: »Einflüsse arabischer Medizin auf den Mikrokosmos. Literatur des 12. Jahrhunderts«, in: Miscellanea mediaevalia, hrsg. von Paul Wilpert, 1, 1962, S. 129–153

Ders.: Krankheitsursache, Krankheitswesen und Heilung in der Klostermedizin, dargestellt am Weltbild Hildegards von Bingen, Diss., Bonn 1951

Ders.: Hildegard von Bingen – Mystische Texte der Gotteserfahrung, Olten/Freiburg 1979

Ders.: Hildegard von Bingen. Ein Zeichen für unsere Zeit, Verlag Josef Knecht, Frankfurt 1981

Ders.: Die Welt der Engel bei Hildegard von Bingen, Salzburg 1963, 2. Auflage 1979

Ders. (Hrsg. u. Übers.): Hildegard von Bingen. Der Mensch in der Verantwortung. Das Buch der Lebensverdienste (liber vitae meritorum)
Ders. (Hrsg. u. Übers.): Hildegard von Bingen, Heilkunde. »Causae et curae«. Das Buch von dem Grund und Wesen der Heilung der Krankheiten, Salzburg 1957; 4. Auflage 1981
SCHMIDT-GÖRG, *Josef:* Die Gesänge der Hl. Hildegard. In: Pudentiana Barth u.a. (Hrsg.), Hildegard von Bingen, Lieder, Salzburg 1969
SCHMIDT-GÖRG, *Josef*/RITSCHER, *Immaculata*/BARTH, *Pudentiana:* Hildegard von Bingen. Lieder, Notenbuch mit lat. und dt. Texten, Salzburg 1969 (Otto Müller)
SCHMIDT, *Margot:* »Maria, Spiegel der Schönheit« – Zum Marienbild bei Hildegard von Bingen und Mechthild von Magdeburg. In: Elisabeth Gössmann/Dieter R. Bauer, Maria für alle Frauen oder über alle Frauen, Freiburg 1989
Dies.: Die fragende Schau der hl. Hildegard, Leutesdorf 1993
SCHOMER, *Joachim:* Die Illustrationen zu den Visionen der hl. Hildegard als künstlerische Neuschöpfungen, Bonn 1932
SCHRADER, *Marianne:* Die Herkunft der hl. Hildegard, (neu bearbeitet) Mainz 1981
SCHÜNGEL-STRAUMANN, *Helen:* »Ruah (Geistin)« in: Feministische Theologie, Perspektiven zur Orientierung, hrsg. v. Maria Kassel, Stuttgart 1988, S. 81ff.
SCHUMANN, *Hans-Wolfgang:* Buddhistische Bilderwelt. Ein Ikonographisches Handbuch, Köln 1986, Abb. S. 75
SCHÜSSLER FIORENZA, *Elisabeth:* »Auf den Spuren der Weisheit – Weisheitstheologisches Urgestein«, in: Verena Wodtka (Hrsg.), Auf den Spuren der Weisheit, Freiburg 1991
SCHULZ, *Hugo (Hrsg. u. Übers.):* Hildegard von Bingen. Ursachen und Behandlung der Krankheiten – causae et curae, mit einem Geleitwort von Prof. Ferdinand Sauerbruch, 3. Auflage Basel 1982
SHELDRAKE, *Rupert:* Die Wiedergeburt der Natur – Wissenschaftliche Grundlagen eines neuen Verständnisses, © deutsche Rechte by Scherz Verlag Bern und München
SÖLLE, *Dorothee:* O Grün des Fingers Gottes. Die Meditationen der Hildegard von Bingen, Wuppertal 1989
STORCH, *Walburga (Hrsg. u. Übers.):* Hl. Hildegard, Scivias – Wisse die Wege. Eine Schau von Gott und Mensch in Schöpfung und Zeit, Augsburg 1991 (Pattloch)
SWIMME, *Brian:* Das Universum ist ein grüner Drache. Ein Dialog über die Schöpfungsgeschichte oder von der mystischen Liebe zum Kosmos, München 1991
TEILHARD DE CHARDIN, *Pierre:* Der Mensch im Kosmos, München 1959
Ders.: Lobgesang des Alls, Olten/Freiburg 1964
TERMOLEN, *Rosel:* Hildegard von Bingen. Biographie, Augsburg 1989 (Pattloch)
THORNTON, *Barbara:* in Textheft zu Hildegard von Bingen, Symphoniae editio classica, harmonia mundi, Freiburg 1982, 6 (Begleitheft zu CD)
TILLICH, *Paul:* Der Mut zum Sein, Stuttgart 1953
WERTMANN, *Annelore:* Die Seherin Hildegard. Rückzug in eine großartige Welt innerer Bilder. In: Renée Meyer zur Capellen, Annelore Werthmann, May Widmer-Perrenond, Die Erhöhung der Frau. Psychoanalytische Untersuchungen zum Einfluß der Frau in einer sich transformierenden Gesellschaft, Frankfurt 1993, S. 145–225
WÖLLER, *Hildegunde:* »Die Weisheit und ihre Verwirklichung durch die Frau«, in: Peter Michael Pflüger (Hrsg.), Wendepunkte: Erde – Frau – Gott, Tagungsbericht der Intern. Ges. f. Tiefenpsychologie, Olten/Freiburg 1987

Dies.: »Vielfarbige Weisheit – Sophia als Symbol alles Lebendigen«, in: Helga Egner (Hrsg.), Tier – Pflanze – Mensch. Eingebundensein und Verantwortung. Tagungsbericht der Intern. Ges. f. Tiefenpsychologie, Solothurn 1993, S. 153–172
WEISSWEILER, Eva: Komponistinnen aus fünfhundert Jahren. Eine Kultur- und Wirkungsgeschichte in Biographien und Werkbeispielen, Frankfurt 1981
WOSIEN, Maria-Gabriele: Tanz im Angesicht der Götter, München 1988
WODTKE, Verena (Hrsg.): Auf den Spuren der Weisheit. Sophia – Wegweiserin für ein weibliches Gottesbild, Freiburg 1991

Bildnachweis

Farbtafeln I, III, IV, V, VI, X, XV und SW-Abb. 9
aus: Wisse die Wege, SCIVIAS. Otto Müller Verlag Salzburg, 8. Aufl. 1987

Farbtafeln XII und XVI
aus: Welt und Mensch, Codex Latinum 1942, Lucca, Biblioteca Statale Foto: SCALA, Florenz

Farbtafeln II, VII, VIII, IX, XI, XIII, XIV und SW-Abb. 7
aus: Welt und Mensch, Codex Latinum 1942, Lucca, Biblioteca Statale

Verzeichnis der Farbtafeln

I: Hildegard und Volmar
Vorrede zu Scivias, Tafel 1

II: Die Seherin mit Richardis und Volmar
Ausschnitt aus Schau I in »Welt und Mensch« (Tafel 1)

III: Das Weltall
Schau I, 3 aus Scivias (Tafel 4)

IV: Vom Urquell des Lebens
Schau II, 2 aus Scivias (Tafel 11)

V: Der Lichtherrliche
Schau I, 5 aus Scivias (Tafel 2)

VI: Die Frau vom Berge
Schau II, 5 aus Scivias (Tafel 14)

VII: Die grüne Sophia
Schau X aus »Welt und Mensch« (Tafel 16)

VIII: Weisheit und Allmacht
Schau IX aus »Welt und Mensch«(Tafel 13),

IX: Die Allmacht der Weisheit
Ausschnitt aus Schau IX in »Welt und Mensch« (Tafel 14),

X: Die Königin der Gotteskräfte
Schau III, 9 aus Scivias (Tafel 13)

XI: Der Brunnen der Weisheit
Schau VIII aus »Welt und Mensch« (Tafel 12)

XII: Das Kosmos-Rad
Schau II aus »Welt und Mensch« (Tafel 4)

XIII: Liebe-Weisheit: das Urlebendige
Schau I aus »Welt und Mensch« (Tafel 2)

XIV: Rad der Weltkräfte
Schau III aus »Welt und Mensch« (Tafel 5)

XV: Die Reinigung der Elemente
Schau III, 1 aus Scivias (Tafel 20)

XVI: Der Lebenskreis
Schau IV aus »Welt und Mensch« (Tafel 6)

Personen- und Sachregister

A

Aal(e) 12
Abraham 17
Abt 40
Abteien 109
Äbtissin 20, 37, 38, 39, 40, 41, 44, 45, 46, 83
achtstrahlig 61
Adam 118, 168
Adelheid 39, 45
Aktive Imagination 14
All 19, 117, 126, 131, 138
allegorisierend 76
allergrünste Jungfrau 17
Allmacht 103
Alraune 15
Alraunenmänchen 15
Alraunenweibchen 15
Altes Testament 12, 70, 83, 89, 107, 112, 149; alttestamentlich 51, 89
Alte Weise 119
Alter Mann 118
Ambivalenz 43
Amme 58
Ämterschacher 20, 38
Amun Jahwe 83, 91, 115
androgyn 117, 118, 119, 128
Anhänger 88
Anima 49, 154
anima mundi 127, 128
Anima-Gestalt 47
Animus 36, 128
Anthropos 124
anthropozentrisches Weltbild 90
Antlitz 73, 85, 86, 87, 110
apokryphe Mittlerin 83
Apologetik 56
arabisch-islamisch 56
Archetyp 67, 119, 127

archetypisch 41, 67, 71, 89, 117, 127
Arm(e) 79, 84, 88
Arzt 168, 171, 174
Ärztin 18, 19
Astrologie 56, 124
Astronomie 28
Atem 51, 62, 66, 154, 178, 180
Atemleiden 27
Äther 62, 119, 122, 124, 125
Ätherkreis 123
atmender Kosmos 180
Atmosphäre 62, 123, 125, 172
Audiovision(en) 23, 35, 36, 37, 44, 50, 63, 75, 155
Audition(en) 65, 67, 75
Auge(n) 14, 36, 37, 47, 49, 58, 64, 66, 71–74, 77, 78, 79, 86, 93, 101, 110, 164, 175, 180
Augenleiden 27
Augenmaß 114
Augenwesen 72, 73, 74, 77, 78, 79, 86
Ausstrahlung 54, 97, 110
Autobiographie 46 f., 57
Autonomie 44, autonom 40
Autorität 25, 27, 28, 36, 44, 45, 46, 49, 51, 53, 67, 75, 149
Avalokiteshvara 130

B

Bamberg 29
Baruch 93
Barth, Pudentiana 56
Bassum 37, 39, 45, 46
Baum 92, 109, 180, 182
Baumbild 109
Benedikt 30, 40

Benediktiner 31, 33, 35
Benediktinerinnen 31, 37, 55 f., 159
Benediktinerinnenkonvent 51
Benediktinerinnenkloster 40
Benediktinerkloster 23
benediktinisch 16, 56, 65
Berg 70, 71, 72, 73, 74, 75, 76, 77, 78, 79, 80, 83, 84, 85, 86, 87, 88, 175
Bergthron 73
Bermersheim 23, 30
Bernhard von Clairvaux 25, 26, 28, 65, 67
Bhavacakra 128, 130, 132
biblisch-patristisch 56
Bild Gottes 62
Bildgehalt 83, 102
Bildsymbole 76
Bingen 28
Biographie 56, 66
Bischöfe 20, 82, 83
blaß 85
Blau 13, 78, 88
blauer Saphir 67
blauviolettes Gewand 79
blauviolette Flügel 78
Blüten 80
Blütenkelch 80
Böckeler, Maura 55, 80, 173
Böhme, Jakob 20, 89
Bordun-Instrument 154, 157
Böse (das) 122, 127; böse 133
Braun 79, 84
Braut Christi 89, 100
Brautgemach 47, 49
Bremen 37, 39, 40, 45
Bremer Erzbischof 39
Brief(e) 24, 25, 28, 38, 39, 40, 43, 45, 46, 48, 51, 53, 64, 82, 156
Briefwechsel 25, 29, 56
Brunnen 108, 109, 110, 111, 113, 114, 177
Buch der Lebensverdienste 112
Buch der Sprüche 90
Buchmalerei 37, 66, 89, 93
Buchmalerin 49, 78, 79, 81, 84, 86, 87, 92, 93, 95, 109, 117, 121
Buddha 129, 130

Buddhismus 128, 132
byzantinisch 90

C

Capra, Fritjof 140
Causae et curae 55, 56
Chagall 90
Chaos-Theorie 140
Chassidismus 90
Chokma 89, 91
Chokma-Sophia 115
Chor 16, 48, 150, 151
Choreographie 161
Chorgesang 65, 147
Christus 19, 47, 48, 59, 61, 63, 67, 71, 79, 82, 98, 99, 100, 118, 119, 124, 131, 151, 156, 168
Christusbraut 47
Christus-Sophia 101, 118
cluniazensische Reform 151

D

Darwin 144
Deborah 12
Demeter 109, 110
Demiurg 131
Demut 85, 108, 110, 114
Dichtung 180
discretio 111, 114
Disibodenberg 23, 40, 151
Dreieck 121
dreieiniger Gott 94
Dreieinigkeit 94, 119
Dreiheit 131
Dualismus 59, 145
Duft 171, 172
Dunkel 59, 163
Dunkelfeuer 59, 122, 128, 138, 142, 157

Dunkellicht 66
Dunkelseite Gottes 122
Dunkle, das 59, 60, 122, 128
Duns Scotus 118

E

Edelstein(e) 56, 67, 87, 99, 106, 180
edelstes Grün 137
Ei 60, 61, 121
Eibingen 33, 152, 159
Eisen 70; eisern 71, 74
Element(e) 56, 60, 94, 103, 111, 122, 123, 127, 133, 134, 142, 176, 183
Elisabeth von Schönau 20
energetische Felder 141
Energie 67, 94, 99, 118, 121, 125, 146, 160, 178
Engel 71, 72, 74, 101 ff., 114, 143, 156, 157
Entelechie 93
Entscheidungsfeld 126
Epiphanie 84
Erdball 124
Erde 62, 63, 71, 79, 81, 84, 94, 101, 113 f., 120 – 139, 142, 144, 151, 160, 161, 162, 164, 165, 171, 176, 180, 181, 182
Erdmutter 70
Erleuchtung 65, 66, 94
Erlösung 122
Erosprinzip 145
erotisch 46
Erzbischof 38, 53
Erzbischof (Christian) von Mainz 39, 52 f
Ethik 56, 112
ethisch 61, 76, 77, 97, 104, 126, 140, 154, 172
Eucharistie 51, 52
Eva 156
Evangelien 90
Evolution 144, 181

F

Farbe(n) 14, 67, 72, 81, 96, 100, 106, 139, 163
Farbsymbolik 13, 122, 164
feministische Forschung 90
Ferguson 140
Feuchte 133
Feuchtigkeit 123
Feuer 19, 36, 61, 62, 67, 94, 119, 122, 123, 124, 133, 134, 135, 138 f, 142, 167
Feuer-Geist 168
feurig 131, 165, 167, 171, 174, 177, 178, 179
Firmament 19, 133
Fisch(e) 12, 56, 101, 102, 180, 182
Fischschuppenkleid 102
Fischwesen 102
Flamme(n) 19, 36, 61
Flammenmandorla 62
Flügel 19, 71, 76, 77, 79, 80, 83, 84, 87, 102, 103, 130, 131, 160, 161
Fragmentierung 60
Franz von Assisi 60, 183
Frauengestalt 79, 80, 82, 83, 84, 85, 86, 87, 102
Freiherren von Bermersheim 23
Freude 178, 179
Freundin der Weisheit 112, 149, 178
Freundschaft 44
Friede 104, 108, 110, 113, 114
Friedensreich 51, 113
Friedrich Barbarossa 12, 23, 24, 25
Früchtebaum 92
Führkötter, Adelgundis 55, 56, 57, 159, 165, 174
Füße 101

G

Gaia-Hypothese 62, 140, 181 f
Gandersheim 45

209

Ganzheit 137 f
Garten 92
Gebote 93
Geburt 98
Geist 102, 168, 171, 172, 173, 175, 177, 178, 182
Geist Gottes 111, 115
Geist der Liebe 115
Geisteskrankheit 16
Gelb 13, 94
Geliebte Jahwes 83, 91, 115
Gerechtigkeit 104, 111, 113
Gertrud 19
Geschlechtsregion 128, 138
Geschöpf 118, 133
Gesetz 93, 94
Gesetzestafel 88, 93
Gespielin 83
Gestirn 70, 111
Gesundheit 16 f, 53, 132, 134, 137, 175, 177, 178 f
Gewand 72, 79, 85, 88, 97 f, 162
Gewandfalten 93
Gewandfarbe 72, 92
Gewässer 131
Gezeiten 91
Glanz 64, 71, 73, 74, 79, 80, 81, 84, 100, 102, 108, 110
Gnosis 56, 131
gnostisch 59, 117, 122, 131, 145
Gold 13, 37, 78, 79, 80, 81, 85, 100, 106, 130; golden 37, 62, 79, 106, 121, 134
goldener Blütenkelch 80, 84
goldener Lichtstrom 78
Goldgeflecht 133
Goldglanz 84
Goldmarie 73
Gott 122, 133, 138
Gottes Stimme 11
Gottesbild 63, 69, 74, 103
Gottesbraut 47, 49, 107
Gotteserfahrung 87
Gotteskräfte 104, 107
Gottessymbole 138
Gottesvorstellung 87, 88, 128
Gottfried 36, 56, 57

Göttin 80, 85, 92, 109
göttlich 75, 131, 132
göttlicher Geist 180
göttliches Mädchen 91
Gottvater 94, 118, 127, 128, 131
Greisenhaupt 103
große Frau 80
Grün 12, 13, 14, 16, 17, 19, 37, 51, 62, 66, 78, 85, 87, 88, 92, 93, 96, 97, 99, 100, 106, 131, 133, 137, 139, 162, 163, 164, 165, 177, 179, 183
grüner Seidenmantel 17, 87, 160
grünendes Leben 162
Grünheit 177
Grünkraft 13, 17, 63, 78, 92, 113, 137, 156, 176, 180

H

Hagia Sophia 88
Handauflegen 15
Hände 79, 88
Harmonie 53, 150, 151
Hartwig (von Bremen) 38 f, 40, 41, 42, 43, 45 f, 49, 82
Haupt 101
Haus der Weisheit 104, 105
heilend 21, 168, 171, 174, 176
heilende Kraft 15, 18, 173, 175 f, 177, 180, 183
Heilformeln 15
Heilige 11, 16, 37, 57
Heilige, das 168
Heiliger Geist 36, 115, 119, 155, 165 – 178
heiliger Rupertus 156
heiliges Grün 78, 99
Heiligsprechung 14, 57
Heilkräuter 12
Heilkunde 147
Heilkundebuch 55
Heilkundige 11
Heilmittel 56

Heilsgeschichte 20, 66, 112
heilsökonomisch 107
Heilung 14, 16, 173, 174
Heilwissen 15, 57, 151
Heisenberg, Werner 144
Heiterkeit 163, 164
Hekate 109
Herrlichkeit 164
Herzchakra 88, 163
Hexen 11
Himmel 84, 90, 111, 151, 164
Hiob 91
Höhe 101, 102, 160, 161, 168, 171, 175
hohe Frau 80, 83, 86, 88
Hohes Lied 150
Holdener, Paul 55
Hölle 130
Horchende 93
Hören 37, 64
humanitas 114
humilitas 85
humus 114
Hundertwasser 163
Hyazinth 81
Hybris 133
Hymne 56

I

Identität 25, 28, 49, 165
Ikonen 71, 83, 102, 130
Ikonographie 93, 128
Imagination 14, 50, 65, 70, 72 f, 102, 107, 121
immanent 146
Inbild 48
Inkarnation 81 f, 83, 90, 99, 118, 124, 151, 156
innere Bilder 70
Inspiration 53, 178, 180, 181
Interdependenz 141, 144
Interdikt 51, 52, 53

Intuition 102
irdisch 151, 164
Ischthar 103
islamisch 28

J

Jahreszeiten 134, 135, 138, 164
Jesus 15, 71, 90, 98, 99, 112, 156
Jesus Sirach 89, 92
Jesus-Wort 72, 90
Johannesevangelium 59, 63, 152, 167
Johannes-Offenbarung 113
Juden 28
jüdisch 28, 56, 83
jüdische Mystik 19, 89
Jung C.G. 14, 62, 70, 138
Jungfrau 156, 162, 165
jungfräulich 151, 153
jungfräuliche Maria 47
Jungfräulichkeit 47, 48, 82, 156
Jutta (von Sponheim) 23, 30, 31, 44, 73

K

Kaiser 23, 24, 25
Kant 139
Katathymes Bilderleben 14
Katharer 20, 50, 58, 59, 60, 63, 145
Ketzer 50, 58, 75
Kind 73, 74, 82, 156
Kirche des Ostens 88
Kirche des Westens 88
Klima 114, 142
Kloster 20, 31, 33, 37, 40, 44, 45, 47, 51, 52, 54, 109, 151, 155, 177
Klosterregel 46
Kollektiv 68
kollektive Bewußtseinslage 141
kollektive Psyche 141

kollektives Unbewußtes 59, 95, 121, 127, 128, 141
Köln 29
Komplementärfarbe 17, 164
König 24, 47, 49, 82, 168
Königin 107
Königin der Gotteskräfte 108
Konstantinopel 88
konzentrisch 129
Körper 13 f, 79, 91, 151, 157, 175
kosmisch 17, 18, 19, 20, 67, 79, 132, 135, 142, 164, 180
kosmische Liebe 78
kosmische Katastrophe 133
kosmische Kräfte 125, 126, 132, 134
kosmische Theologie 99
kosmische Zusammenhänge 139
kosmischer Christus 63
kosmischer Kreis 93
kosmischer Raum 79, 139
kosmisches Rad 106, 135, 160, 165
Kosmologie 146, 147
Kosmos 17, 19, 20, 21, 51, 59 – 67, 88, 90, 93, 97, 113, 118, 123, 125, 128, 133, 134, 135 – 146, 151, 162, 180, 183
Kosmos-Mensch 132, 138, 139
Kosmos-Rad 117, 119, 128, 135, 176
Kosmos-Schrift 66, 87, 117, 119, 130, 132, 134, 137, 160, 176
Kosmos-Vision 125
Kräfte 127, 131 f, 138
Kräfte der Erde 139
Kraftfeld 60, 93, 118, 133
Kraftzentrum 134
krank 33, 65
Krankheit 16, 27, 33, 41, 46, 132, 134, 137, 177
Krankheitsbilder 175
Kräuter 14, 15, 19, 92
Kräuterfrauen 11
Kreis 79, 94, 95, 118, 119, 121, 122, 123, 124, 125, 135, 137 f, 161
kreisendes Kosmos-Rad 164
Kreuz 131
Kreuzfahrer 28
kreuzförmig 124, 132

Kreuzweg 126
Kreuzzüge 28, 59
Kugel 62, 123, 137 f, 141
Kuhn, Thomas 141

L

Lähmungen 27
Lamm 119, 130, 131
Laterankonzil 52, 53
Leben 56, 131, 139, 165, 167, 171, 180, 183
lebendiges Licht 65
Lebensgesetz 94
Lebenskreis 134, 137, 138, 139
Lebensprinzip 163, 167
Lebewesen 138, 139, 182
Leib 17, 18, 70, 75, 79, 84, 87, 88, 98, 101, 102, 103, 109, 117, 128, 139, 142, 144, 151, 160, 177
Leib Gottes 63
Leisegang 122, 131
leuchten 64, 74, 79, 81, 85
Leuner 14
Liber divinorum operum 36, 55, 56, 87, 89, 117, 132, 137, 152
Liber vitae meritorum 56, 133
Licht 13, 36, 43, 46, 54, 59, 64, 65, 66, 67, 71, 72, 73, 74, 77, 78, 84, 85, 87, 106, 131, 162, 163, 179
Lichtgestalten 110
Lichtherrlicher 71 – 74, 76, 78, 79, 81, 82, 84, 85, 86, 87, 100
lichtweiß 110
Liebe 19, 43, 44, 46, 78, 79, 81, 82, 85, 87, 88, 97, 107, 108, 112, 115, 117, 118, 119, 122, 127, 130, 139, 164, 165
Liebe-Sophia 131, 132
Liebe-Weisheit 110, 114, 119, 127, 131, 138, 139, 160, 165
Liebeschütz 131
Liebesenergie 138

Lieder 11, 56, 64, 150, 154, 155, 156 – 161
Liturgie 51, 151; liturgisch 52, 56, 150
Liturgiefenster 151 f
liturgische Tanzschritte 107
Luitgard 45
Lobpreis 112
Logos 63, 131
Lovelock, James 63, 140, 181
Löwe 101; Löwin 102
Luft 62, 94, 119, 121, 123, 130 f, 133, 134, 142, 144, 176, 180
Lumen vivans 65
Luzifer 59, 61, 122

M

Mädchen 73, 74, 77, 78, 79, 85
magische Wurzeln 15
Mainz 28
Makrokosmos 12, 140, 143, 145, 163, 176 f, 182
Mandala 62
Mandorla 60, 61, 62
männlich 69, 70, 74, 79, 80, 85
männliche Epiphanie 84
Mantel 93, 99, 100, 162
Mappamondo 117, 118
Mara 129
Maria 17, 49, 67, 80, 82, 83, 98, 99, 100, 150 f, 156, 174, 182
Marie-Louise von Franz 71
Marien-Lieder 156
Markgraf (von Stade) 45
Markgräfin von Stade 35, 39, 45
Mars 70 f
Maß 111, 125, 127
Mathematik 28
mattfarbenes Gewand 72, 78, 85
Medizin 17, 28, 175
Meister Eckart 20, 65
Melismen 153, 154
Melodie 64, 168, 171
Menschenbild 128

Menschwerdung 99, 118
Menschwerdung Christi 17
Metz 29
Mikrokosmos 12, 16, 137, 140, 141, 142, 143, 144, 163, 176, 177, 182
Mitschöpfer 142
Mitschöpferin 90, 110, 118
Mittlerin 102
Moiren 109
Monate 134, 135, 137 f
Mond 15, 80, 84, 131, 134
Monismus 145
Morgenrot 81, 164
morphisches Feld 182
morphogenetische Felder 90
Mose 93
Musik 53, 147, 149, 150, 171, 180
musikalisch 150, 151, 168, 171
Musikinstrument 156, 157, 168
Mutter 44, 45, 46, 47, 48, 82, 83, 85, 89
Mutter der Kirche 89
Mutter-Tochter 41
mütterlich 85, 167, 171
mütterliche Freundin 46
mütterlicher Berg 86
Muttermund 60, 63
Mynarek 89
Mystik 20, 28, 51, 56, 65, 66, 83, 181
Mystikerin 20, 51; Mystiker 181

N

Natur 13, 14, 16, 17, 20, 21, 59, 67, 91, 113, 125, 126, 137
Naturforscherin 12
Naturwissenschaften 139, 147, 181
Nebel 62
Netzwerk 133, 142
Neues Testament 89, 103, 112
Newman, Barbara 88
Niklaus von Flüe 90
Nikolaus von Kues 146

Nimbus 79, 85
Nirwana 130
Nixennatur 101
Nordwind 61
Nornen 109

O

Odo 150
Ohr 36, 93, 151, 171
ökologisch 89, 144
Ökosymbiose 90, 91
olivgrün 84
Orante 80, 103
Oranten-Geste 78, 87, 104
Oranten-Stellung 101
Ordnung 93, 104, 113, 183
Ordnungssysteme 146
Ordo virtutum 47, 48, 150, 154
Organismus 14, 63, 127, 132, 140, 141, 175, 176, 181
Ostkirche 83, 130, 160
Ostwind 62

P

Panentheismus 146
Pantheismus 145 f
Papst 12, 24, 26, 27, 40
Papst Eugen III. 26, 28, 39, 40
Paradigmenwechsel 141
Parallelismus membrorum 115
Parzen 109
patriarchal 44, 67, 128
Persephone 109
Petrus Abälardus 150
Petrus von Cluny 28
Pfingsten 167
Pflanze(n) 12, 15, 56, 70, 90, 91, 133, 139, 180

Physica 56
physisch 175
Planeten 55, 61, 90, 124, 125, 138, 139, 141, 180
Platon 140
pneumatisch 132
Prediger 89
Projektion 49
Prophetie 51
Prophetin 12, 51; Prophet 128, 149
prophetisch 114, 128, 155
Psalm(en) 109, 149, 152
Psalter 149, 152, 155
Psyche 127, 138
psychisch 50, 175
psychosomatisch 14, 27
psychotische Zustände 16
Purpur 81, 109, 110

Q

Quelle 113, 172, 177
Quellnymphen 109

R

Rad 87, 95, 96, 97, 119, 121, 122, 123, 125, 129, 130, 132, 137, 141, 154, 163, 164
Rad der Weltenkräfte 137
Rad des Lebens 128, 160
Rationalisierungen 51
Regelkreise 60, 90, 142, 144, 183
Regen 19, 62, 176
Regeneration 14
Regenschauer 133
reinigend 168
Religionswissenschaft 140
Rezepte 14
Rhythmus 135, 138

Richardis (von Stade) 35, 37, 38, 39, 40, 41, 42, 43, 44, 45, 46, 47, 48, 49, 50, 52, 54, 80, 82
Riesenrad 123
Riethe, Peter 55
Ritscher, Immaculata 56
Rom 52
Rot 13, 17, 36, 61, 67, 78, 79, 80, 81, 82, 84 f, 94, 96, 106, 107, 118, 119, 164
rot-weiß-goldener Mond 62
rote Schuhe 87
rotierend 95
Rupert von Deutz 118
Rupertsberg 31, 32, 33, 41, 66, 152, 156

S

Säfte 127, 132, 134
Samsara 129, 130
saphirblau 67
Sapientia 89 f, 161
Sapientia-Vision 90
Schatten 64, 65, 71, 76, 110
Sauerbruch, Ferdinand 56
Schau 17, 19, 20, 24, 25, 27, 37, 38, 43, 44, 46, 47, 49, 50, 51, 52, 53, 54, 59, 63, 64, 65, 66, 69, 73, 74, 75, 76, 82, 83, 95, 130, 180, 181
Schauen 64, 70, 74, 93
Schechina 89
Scheler, Max 144
Scherer, Wolfgang 151, 157
Schipflinger, Thomas 80, 83, 88, 89, 102, 115, 131
Schipperges, Heinrich 55 f, 132, 134, 137, 162
Schmid, H.H. 93
Schmidt-Görg, Josef 56
Schmuck 99, 100, 107, 127, 162
Schneeweiß 81
Schönheit 19, 88, 97, 98, 99, 100, 107, 118, 127, 130, 131, 134, 162
Schöpfer 59, 91, 125, 139, 168, 171, 174

Schöpfergeist 149
Schöpfergott 103
Schöpferin 139, 149, 161, 175
schöpferisch 47, 48, 137, 145 f, 167, 168, 176, 177
Schöpferkraft 17
Schöpfung 17, 19, 61, 62, 66, 80, 83, 89, 94, 95, 99, 100, 107, 112, 114, 118, 125, 131, 132, 133, 137, 139, 155, 156, 168, 176, 181, 183
Schöpfungsbericht 91
Schöpfungsmittlerin 107, 131
Schöpfungsordnung 13, 60, 93
Schrumpelgardis 16
Schuhe 72, 77
Schulz, Hugo 56
Schuppenkleid 101
Schutzschild 62
schwarz 79, 82, 96, 119, 122, 134
schwarzes Feuer 61, 122, 123, 124, 125 f, 133, 135,
Schwester der Weisheit 102, 105
Scivias 28, 35, 36, 44, 46, 48, 49, 51, 55, 56, 65, 66, 69, 75, 78, 79, 80, 86, 87, 89, 112, 122, 153
Seele 12, 18, 20, 47, 49, 73, 80, 91, 97, 100, 101, 102, 111, 127, 142, 151, 154, 157, 167, 168, 175 f, 177
Seele der Welt 89, 167
Seele des Menschen 111
seelisch 17, 70, 168, 173
Seelsorge 20, 24, 173
Seelsorgerin 19, 20
Sehergabe 26
Seherin 71, 72, 73, 74, 75, 77, 78, 81, 109, 117, 131, 139, 182
Seidenkleid 88
Sein 134, 138
Selbst 62, 67, 74, 138
Selbstregulierung 141, 182
Selbstsymbol 62
Sequenz 18
seraphische Geistgestalt 102
seraphische Flügelwesen 103
Sexualzone 84
sexuell 59

Shakti 91, 107
Sheldrake, Rupert 140, 145, 146, 147
siderisch 132
Sieben 105
sieben Säulen der Weisheit 105, 106
Sigewiza 16, 182
Signaturenlehre 12
Silber 70, 79, 80, 81, 84, 85
Sinai 70
Singen 153, 154
Singspiel 150, 154, 157
Solowjew, Vladimir 89
Sommer 61
Sonne 61, 63, 71, 80, 100, 102, 130, 131, 134, 135, 144, 156, 163, 164
Sonnengeflecht 84, 101, 103
Sonnentier 101, 102
Sophia 63, 67, 71, 83, 87, 88, 89, 90, 91, 92, 93, 94, 97, 98, 99, 100, 101, 102, 103, 104, 105, 106, 107, 115, 118, 128, 130, 142, 146, 149, 162, 178
Sophia-Maria 83, 89, 101, 131, 132
Sophia-Visionen 83
sophianisch 83, 88, 89, 90
Speyer 28
Sphäre 123, 124, 127
Spiegel 103, 172, 176, 177
Spiel der Kräfte 48, 150, 154
spielen 91
Spiritualität 114
spirituell 17, 23, 36, 37, 45, 49, 73, 114, 182
Sprüche 89
Staufer 23
Staunen 161, 163, 165, 179, 180, 181, 182, 183
Stein(e) 70, 94, 99, 109, 110
Stern(e) 62, 79, 131, 134
Stimme 75
Stimme Gottes 24
Stirnauge 61
Stirn-Chakra 63
Storch, Walburga 55
Strahlen 71
strahlend 73, 77
Strahlung 180
Südwind 61

Swimme, Bryan 140, 143
Symbol 16, 67, 70, 73, 102, 103, 141, 155, 157
Symbolik 89, 99, 102, 151, 156, 157
symbolisch 70, 95, 140, 141, 142, 143, 151, 156
Symbolisierung 70
Symbolsprache 70, 75
Symboltier 103
Symbolzahl 103
Symphonia 150, 154, 155
symphonisch 151
Synode zu Trier 26

T

Tafel 88, 94
Tänzerin 107
Tanzschritt 107
Tau 18, 19, 62
Taube 103
Teilhard de Chardin 20, 181
Teufel 154, 155, 157
Theoderich 56, 57
Theologie der Frauen 20
Theologie der Natur 90
Theologie der Weisheit 21
therapeutisch 16, 20
Thora 93
Thron 70, 71, 72
Tibet 117, 128
tibetisch-buddhistisch 129
Tiefe 101, 102, 111, 161, 171, 175
Tiefenpsychologie 140
tiefenpsychologisch 102, 141
Tier(e) 17, 70, 90 f, 109, 119, 124 ff, 132 f, 135, 157
Tierkreiszeichen 124
Tillich, Paul 138
Tochter 44, 46, 48
Töchter Sions 82 f
Tod 36, 41, 46, 48, 49, 51, 52, 53, 54, 129, 130, 139, 156

Tradition 118, 131
Transzendenz 37, 110, 146, 168
transzendiert 164
Trauerarbeit 48
Traum 70, 73, 102, 121
Trier 26, 29
trinitarisch 67, 94, 107, 153
Trinität 67, 119, 157
Tröster 167, 171
Tröster-Geist 171, 174, 177, 178, 179
Turm 104, 105, 106

Vision 11, 17, 18, 20, 21, 26, 27, 28, 37, 44, 45, 46, 49, 50, 51, 58, 59, 60, 63, 66, 67, 69, 70, 71, 72, 75, 76, 78, 79, 81, 86, 87, 88, 89, 96, 105, 113, 117, 121, 130, 133, 137, 140, 143, 155, 164
visionär 20, 29, 54, 57, 58, 65, 142, 143
Visionärin 51
Vita 57
Vogel 56, 71, 101, 180
Vogel- und Geistnatur 102
Vollmond 62
Volmar 28, 35, 36, 37, 44, 56

U

Umwelt 134
Unbewußtes 50, 59, 67, 73, 95, 101, 109, 111, 117, 121
unbewußte Seelentiefe 102
Universum 88, 139, 140, 141, 142, 143, 182
Urbilder 110

W

Wasser 62, 70, 94, 102, 109, 111, 119, 123, 131, 133, 134, 142, 144, 162, 172, 177
Wasser des Lebens 109
Wasseranlagen 109
weiblich 33, 36, 44 f, 49, 63, 67, 69 – 73, 75, 79, 80, 84 f, 86, 100, 109, 118, 127 f, 156
Weinberggleichnisse 105
Weiß 72, 77, 81, 94, 96, 98, 100, 106, 107, 109, 123
weise 88, 125, 183
weißer Glanz 109 f
weiße Schuhe 72, 77, 100
weißes Seidenkleid 98, 101
weiser alter Mann 118
weise Frau 11
weißes Licht 67
weiße Seide 99
weißglühend 71
Weisheit 17, 19, 21, 28, 44, 46, 49, 77, 88, 89, 90, 92, 93, 97, 98, 99, 100 – 119, 131, 132, 139, 142, 143, 149, 155, 159, 160, 161, 163, 165, 167, 178, 179, 180, 181, 183
Weisheit als Thora 93
Weisheit Gottes 89
Weisheit Salomos 89, 91

V

Vater 103
Vaterautorität 44
Vatergott 118, 131
Vaterkomplex 44
väterlich 70
väterlich-mütterlich 71
Verantwortung 133, 139
Verdrängtes 67
Vernetzung 93
Vier 61
vier Elemente 62
Vierheit 110
virgo viridissima 17
viriditas 12, 16, 17, 93, 100
virtus 160

Weisheit-Liebe 127, 133, 135
Weisheit-Sophia 104
Weisheitsliteratur 80, 83, 104, 115, 150, 155, 160
Weissagung 114
Welt und Mensch 119, 134
Weltall 60
Weltbild 60, 62, 135, 139, 140, 143, 145
Weltenrad 87, 125, 126, 127, 130, 131, 132, 134, 164
Weltseele 128
Weltverachtung 131
Weltwinde 126
Westwind 62
Wetter 62, 135, 138
Wibert von Gembloux 36, 64, 150
Wieland, Christine 161
Wind 18, 19, 61, 62, 70, 119, 126, 132, 135, 138, 176, 179

Wisse die Wege 28, 174
Wissenschaftsgeschichte 140
Wolken 62, 176, 177, 178
Worms 28
Wosien, Gabriele 161
Würzburg 29
Wüste 92

Z

Zahl der Weisheit 105
Zehn Gebote 93
Zeit 91, 134, 160
Zentrum 94, 181
Zeugen 110

Das große Buch der Maltherapie:

An zehn eindrucksvollen Bildserien mit insgesamt 130 Farbabbildungen zeigen die Autorinnen in diesem Lehrbuch, welche erstaunlichen Entwicklungsprozesse durch das Malen angeregt und sowohl für die Malenden selbst als auch für die Therapeuten anschaulich werden. Die therapeutische Wirkung des Malens wird durch eine eingehende Deutung der einzelnen Bilder und die Erhellung ihres Zusammenhangs mit der Lebenssituation der Malenden und der therapeutischen Beziehung während ihres Entstehens sichtbar gemacht. Auf dem Hintergrund der Analytischen Psychologie C. G. Jungs erläutert Ingrid Riedel, daß das Malen aus dem Unbewußten, verbunden mit Träumen oder Imaginationen und der sich anschließenden einfühlsamen Besprechung der Bilder, ein ideales Mittel zur Selbstgestaltung und damit zur Individuation ist.

Ingrid Riedel
Maltherapie
Eine Einführung auf der Basis der Analytischen Psychologie von C. G. Jung
Mit Beiträgen von Christa Henzler
320 Seiten, ca. 130 farbige Abbildungen,
Hardcover mit Schutzumschlag

Was Farben uns verraten.

Das Erleben von Farben in der Natur löst im Menschen bestimmte Gefühlsreaktionen aus, und von diesen werden symbolische Farbdeutungen abgeleitet. So ist Rot, die Farbe des Blutes und des Feuers, zum Beispiel mit den Gefühlswerten Leben, Opfer, Wandlung und Krieg verbunden, aber auch mit Leidenschaft und Liebe. Solche Symbolbildungen spiegeln sich heute in Religion, Gesellschaft, Kunst und in Träumen wider. Durch eine Fülle anschaulicher Beiträge regt Ingrid Riedel zum bewußteren Umgang mit Farben an.

Ingrid Riedel
Farben
In Religion, Gesellschaft, Kunst und Psychotherapie
Reihe »Symbole«
192 Seiten, mit Farbabbildungen, Paperback

KREUZ: Was Menschen bewegt.

Grundformen: Symbole für Lebensweisen.

Der Kreis verheißt Weite und Geborgenheit zugleich. Er bedeutet Umfangensein. Im Zeichen des Kreuzes fallen Entscheidungen, treffen sich Kraftfelder und Richtungen, es bedeutet Ausgespanntsein. Das Dreieck ist die Figur miteinander verbundener Spannungen, es heißt Bezogenheit. Ingrid Riedel zeigt uns anschaulich, wie sich Einstellungen zum Leben in den Grundformen spiegeln.

Ingrid Riedel
Formen
Kreis, Kreuz, Dreieck, Quadrat, Spirale
Reihe »Symbole«
148 Seiten, mit Farb- und SW-Abbildungen, Paperback

Bilder und ihre Geheimnisse.

In diesem Buch geht es um die Raumsymbolik in der Bildfläche, um Linien, Bewegung, Farben und Licht, um Perspektiven und Zahlenverhältnisse. Was auf den ersten Blick abstrakt erscheint, gewinnt an Leben durch die sensible Deutung und die zahlreichen Beispiele aus alter und moderner christlicher Kunst. Die religiöse, künstlerische und tiefenpsychologische Aussage eines Bildes wird erkennbar.

Ingrid Riedel
Bilder
in Therapie, Kunst und Religion
Reihe »Symbole«
268 Seiten, mit Farbabbildungen, Paperback

KREUZ: Was Menschen bewegt.

Das abgelehnte Kind setzt sich durch.

Ingrid Riedel deutet mit großer Einfühlungsgabe das Märchen um den jungen Hans, der darum kämpft, von seinem abweisenden Vater anerkannt zu werden. Er igelt sich ein, entwickelt erstaunlichen Lebenswillen und lernt, sein Leben von Kind auf allein zu gestalten. Durch Geduld und Entschlossenheit wächst er über seine Familie hinaus und wird König.

Ingrid Riedel
Hans mein Igel
Wie ein abgelehntes Kind sein Glück findet
Reihe »Weisheit im Märchen«
124 Seiten, Hardcover

Vom Zauber der Mythen
Mütter und Töchter heute.

Der griechische Mythos erzählt, wie Kore beim Blumenpflücken plötzlich von Hades, dem Gott der Unterwelt, entführt wird. Ihre Mutter Demeter ist untröstlich über den Verlust ihrer Tochter und macht sich auf die Suche nach ihr. Ihre zornige Trauer erzwingt die Rückkehr Kores. Ingrid Riedel zeigt, auf welch vielfältige Weise dieser antike Mythos im heutigen Erleben von Müttern und Töchtern wiederkehrt.

Igrid Riedel
Demeters Suche
Mütter und Töchter
Reihe »Zauber der Mythen«
168 Seiten, Hardcover

KREUZ: Was Menschen bewegt.